"Kein Staat ist in der Lage, sich genügend einzuschränken, wenn ihm unbeschränkte Finanzierungsmöglichkeiten eingeräumt werden. Diese Erfahrung muß jede Generation, die nicht bereit ist, aus der Geschichte zu lernen, von neuem machen."

Erich Leverkus, Bankier

"Ich weiß nicht, ob eine Veränderung mit einem Knall oder einem Wimmern kommen wird, ob früher oder später. Aber so wie die Dinge stehen, ist es eher wahrscheinlich, daß es eine Finanzkrise, als politische Weitsicht sein wird, welche die Veränderung herbeiführen wird."

Paul Volcker (Fed-Vorsitzender 1979-1987), im April 2005

Jürgen Müller

Generation Gold

Edelmetalle: Relikte oder perfekte Altersvorsorge?

Warum ein Staat nicht wollen kann,
daß Sie wirtschaftlich unabhängig werden
und was er tut, dies zu verhindern.

Bibliografische Information der Deutschen Bibliothek:
Die Deutsche Bibliothek verzeichnet diese Publikation in der Deutschen Nationalbibliografie; detailierte bibliografische Daten sind im Internet über http://dnb.ddb.de abrufbar.

Lektorat: Beate Müller
Umschlag: Studioo Konzept- und Werbeagentur, Aalen – www.studioo.de
Herstellung und Verlag: Books on Demand GmbH, Norderstedt
Gedruckt in Deutschland
ISBN 3-8334-4446-0

Inhaltsverzeichnis

Vorwort

Wir sind Zeitzeugen noch nie gekannter Veränderungen in unserer Welt, die durch politische, wirtschaftliche, wissenschaftliche, kulturelle und nicht zuletzt klimatische Veränderungen in einem immer schnelleren Tempo hervorgerufen werden. Das Rad der Geschichte scheint sich immer schneller zu drehen.
Für viele Menschen bedeutet dies jedoch auch Angst und Furcht vor der Zukunft. Wir fragen uns, ob wirklich alle Bäume gleichzeitig in den Himmel wachsen können. Die Antwort liegt natürlich auf der Hand. Sie können es nicht, und immer mehr Menschen beginnen instinktiv zu spüren, daß dem so ist, auch wenn es Ihnen, aus welchen Gründen auch immer, niemand zu sagen wagt.

Schon ein kleines Kind weiß, daß sein Turm aus Bauklötzen irgendwann einstürzen muß, wenn es immer wieder einen neuen Klotz auf die Spitze setzt. Trotzdem wird uns immer wiederkehrend erklärt, daß unsere Wirtschaft immerzu wachsen müsse, um alle anderen Probleme lösen zu können. Stabilität, d.h. Nullwachstum bedeute daher bereits Rückschritt.

Diesem Wachstumsirrglauben widerspricht schon alleine der endliche Raum unserer Erde, in dem sich natürlich auch nur endliche natürliche Ressourcen befinden. Nach 200 Jahren Industrialisierung wird es zudem immer offensichtlicher, daß der Produktionsfaktor Umwelt ein weiteres Wachstum nicht mehr verkraften kann. Tsunamis, Wirbelstürme, Baumsterben und Erdbeben sprechen eine deutliche Sprache.

Dieses Buch wird ihnen zeigen, daß der monetäre Zins der eigentliche Grund dafür ist, warum unsere Wirtschaft immer weiter wachsen muß. Es wird ihnen ebenso darlegen, daß dies aufgrund des exponentiellen Zinseszins-Effektes nur immer über eine begrenzte Zeit funktionieren kann, bis ein Krieg oder eine Inflation/Deflation das gesamte System wieder zum Ursprungspunkt zurückführt.

All die in diesem Buch beschriebenen monetären Überentwicklungen haben daher unmittelbare Auswirkungen auf ihre persönliche wirtschaftliche Zukunft. Statistiken zeigen, daß in Deutschland die Bürger mehr Zeit für den Kauf eines Autos oder einer Einbauküche aufwenden, als für die Planung ihrer eigenen, in staatlicher Hand gut aufgehoben gewähnten Altersvorsorge. Ein Fehler, den dieses Buch zu beheben versucht. Denn kein Staatsmann darf das sagen, was uns die Mathematik als logische Wissenschaft klar zeigt: Das bestehende Rentensystem, welches auf der Umlage von Jung zu Alt und der notwendigerweise immer größer werdenden Zuzahlung des Bundes beruht, kann nicht zukunftsfähig sein. Die demographische Entwicklung der sich invertierenden Alterspyramide, sowie weitere Zahlen des Statistischen Bundesamtes lassen keinen Interpretationsspielraum zu und führen zur Kernaussage dieses Buches: Die Edelmetalle Gold und Silber stellen die pefekte Lösung für ihre persönliche, sichere wirtschaftliche Vorsorge dar.

In den 'Bemerkungen 2004' des unabhängigen Bundesrechnungshofes in Bonn heißt es unmißverständlich in der einführenden Zusammenfassung:

> "Auf Sozialausgaben und Zinsausgaben zusammen entfallen im Haushaltsjahr 2004 etwa 62% der Gesamtausgaben des Bundeshaushalts und sogar rund 86% der Steuereinnahmen des Bundes. [...] Innerhalb der Sozialausgaben entwickeln vor allem die Leistungen des Bundes an die Rentenversicherung eine besorgniserregende Dynamik. Als Folge einer immer größer werdenden Lücke zwischen den Einnahmen und Ausgaben der Rentenversicherung hat sich der Anteil der Rentenausgaben an den Gesamtausgaben des Bundeshaushalts mehr als verdoppelt – von rund 14% (1992) auf über 30% (2004). Ungeachtet verschiedener Maßnahmen zur Stabilisierung der Rentenfinanzen steigen die Bundesleistungen für den Rentenbereich weiter an. Nach dem Finanzplan werden sie im Jahre 2008 bei fast 81 Mrd. Euro liegen. Der Bundeshaushalt bleibt damit auf absehbare Zeit in struktureller Abhängigkeit von den Rentenfinanzen und den damit verbundenen Leistungen des Bundes. Verschärft wird die Problematik durch die Belastungen aus den übrigen Alterssicherungssystemen (Bundesverwaltung, ehemalige Sondervermögen Bahn und Post, Landwirtschaft). Allein im Haushaltsjahr 2004 verschlingen die Gesamtausgaben für die Alterssicherung mit rund 98 Mrd. Euro mehr als die Hälfte der Steuereinnahmen des Bundes."

Man kann es kaum deutlicher ausdrücken: Bereits heute muß der Sozialstaat mehr als die Hälfte unserer Steuern für die Alterssicherung von Rentnern und Pensionären aufwenden und eine demographische Studie des Statistischen Bundesamtes aus dem Jahre 2003 zeigt, daß sich im Jahr 2050 der Anteil der über 65-jährigen Bevölkerung von heute ca. 17% auf dann 30% nahezu verdoppelt haben wird. Der Anteil der 20 bis 65-jährigen

Erwerbsfähigen wird sich von derzeit 62% auf dann 54,4% verringert haben. Immer größere Lasten werden auf immer weniger Schultern verteilt.

Edelmetalle sind seit Tausenden von Jahren nichts anderes als die höchste Form von Sicherheit und Liquidität, sprich Geld. Und obwohl Politiker und Banker den Bürgern und Kunden seit drei Jahrzehnten die Mär von den Edelmetallen als dem Relikt der Vergangenheit weiszumachen suchen, steigen seit dem letzten Aktiencrash am Beginn unseres Jahrtausends die Papiergeldpreise für Edelmetalle doch wieder deutlich an. Besser noch: Alle bekannten statistischen Zahlen zeigen, daß die gesamten heute bekannten Edelmetallvorkommen in 20 bis 30 Jahren erschöpft sein könnten. Ergo: Das Angebot an neuem Gold und Silber wird unwiderbringlich auf Null sinken, da die mit technischen Mitteln erreichbare Kruste unserer Erde nicht mehr Vorkommen für die Menschheit bereit hält. Mit anderen Worten: Genau dann, wenn ein heute z.B. 40-Jähriger in das Rentenalter eintreten wird, wird das Vorkommen der Edelmetalle zur Neige gegangen sein. Welch ein preislich explosives Gemisch dadurch entstehen wird, können wir heute wohl nur erahnen. Jeder wird Edelmetalle haben wollen, doch keine Mine der Welt wird diese noch liefern können. Joseph E. Fränkel schrieb bereits 1894 in einer Abhandlung über Silber:

> "Es scheint, als ob unsere Zeit den Eingeweiden der Erde ihre silbernen Schätze zu schnell und vor der Zeit entrissen hätte, Schätze, welche, obwohl jetzt unverwertet, wahrscheinlich der Menschheit zu späterem Gebrauche aufbewahrt werden müssen. Denn ein Bergwerk ist nicht unerschöpflich, und die Natur hat der Gewinnung der Metalle Grenzen gesteckt, welche wohl nie zu überschreiten sein werden."

Die heute wirtschaftlich aktive Generation, die (wie ich sie nenne) "Generation Gold" sollte daher gezielt frei verfügbares Kapital in reelle Edelmetallbarren eintauschen. Diese beinhalten einen Wert in sich, der seit Tausenden von Jahren trotz Schwankungen und trotz aller staatlicher Eingriffe in den Markt nicht vergangen und nicht weniger geworden ist. Alle Sparformen auf Papier beruhen dem gegenüber auf dem zukünftigen Schuldversprechen einer dritten Partei z.B. eines Staates, einer Versicherung, einer Bank oder einer Bausparkasse. Was dies in der Praxis bedeuten kann, zeigte zum Ende des Jahres 2005 z.B. die Schließung des Deutsche Bank Real Estate Immobilienfonds.

Die Geschichte lehrt uns, daß diese Schuldversprechen im Zweifelsfalle nie eingehalten wurden und die gutgläubigen Anleger und Bürger am Ende

immer die Dummen waren. Stets führten steigende Staatsausgaben durch übermässige Versprechungen oder durch die ständig zu führenden Kriege die Herrschenden dazu, das Volk dessen Ersparnissen zu berauben. Dies fing bereits bei den römischen Kaisern an, die irgendwann begannen, ihren Münzen Kupfer beizumischen oder sie schlicht im Gewicht zu reduzieren, ging über ungedeckte Schuldverschreibungen, die klamme Fürsten mit der Gründung von sog. "Zettelbanken" ausgaben und reicht bis zum heutigen "fractional banking", d.h. der Geldschöpfung der Geschäftsbanken aus dem Nichts (so genanntes "fiat money", legales Falschgeld).
Zu allem Überfluß sind wir seit 1971, als der damalige US-Präsident Nixon die Konvertibilität des US-Dollars in Gold aufhob (und damit das sog. letzte "Goldfenster" schloß), Teil eines historisch und weltweit einmaligen Experimentes: Dem des komplett ungedeckten Papiergeldes. Kein Staat dieser Erde muß heute seine Banknoten noch mit irgendwelchen Werten wie z.B. Gold und Silber hinterlegen bzw. einen Umtausch in solche Werte garantieren. Dies hat dazu geführt, daß die öffentliche Verschuldung fast aller Staaten seitdem hemmungslos und zumeist in exponentieller Form explodiert ist. Wird mehr Geld für Wahlversprechen oder Kriege benötigt, wird dieses einfach durch die Ausgabe von neuen Staatsanleihen aus dem Nichts erschaffen, es werde Geld!

Im 19. Jahrhundert waren alle europäischen Währungen an den Goldstandard gebunden, d.h. eine Mark, ein Franc oder ein Pfund entsprach immer einer bestimmten Menge an Gold. Die Wechselkurse schwankten nicht, die Zinsen waren niedrig und die Inflation nahe Null. Die Folge war ein Jahrhundert nie dagewesener wirtschaftlicher und kultureller Blüte in Europa. Viele Experten bezeichnen das damalige Geldsystem als das am besten funktionierende, welches die Menschheit bisher je ersonnen hat.

Dieses Buch ist gleichzeitig ein Plädoyer für die Wiedereinführung einer gedeckten Währung, so wie sie z.B. der bekannte schweizer Bankier Ferdinand Lips zu seinen Lebzeiten forderte und auch wieder kommen sah. Die Politik könnte keine verlogenen Wahlversprechungen mehr durch neue Staatsschulden finanzieren, deren Rechnung dem Volk früher oder später sowieso wieder präsentiert werden muß. Die Menschen würden nicht mehr durch die Inflation ihrer Ersparnisse beraubt und unsere Jugend müßte ihr Leben nicht mehr für alte und graue Machthaber sinnlos in Kriegen opfern. Unsere Umwelt hätte wieder eine wirkliche Chance auf lebenserhaltende Zukunft.

Roland Baader zitiert in seinem Buch "Geld, Gold und Gottspieler" auf Seite 240 Murray N. Rothbard (ein Schüler des großen Ökonomen Ludwig von Mises) in diesem Zusammenhang dem Sinn nach wie folgt:

> "Weil der Staat - im Falle eines Abschwunges oder einer Depression - niemals der Versuchung widerstehen könnte, in das Wirtschaftsgeschehen einzugreifen und Inflation zu erzeugen, müßten Geld und Bankwesen vollständig vom Staat getrennt werden. Und das würde die Abschaffung der Zentralbanken und die Rückkehr zu einem durch Gold oder Silber gedeckten Geld in der Weise bedeuten, daß eine Geldeinheit wieder die spezifische Gewichtseinheit eines bestimmten Stoffes wäre und nicht mehr der Name eines Stückchens Papier, das von der staatlichen Bürokratie gedruckt wird".

Dieses Buch soll ihnen in sechs Kapiteln eine Einführung in diesen großen Themenkomplex geben.

Im ersten Kapitel wollen wir die offiziellen Zahlen verschiedener Quellen, wie z.B. dem Statistischen Bundesamt in Wiesbaden aufarbeiten und somit zunächst darstellen, wohin uns das wirtschaftliche und politische System der letzten Jahrzehnte heute gebracht hat und wie die Prognosen für die Zukunft aussehen. Im Hinblick auf die Kernaussage dieses Buches wird ein gewisser Schwerpunkt hierbei natürlich auf der Diskussion des derzeitigen Rentensystemes liegen.

Im zweiten Kapitel gehen wir den Gründen dieser Entwicklungen nach und werden sehen, daß der Zins und der Zinseszins-Effekt sich als die Hauptursachen herausstellen werden.

Im dritten Kapitel erörtern wir die Frage der aktuellen wahren Inflation und können feststellen, daß diese um ein Vielfaches höher ist, als uns dies die offiziellen Zahlen glaubhaft machen wollen.

Im vierten Kapitel kommen wir zum Thema Gold und werden die Gründe herausarbeiten, die für ein Investment in dieses Edelmetall sprechen.

Im fünften Kapitel beleuchten wir dieselben Aspekte für das Edelmetall Silber, dessen Chancen nach allem menschlichen Ermessen höher einzuschätzen sind. Dieses Metall stellt nämlich für viele Industriezweige einen unverzichtbaren Rohstoff dar und wird – im Gegensatz zu Gold – unwiderbringlich verbraucht.

Abschließend, im sechsten Kapitel, möchte ich Ihnen konkrete Tips und Hinweise zum Kauf von Edelmetallen geben.

Im Rahmen eines solchen einführenden Buches ist es natürlich nicht möglich, die Sachverhalte im gesamten Themenkomplex Staatsverschuldung-Geldwesen-Edelmetalle umfassend und abschließend darzustellen. Als studierter Physiker möchte ich auch gar nicht die Vermessenheit aufbringen zu behaupten, alle Vorgänge und Zusammenhänge bis in die kleinste Kleinigkeit verstanden zu haben. Dies ist auch gar nicht der Sinn, den dieses (hoffentlich!) allgemeinverständliche Buch verfolgen möchte. Im fortlaufenden Text werden daher immer wieder Quellen zum weiteren Eigenstudium genannt.

Noch einige persönliche Worte zum Abschluß dieses Prologes: Ich wünsche ihnen die geistige Offenheit, sich auf die im folgenden dargelegten Fakten und Thesen einzulassen und ggf. auch den Mut, alte Sichtweisen über Bord werfen zu können. Seit Jahrzehnten werden unsere Gehirne fortlaufend und in immer größerem Umfang durch die Massenmedien gewaschen und durch das homogene Oligopol der politischen Parteien gelenkt. Immer wieder höre ich daher Sätze wie "das kann doch nicht sein" oder "so schlimm wird es nicht kommen". Die Geschichte (gerade die unseres eigenen Landes) zeigt uns jedoch, daß alles sein konnte und alles periodisch wiederkehrend sogar noch schlimmer kam als angenommen.

Die hier präsentierten Erkenntisse und Prognosen für die Zukunft sind aus meiner Sicht logisch und in sich schlüssig, sodaß wir Grund zur Annahme haben müssen, wirtschaftsgeschichtlich wieder vor einem harten Winter zu stehen. Ich möchte sie dennoch bitten, sich stets auf ihren eigenen Verstand zu verlassen und daraus abgeleitet ihre eigenen Entscheidungen für ihre monetäre Vorsorge zu treffen. Sollte ihnen dieses Buch jedoch geholfen haben, auf diesem Weg weitergekommen zu sein, so wäre dies für mich der größte Lohn.

Das Lektorat für dieses Buch wurde von meiner Frau Beate Müller durchgeführt, wofür ich ihr herzlich danke. Wir haben uns bemüht, nach alter Rechtschreibung ein möglichst fehlerfreies Manuskript zu erstellen. Bitte sehen sie über orthografische Fehler hinweg, es geht um ihre persönliche wirtschaftliche Zukunft, um nichts anderes.

Gerstetten, im Januar 2006

1. Kapitel: Das aktuelle Bild

1.1. Die Finanzlage Deutschlands

"Wir bauen Schulden auf Schulden und nehmen Kredite am Schluss auf, um die Zinsen für die Schulden bezahlen zu können."

Alt-Finanzminister Hans Eichel in einer
Rede am 9.11.2000 an der Humboldt-Universität Berlin mit
dem Titel "Finanzpolitik für das nächste Jahrzehnt" [1.1]

Was uns Hans Eichel im Jahr 2000 erst für den Schluß prophezeit hat, ist leider bereits heute Realität. Auf Grundlage der Berechnungen des Bundes der Steuerzahler beträgt der Schuldenzuwachs in Deutschland derzeit 1714,- Euro pro Sekunde, d.h. rund sechs Millionen Euro pro Stunde [1.2]. Demgegenüber wird die Zinslast von Bund, Ländern und Gemeinden in 2005 ca. 70 Milliarden Euro betragen [1.3], was wiederum rund acht Millionen Euro pro Stunde bedeutet. Mit anderen Worten: Mehr als die gesamten sechs Millionen Euro Schulden, die wir jede Stunde in diesem Land neu aufnehmen, müssen für die Bedienung unserer alten Schulden aufgewendet werden oder noch anders ausgedrückt: Unsere Neuschulden reichen nichtmal mehr aus, um die alten zu bedienen, geschweige denn diese abzuzahlen.
In jeder Stunde fließen also zwei Millionen Euro Substanz, die unsere Väter und Großväter nach dem Kriege aufgebaut haben, aus unserem Land ab. Die Gretchenfrage lautet, bis zu welchem Punkt unser Sozialstaat dies zu verkraften in der Lage sein wird, ohne daß die fortlaufenden sozialen Kürzungen die Massen verärgert auf die Straßen und in die Hände von eloquenten Demagogen treibt.

Eigentlich könnte mit diesen wenigen Sätzen das gesamte Kapitel bereits abgeschlossen bzw. zusammengefaßt werden, denn sie zeigen die Misere in der wir uns befinden. Wenn alte Schulden durch neue finanziert werden, ist es einleuchtend, daß der Sockel der Schuld und damit auch die notwendige Neuverschuldung ständig und auch immer schneller ansteigen muß. Mathematisch läßt sich dies mit einer Exponentialfunktion beschreiben, auf die wir in Kapitel 2 noch näher eingehen werden.

In der Kurzübersicht sieht der geplante Bundeshaushalt für 2005 über ingesamt 254,3 Milliarden Euro wie folgt aus [1.4]:

46,1 Prozent:	Gesundheit, Soziales, Wirtschaft, Arbeit ("Sozialblock")
16,0 Prozent:	Zinslast
9,3 Prozent:	Verteidigung
9,0 Prozent:	Verkehr, Bau, Wohnungen
3,3 Prozent:	Bildung und Forschung
2,4 Prozent:	Finanzverwaltung
2,0 Prozent:	Verbraucherschutz, Ernährung, Landwirtschaft
1,8 Prozent:	Familie
10,1 Prozent:	Sonstiges

Der erste Block Gesundheit, Soziales, Wirtschaft und Arbeit, den man als "Sozialblock" bezeichnen kann, sowie die Zinskosten der Staatsschuld nehmen bereits ungefähr 2/3 des gesamten Haushaltes ein. Wie wir im zweiten Kapitel noch sehen werden, stellt jedoch die Zinslast das eigentliche Problem im System dar. Noch dramatischer wird das Bild, wenn wir diese ersten zwei Blöcke auf die für 2005 prognostizierten Steuereinnahmen von 191 Milliarden Euro beziehen. Sie nehmen dann einen Anteil von bereits 82,5 Prozent in Anspruch.

Im folgenden wollen wir die Ausgabensituation des Staates bezüglich der Sozialversicherungen näher beleuchten und versuchen, diese für die Zukunft zu prognostizieren. Die zugrunde gelegten Daten für diese Untersuchungen sind ausnahmslos öffentlichen Quellen wie dem Statistischen Bundesamt, der Bundesagentur für Arbeit oder den Bundesministerien entnommen.

Für die Sozialversicherungssysteme sind die Menschen, die in sie einbezahlen (müssen), die wichtigste Ressource. Beginnen wir also unsere Zusammenfassung der Lage mit den Zahlen der Arbeitsstatistiken.

1.2. Steigende Arbeitslosigkeit

"Wenn wir die Arbeitslosigkeit nicht spürbar senken, haben wir es nicht verdient wiedergewählt zu werden."

Gerhard Schröder, Dezember 1998

"Aber ich weiß ganz genau, wenn die Situation sich nicht geändert hat binnen der vier Jahre, dann wird die Entscheidung über die Leistungskraft dieser Regierung von der Bevölkerung sehr eindeutig sein".

Angela Merkel, November 2004

Nachdem die Nachkriegsarbeitslosigkeit Anfang der 60er Jahre erfolgreich abgebaut werden konnte, folgte eine ebenso lange Phase nahe der Vollbeschäftigung. Seit Anfang der 70er-Jahre ist jedoch mit Unterbrechungen ein kontinuierlicher und damit "Parteien-unabhängiger" Anstieg der Arbeitslosigkeit von, im mathematischen Durchschnitt, plus 136.000 pro Jahr zu verzeichnen [1.5].

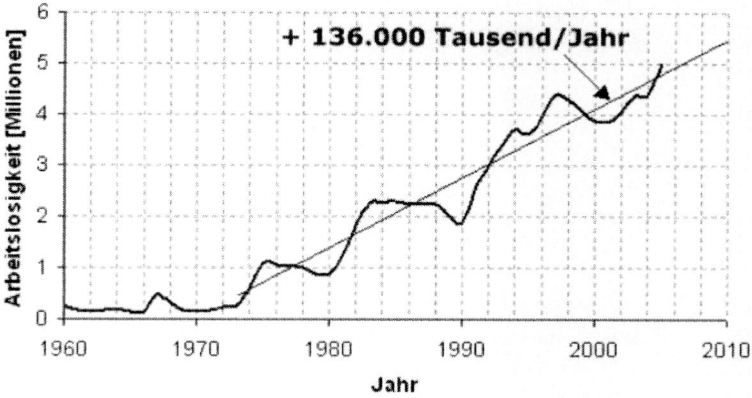

Abbildung 1.1.: Arbeitslosigkeit in Deutschland 1960 - 2005
Quelle: Statistisches Bundesamt [1.5]

Geht dieser Trend in der Zukunft so weiter wie bisher, so würde sich der Sozialstaat im Jahr 2010 mit 5,7 Millionen und im Jahr 2020 mit 7,0 Millionen Arbeitslosen konfrontiert sehen.
Helmut Creutz hat in seinem sehr zu empfehlenden Buch "Das Geld Syndrom" [1.6] nachgewiesen, daß in Deutschland seit 1975 die Sockelarbeitslosigkeit mit jeder Hochzinsphase auf ein höheres Niveau gestiegen ist.
Ein Beispiel: Die Kapitalmarktzinsen stiegen im Zeitraum von 1977 bis 1981 von unter 6 auf 11 Prozent an. Die Arbeitslosigkeit stieg etwas zeitverzögert von unter 1 Millionen auf über 2 Millionen an. Als die Zinsen anschließend bis 1987 wieder unter 6 Prozent fielen, konnte die Arbeitslosigkeit dennoch nur knapp wieder unter die 2 Millionen-Grenze fallen.
Der Grund dieses Zusammenhanges ist u.A. in der Verschuldung der Unternehmen zu sehen. Bekanntlich sind die drei Produktionsfaktoren Arbeit, Umwelt und Kapital. Steigen die Zinsen, müssen die Unternehmen dem Faktor Kapital größeren Raum gewähren und dies geht dann nachweislich zulasten der beiden anderen Faktoren Arbeit und Umwelt, sprich Mitarbeiter müssen entlassen werden, um die höheren Ausgaben für das Kapital zu kompensieren.
Wenn man nun jedoch bedenkt, daß wir derzeit historisch niedrige Zinsen haben, kann getrost davon ausgegangen werden, daß beim kommenden Anstieg der Zinsen auch der Sockel der Arbeitslosigkeit erneut wieder steigen wird. Der erste zaghafte Zinsanstieg um 25 Basispunkte, den die Europäische Zentralbank EZB in Frankfurt Anfang November 2005 bekannt gab, wird wohl nur der erste Schritt in diese Richtung gewesen sein. Nach dieser historischen Ableitung, steuern wir also auf eine neue, höhere Stufe der Sockelarbeitslosigkeit zu.
Ein weiterer Grund für den Zusammenhang zwischen Zinsen und Arbeitslosigkeit ist darin zu sehen, daß das Kapital in einer Phase hoher Zinsen vermehrt in die dann vermeintlich sichere Finanzwirtschaft fließt, anstatt in der Wirtschaft für neue Produkte und Arbeitsplätze investiert zu werden. In diesem Zusammenhang ist interessant zu erwähnen, daß 98 Prozent des heute um den Globus fließenden Kapitals Spekulationen dienen und nur 2 Prozent für die Bezahlung von Waren und Dienstleistungen.
Für eine detailierter Darstellung sei nochmals auf Helmut Creutz, Ref. [1.6], Kapitel 27 und 28 verwiesen.

1.3. Die Arbeit wandert ab

"In Deutschland nimmt die Zahl der sozialversicherungspflichtig Beschäftigten dramatisch ab. Die Zahl sinkt schneller als die Zahl der statistisch erfassten Arbeitslosigkeit steigt. Wir leisten uns den Luxus in einem Volk von 82,5 Millionen Einwohnern, jetzt noch etwa 26,5 Millionen sozialversicherungspflichtig Beschäftigte zu haben. Es ist im internationalen und auch im europäischen Vergleich eine der niedrigsten Beschäftigungsquoten, die wir in den hoch entwickelten Industrienationen haben."

Friedrich Merz in einer Rede am 20.4.2005 an der Humbold-Universität Berlin [1.7]

Die Zahl der erwerbstätigen Personen muß logischerweise invers in Zusammenhang mit der steigenden Quote der Arbeitslosigkeit stehen [1.8], d.h. je mehr Arbeitslose, desto weniger Erwerbstätige.

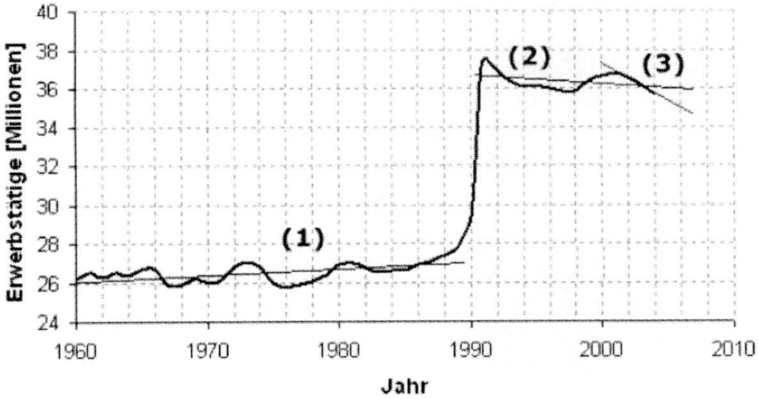

Abbildung 1.2.: Anzahl der Erwerbstätigen in Deutschland 1955 - 2004; Quelle: Statistisches Bundesamt [1.8]

Nachdem die Zahl der erwerbstätigen Personen von 1957 bis 1989 mathematisch im Mittel um 90 Personen pro Kalendertag angestiegen war (Gerade 1), sinkt die Zahl seit der Wiedervereinigung im mathematischen Mittel um 126 Menschen pro Kalendertag (Gerade 2). Zieht man lediglich die letzten Jahre 2001 bis 2004 in Betracht, ergibt sich eine Verringerung um 1050 Beschäftigungsverhältnisse pro Kalendertag (Gerade 3), d.h. rund 383.000 Arbeitsplätze pro Jahr.

Dabei entwickeln sich die Zahlen der sozialversicherungspflichtigen, im Vergleich zu den geringfügig entlohnten Beschäftigungsverhältnissen, gegenläufig.

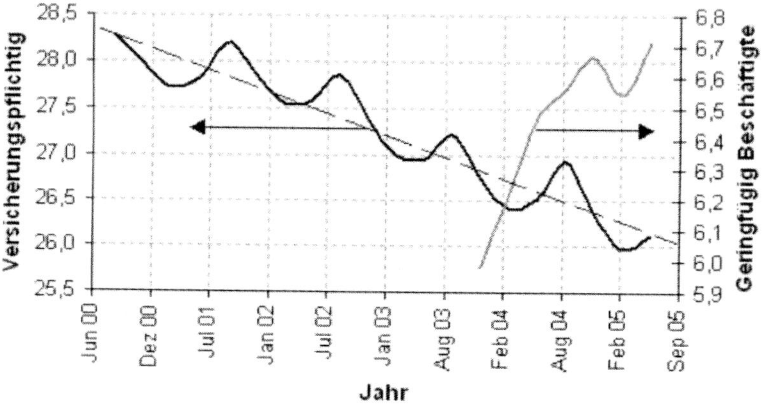

Abbildung 1.3.: sozialversicherungspflichtig Beschäftigte Januar 2002 - Juni 2005; Quelle: Bundesagentur für Arbeit

Seit Mitte des Jahres 2000 hat sich die Zahl von sozialversicherungspflichtigen Beschäftigungsverhältnissen von ca. 28,3 Millionen auf 26.1 Millionen verringert. Dies entspricht einer Zahl von ungefähr 1247 Arbeitsplätzen pro Kalendertag. Jeden Tag zahlen also knapp 1250 Menschen weniger in die heute schon überforderten Sozialsysteme, wie z.B. in die Rentenkasse ein.

Dem gegenüber erhöhte sich die Zahl der Geringbeschäftigten von Dezember 2003 bis Juni 2005 von ca. 6 Millionen auf 6,7 Millionen. Dies entspricht einem Anstieg von 788 Beschäftigungsverhältnissen pro Kalendertag.

Man könnte also argumentieren, daß an jedem Kalendertag aus 788 Menschen mit sozialversicherungspflichtigem Arbeitsplatz geringfügig Beschäftigte werden und aus weiteren 459 Menschen Arbeitslose (788 + 459 = 1247). Diese 459 Arbeitslosen pro Tag multipliziert mit 365 Kalendertagen ergeben rein rechnerisch 167.500 neue Arbeitslose pro Jahr.

Dies bestätigt also in etwa den langfristigen Trend von plus 136.000 Arbeitslosen pro Jahr, den wir aus Bild 1.1. bereits herleiten konnten.

1.4. Ausgaben der Rentenversicherung

"Wir wissen, dass die gesetzliche Rentenversicherung allein keine lebensstandardsichernde Funktion haben wird. Sie wird zwar die stärkste Säule sein. Aber wir sagen der jungen Generation sehr klar und deutlich: Ihr müsst neben der gesetzlichen Rentenversicherung eine kapitalgestützte Säule - betrieblich oder privat bzw. betrieblich und privat - aufbauen, um ein hohes Leistungsniveau zu erhalten."

Ulla Schmidt, Bundessozialministerin

Unser umlagefinanziertes Rentensystem so wie wir es heute kennen, wurde 1957 unter Kanzler Adenauers expansiver Sozialpolitik eingeführt. Entwickelt wurde dieses System von Wilfried Schreiber, der 1954 im Auftrage des Bundes Katholischer Unternehmer den nach ihm benannten "Schreiber-Plan" zur Reform der Sozialsysteme entwickelt hatte [1.9]. Adenauer setzte von diesem Gesamtkonzept jedoch nur die Rentenpläne um. Und auch dies nur mit Abstrichen und zwei Fehlern, vor denen Prof. Schreiber und sein Kollege Prof. Höffner ihn ausdrücklich gewarnt hatten.

- 1. Fehler:
  Das Rentenniveau wurde mit 70 Prozent des Bruttoeinkommens zu hoch angesetzt. Schreiber hatte 50 Prozent vorgeschlagen.
  Einwand Schreiber und Höffner: "Herr Bundeskanzler, man kann keine Rentenreform gegen die Mathematik machen". Antwort Adenauer: "Meine Herren Professoren, wer muß nächstes Jahr die Wahlen gewinnen, sie oder ich?"

- 2. Fehler:
  Schreiber schlug als "finanziellen Anreiz zum Kinderkriegen" einen kinderabhängigen Beitrag in eine Familienkasse vor, der als Kindergeld an junge Eltern wieder ausgezahlt werden sollte. Adenauers Antwort: "Kinder kriegen die Leute sowieso".

Prof. Höffner soll später, Ende der sechziger Jahre, einmal gesagt haben, daß "wer später einmal das Rentensystem ändern will, entweder die Alten enteignen oder die Jungen ausbeuten muß".
Doch soweit ist es noch nicht ganz. Aktuell wird das bestehende Rentensystem durch ständig steigende Zuzahlungen des Bundes am Leben erhalten. In 2005 sollen es laut dem Bundesversicherungsamt Bonn prognostiziert ca. 62 Milliarden Euro sein, die der Bund zuschiessen muß, um alle Renten auszahlen zu können [1.10].

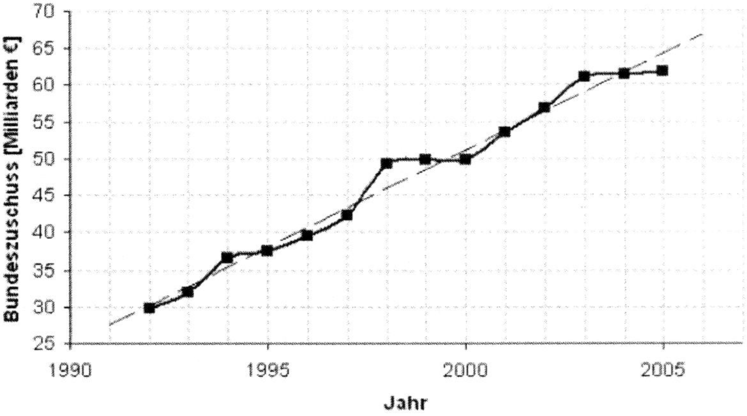

Abbildung 1.4.: Zuzahlung des Bundes an die Rentenkasse 1992 - 2005; Quelle: Bundesversicherungsamt Bonn [1.10]

Seit 1992 stiegen damit die Zuzahlungen im mathematischen Mittel um 2,6 Milliarden Euro pro Jahr, sodaß nach diesem Trend im Jahr 2010 mit einer Zuzahlung von 75 Milliarden Euro und im Jahr 2020 mit über 100 Milliarden Euro zu rechnen wäre. Das Manager-Magazin berichtete im Oktober 2005 von 72,9 Milliarden, die die Rentenversicherung im Jahr 2002 vom Bund erhielt und von 81 Milliarden, die im Jahr 2008 aufgewendet werden müßten [1.11]. Die Zahlen mögen variieren, die Kernaussage bleibt leider dramatisch genug, nämlich daß das Rentensystem in seiner derzeitigen Form nicht durch immer höhere Zuzahlungen des Bundes am Leben gehalten werden kann.
Insgesamt entwickeln sich die kumulierten Ausgaben für das Rentensystem wie nachfolgend ersichtlich.

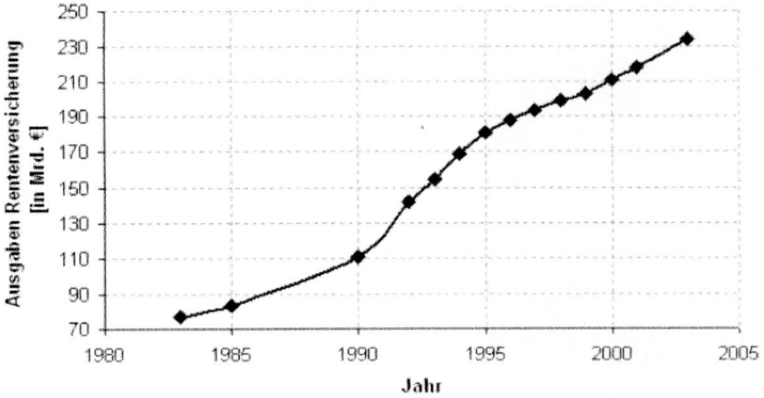

Abbildung 1.5.:Ausgaben des Bundes für die Rentenversicherung Quellen: Rentenversicherungsberichte der Bundesregierung 2002-2004

Seit Mitte der neunziger Jahre steigen die Kosten gleichmässig mit einer Rate von ca. 6,5 Milliarden Euro pro Jahr. Bezogen auf die Leistung unserer gesamten Volkswirtschaft erhöhte sich damit der Prozentsatz der Rentenzahlungen von 5,5 Prozent im Jahr 1970 auf ca. 11 Prozent im Jahr 2003.

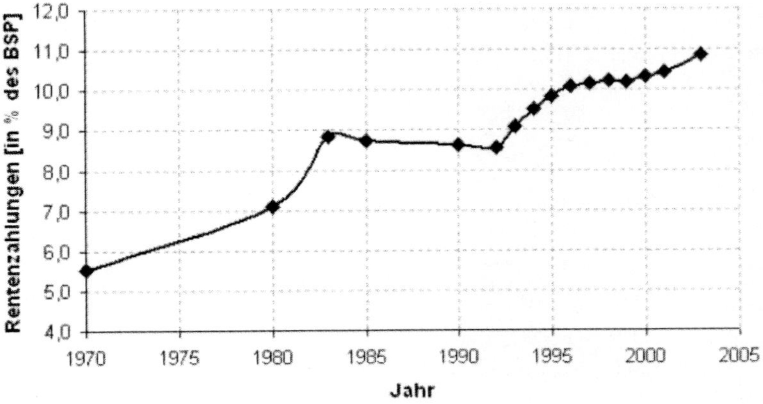

Abbildung 1.6.: Rentenzahlungen in Prozent des Bruttosozialproduktes 1970 bis 2003; Quellen: Rentenversicherungsberichte der Bundesregierung 2002-2004 sowie Statistisches Bundesamt

Bezogen auf die Wirtschaftsleistung unserer Volkswirtschaft erhöhte sich der Prozentsatz der Rentenzahlungen von 5,5 Prozent im Jahr 1970 auf ca. 11 Prozent im Jahr 2003.

1.5. Schwankungsreserve der Rentenversicherung

"Das über den Erwartungen liegende Jahresergebnis entspannt die Finanzsituation der Rentenversicherung in den nächsten Monaten. Der weitere Verlauf hängt von der Konjunkturentwicklung ab."

Ulla Schmidt, Bundessozialministerin im Januar 2005

Die bis 1977 als Rücklage bezeichnete Schwankungsreserve (neuerdings auch "Nachhaltigkeitsreserve" genannt) dient dem Ausgleich von konjunkturell bedingten Rückgängen der Einnahmen und der Deckung von Defiziten. Sie war bis zum Jahr 2001 gesetzlich auf eine Monatsreserve festgelegt (was einem Betrag von ca. 18 Milliarden Euro entsprach), d.h. die Rente hätte auch ohne neue Einnahmen einen Monat lang ausbezahlt werden können. Nach Senkungen auf 80 Prozent (Jahr 2002) bzw. 50 Prozent (Jahr 2003), wurde sie im Dezember 2003 gesetzlich auf nunmehr 20 Prozent einer Monatsausgabe gesenkt. Mit anderen Worten: Die Rentenreserve muß nach dem Gesetzgeber noch für 6 Tage reichen, was im Jahr 2003 ungefähr 3,8 Milliarden Euro entsprach.

Laut dem Bundesversicherungsamt in Bonn betrug im Oktober die "Nachhaltigkeitsreserve" 130 Millionen Euro, was rein rechnerisch noch 0,01 Monatsausgaben oder 0,3 Tagen entsprach [1.12]. D.h. die Reserven der Rentenversicherung sind schlicht aufgebraucht. Die Rentenkassen sind leer und leben von den jeweils aktuellen Einzahlungen der schrumpfenden Restmenge der sozialversicherungspflichtigen Arbeiter und in steigendem Maße, von denen des Bundes.

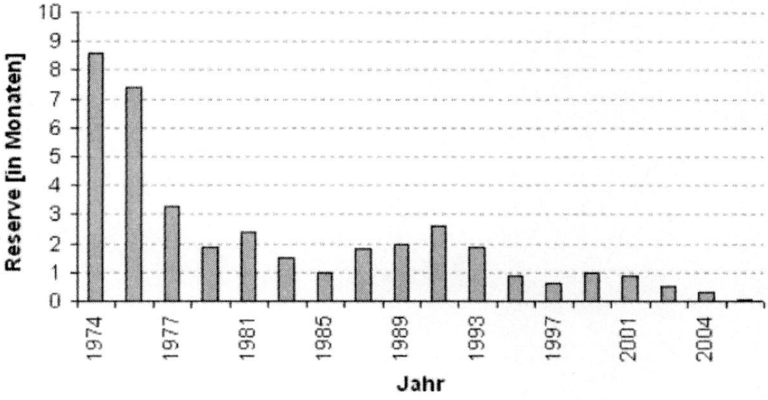

Abbildung 1.7.: Schwankungsreserve der Rentenversicherung in Monaten; Quellen: Bundesversicherungsamt [1.12], Bundeszentrale für politische Bildung [1.13]

Die neue Fälligkeitsregelung, mit der Arbeitgeber ab Januar 2006 die Beiträge zu den Sozialversicherungen nicht mehr wie bisher bis zum 15. des Folgemonats einzahlen müssen, sondern mit Auszahlung der Gehälter am Ende des gleichen Monats, bringt dem Staat in 2006 quasi 13 Zahlungen und damit eine neuerliche Schwankungsreserve von einem Monat. Aufgrund der aufgezeigten Tendenzen ist dies jedoch nur als Flickschusterei und Zeitgewinn zu interpretieren.

1.6. Bevölkerungsentwicklung in Deutschland

"Kinder kriegen die Leute sowieso."

Konrad Adenauer, 1956

Deutschlands Bevölkerung altert in einem dramatischen Ausmaß. Zusammen mit Italien und Japan gehört Deutschland zu den drei Ländern, die weltweit den stärksten Alterungsprozess durchleben werden. Damit betreten wir historisches Neuland.

Gutachten des wissenschaftlichen Beirates des Wirtschaftsministeriums "Alterung und Familienpolitik" vom 18.3.2005 [1.14]

Will man die qualitative Weiterentwicklung der zuvor gehörten Zahlen ermessen, ist ein Blick auf die zukünftige Bevölkerungsentwicklung in Deutschland unerläßlich. Diese wird sich bis 2050 laut einer Studie des Statistischen Bundesamtes wie folgt entwicklen.

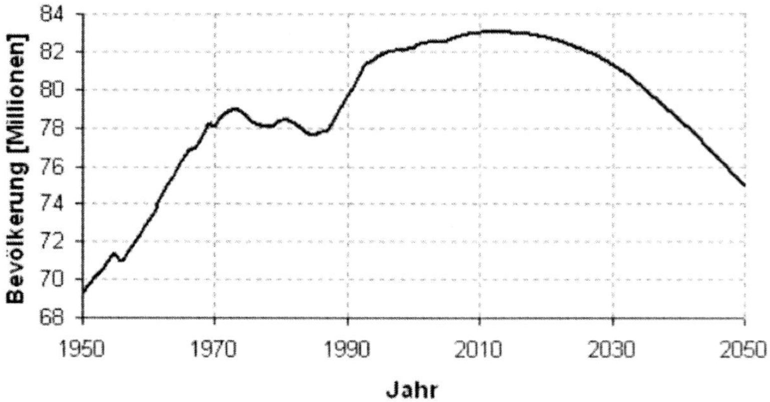

Abbildung 1.8.: Prognostizierte Bevölkerungsentwicklung in Deutschland, "mittlereVariante" des Statistischen Bundesamtes von 2003 [1.15]

Im Juni 2003 legte das Statistische Bundesamt die "Zehnte koordinierte Bevölkerungsvorausberechnung bis 2050" der Öffentlichkeit vor [1.15].

Unter Einbezug der variablen Parameter Geburtenrate, Zuwanderung und Lebenserwartung wurden verschiedene Varianten der Bevölkerungsentwicklung errechnet. Dabei kommt die als "mittlere Variante" bezeichnete Prognose, auf die wir uns im folgenden stützen werden, unter den folgenden Annahmen auf eine Bevölkerungszahl von ca. 75 Millionen Menschen im Jahre 2050:

- Gleichbleibende Geburtenrate von 1,4 Kindern pro Jahr (die Reproduktionsrate liegt bei statistisch 2,1 Kindern, d.h. um die Bevölkerungszahl konstant zu halten, müßte jede Frau in Deutschland 0,7 Kinder mehr bekommen als zur Zeit).
- Die Lebenserwartung steigt um 6 Jahre.
- Pro Jahr wandern 200.000 Menschen nach Deutschland ein.

Gleichzeitig und interessanterweise wurde auch untersucht und prognostiziert, wie sich die altersmäßige Zusammensetzung der Bevölkerung verändern wird.
Geht man wiederum von der zitierten mittleren Variante aus, so werden im Jahr 2050 ca. 30 Prozent aller Menschen in Deutschland älter als 65 Jahre sein, sprich sich im Rentenalter befinden. Heute liegt dieser Wert bei ungefähr 17 Prozent. Der Anteil der 20 bis 65-jährigen (d.h. der arbeitsfähigen Bevölkerung) wird sich dem gegenüber von derzeit 62 Prozent auf 54,4 Prozent reduziert haben.

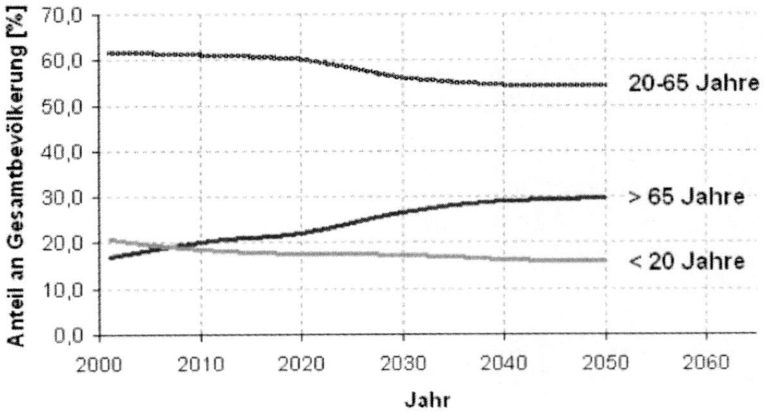

Abbildung 1.9.: Aufteilung der Gesamtbevölkerung in Prozent; Quelle [1.15]

Unter der weiteren Annahme, daß alle 20 bis 65-jährigen in Lohn und Brot stehen, finanzieren heute demnach 3,63 Arbeitnehmer einen Rentner. Diese Relation wird sich bis ins Jahr 2050 auf 1,83 Arbeitnehmer pro Rentner halbiert haben. Zieht man jedoch die Arbeitslosenstatistik aus Bild 1.1. mit in Betracht, so finanzieren derzeit 3,35 Arbeitnehmer, und in 2050 nur noch 1,34 Arbeitnehmer einen Rentner.
Nehmen wir weiter an, daß die Zuzahlung des Bundes zur Rentenversicherung nicht ständig weiter wachsen kann, so müssen also die Rentenbezüge in der Zukunft alleine aufgrund dieser demographischen Verschiebungen um mehr als die Hälfte sinken. Roland und Andrea Tichy konstatieren daher auch folgerichtig in ihrem Buch "Die Pyramide steht Kopf", daß nicht so sehr der Bevölkerungsrückgang das Problem darstellt, sondern die zunehmende Überalterung der deutschen Gesellschaft und damit die sinkende Relation von erwerbstätiger zu nicht-erwerbstätiger Bevölkerung. Wie eine Studie der Vereinten Nationen ergab, bräuchte Deutschland bis zum Jahr 2050 jährlich

1. 344.000 Zuwanderer um den Bevölkerungsrückgang auszugleichen
2. 487.000 Zuwanderer, um die Zahl der arbeitenden Bevölkerung konstant zu halten, jedoch schier unglaubliche
3. 3,6 Millionen Zuwanderer, um die derzeitige Relation von Erwerbstätigen zu Rentnern konstant zu halten [1.16].

Erstaunlicherweise liefert auch die folgende mathematische Näherung eine Bestätigung der zuvor aufgestellten These der Halbierung der Renten.

Laut Statistischem Bundesamt verdient ein Arbeiter heute im Schnitt 2507,- Euro [1.17], ein Angestellter 3384,- Euro [1.18]. Daraus ergibt sich ein arithmetischer Mittelwert von 2945,50 Euro brutto pro Monat. Von diesem Betrag ergeben 19,5 Prozent (derzeitiger Beitrag zur Rentenversicherung) rund 575,- Euro. Wie wir oben gesehen haben bezahlen heute statistisch 3,63 Arbeitnehmer einen Rentner. Dies ergibt also eine durchschnittliche Rente von 575,- Euro pro Zahler mal 3,63 Zahler = 2087,- Euro.
Daß diese Zahl in etwa auch stimmt, kann man belegen, indem man das heutige Rentenniveau von 70 Prozent rückwärts auf das durchschnittliche Einkommen von besagten 2945,50 Euro berechnet. 2945,50 Euro x 0,7 = 2062,- Euro, d.h. die Abweichung gegenüber den zuvor genannten 2087,- Euro beträgt nur wenige Euro.
Bedenken wir nun im letzten Schritt, daß im Jahr 2050, wie zuvor gesagt, nur noch 1,83 Arbeitnehmer einen Rentner bezahlen werden können, kommen wir auf den Betrag von 575,- Euro x 1,83 = 1052,- Euro.

Diese einfache Rechnung beinhaltet keine Effekte wie die aktuelle bzw. die zu erwartende Arbeitslosigkeit, die nach Bild 1.1. im Jahr 2050 bis auf 11 Millionen gestiegen wäre. Dies würde einer Quote von 27 Prozent entsprechen, bezogen auf die prognostizierte Zahl der 20-65 Jährigen in Deutschland von 40,8 Millionen. Ebenfalls ist die, wie wir noch sehen werden, exponentiell steigende Zinslast nicht eingerechnet, die definitiv eine ständig steigende Zuzahlung des Bundes ausschliessen wird. Mithin ist die gezeigte Rechnung als konservativ zu betrachten. Es errechnet sich also eine Rentenlücke von mindestens 50 Prozent, wobei die Betonung auf "mindestens" liegen muß.

Um es nochmals zu wiederholen. Die präsentierte Rechnung ist lediglich eine einfache Umrechnung bestehender Zahlen und Prognosen. Der Autor ist kein Renten- oder Sozialversicherungsexperte und erhebt auch nicht den Anspruch dies zu sein. Die gezeigten Zahlen sollen lediglich zeigen, wie dramatisch der Einbruch der aus dem heutigen System noch zu erwartenden Rente ist, die der "Generation Gold" alleine aufgrund der kommenden Bevölkerungsentwicklung bleiben wird.
Herrn Adenauer in allen Ehren, doch daß die Leute sowieso und immer Kinder bekommen würden, ist eine klare These der Vergangenheit. Kinder zu bekommen und zu erziehen stellt heute nur noch eine Lebensoption unter mehreren dar. Früher, als es noch kein Rentensystem gab, waren einzig Kinder die Absicherung für das Alter, sodaß eine zwingende Notwendigkeit bestand, diese auch in die Welt zu setzen. Man könnte also durchaus argumentieren, daß der Sozialstaat mit seinem scheinbaren Rundum-Sorglos-Paket von der Wiege bis zur Bahre, sein eigenes Ende bereits in sich trägt und nie eine dauerhafte Lösung für ein gesamtstaatliches Gebilde sein kann.
Eine vertiefende Behandlung des Themas finden sie z.B. in "Ist Deutschland noch zu retten?" von Hans-Werner Sinn, Kapitel 7 "Land der Greise" [1.19]. Prof. Sinn ist zudem Mitglied im wissenschaftlichen Beirat des Bundesministeriums für Wirtschaft und Arbeit, welcher bereits im Dezember 2000 in einem offenen Brief an den damaligen Wirtschaftsminister Werner Müller seine Stellungnahme abgab. Geprüft, und als verfehlten Vorschlag bezeichnet, wurde insbesondere die Absicht, das Rentenniveau von 70 Prozent auf lediglich 67 Prozent zu senken. In der Begründung zu dieser ablehnenden Haltung heißt es:

> "Die Festlegung auf ein Rentenniveau von 67 Prozent nährt die Illusion, die umlagefinanzierte gesetzliche Rentenversicherung könne den demographischen Wandel mit einer nur geringfügigen

Senkung des Rentenniveaus bewältigen. [..] Eine zunehmende Finanzierung der gesetzlichen Renten durch Steuern ist kein Ausweg aus diesem Dilemma, weil die Steuern genauso wie die Beiträge aus den laufenden Einkommen gezahlt werden müssen." [1.20]

Daß, wie wir zuvor aus dem Bundessozialministerium gehört haben, der weitere Verlauf der Rentenversicherung alleinig von der Konjunkturentwicklung abhängen sollte, dürfte aufgrund der hier präsentierten Begründungen klar widerlegt worden sein.

Ein weiterer wichtiger Gesichtspunkt dieser demographischen Entwicklung aus der Sicht eines Politikers, ist der bereits von Adenauer ausgesprochene Wahlfaktor. Als Politker, der Mehrheiten und Wahlen gewinnen will und muß, wird man in Zukunft immer weniger eine gegen die Interessen der Rentner gerichtete Politik verfolgen können, da diese einen immer größeren Teil der Wahlberechtigten stellen werden. Ihr Anteil an den Wahlberechtigten wächst von heute ca. 17 Prozent auf knapp 30 Prozent im Jahre 2050. Eine notwendige und hinreichende Reform unseres Rentensystems, d.h. eine klare Absenkung der Rentenbezüge auf z.B. 50 Prozent ist also mit jedem Jahr das vergeht, politisch unwahrscheinlicher. Es wird nach menschlichem Ermessen daher stets bei Flickschusterei und halbherzigen Maßnahmen, wie z.B. der Absenkung des Rentenniveaus auf 67 Prozent zum Zeitgewinn bis zur nächsten Wahl, bleiben. Daß dies volkswirtschaftlich völlig unverantwortlich ist, bedarf keiner weiteren Erläuterung. Die Rechnung wird den Menschen eines Tages präsentiert werden, und je weiter dieser Tag in der Zukunft liegt, um so tiefer wird der wirtschaftliche und gesellschaftliche Sturz sein.

1.7. Rechtmäßigkeit des Rentensystemes

"Es stimmt aber, daß wir einen Renditeverfall in der gesetzlichen Rentenversicherung haben, und dagegen müssen wir etwas tun."

Bert Rürup, Interview mit Berliner Zeitung vom 09.08.2003 [1.21]

Im Gutachten des Sozialbeirats zum Rentenversicherungsbericht 2004 der Bundesregierung heißt es [1.22]:

> "Die Frage der Rendite der gesetzlichen Rentenversicherung hat jedoch nicht nur einen ökonomischen, sondern auch einen juristischen Hintergrund. So verbietet das verfassungsrangige Übermaßverbot eine offenkundige Disproportionalität von Beitragsleistung und versicherungsrechtlicher Leistung. [..] Sollte die implizite Rendite der gesetzlichen Rentenversicherung für einen typischen Versicherten negativ werden, dürfte damit die Verfassungskonformität des Alterssicherungssystems sowie die Eigentumsgarantie des Rentenanspruchs in Zweifel gezogen werden."

Diese "Disproportionalität" bedeutet also, daß der Beirat rechtliche Probleme auf die Regierung zukommen sieht, wenn die Beitragsleistung eines typischen Versicherten in die Rentenkasse höher ist, als die spätere Leistung aus derselben, sprich die Rendite negativ würde.
Die Berechnungen des Sozialbeirates zur Entwicklung der realen Rendite der gesetzlichen Rentenversicherung liefern dementsprechend auch ein sehr interessantes Ergebnis, welches in der folgenden Darstellung zu sehen ist.

Die prognostizierten Renditen für Männer und Frauen werden nach diesen Berechnungen jeweils um ca. 0,5 Prozent zurückgehen (Männer von 1,7 auf 1,2 Prozent; Frauen von 2,3 auf 1,8 Prozent), jedoch nach wie vor im positiven Bereich liegen. Dabei traf der Sozialbeirat folgende Annahmen bis zum Jahr 2020.

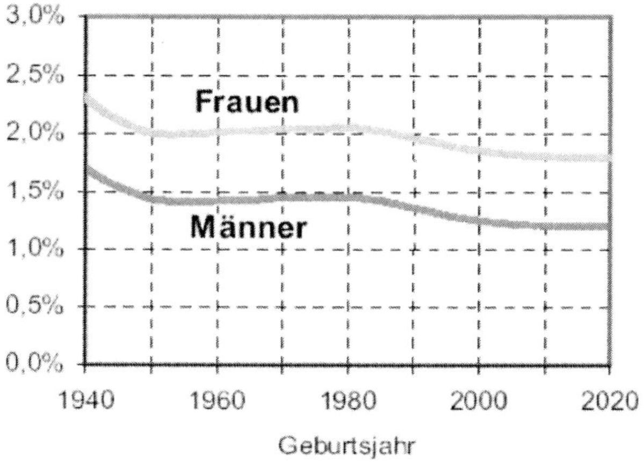

Abbildung 1.10.: Entwicklung der realen Rendite der gesetzlichen Rentenversicherung, Renteneintritt nach 45 Versicherungsjahren und nach Vollendung des 65. Lebensjahres Berechnungen des Sozialbeirates [aus 1.22]

- Inflation: 1,5 Prozent
- Lohnsteigerungsrate: 3,0 Prozent
- Kapitalmarktzinsen: 4,0 Prozent

Wir werden jedoch in Kapitel 3 dieses Buches sehen, daß die Inflation schon heute um ein Mehrfaches höher liegt, als die hier angenommenen 1,5 Prozentpunkte. Allein unter Berücksichtigung dieses Sachverhaltes, zeigt uns das Ergebnis des Sozialbeirates, daß die Renditen der gesetzlichen Rentenversicherung bereits heute für alle noch einzahlenden Mitglieder negativ sein werden und daraus dem Gesetzgeber verfassungsrechtliche Probleme erwachsen könnten.

Günter Hannich greift in seinem Buch "Sprengstoff Geld" einen weiteren interessanten Aspekt bezüglich des Generationenvertrages auf.

> "Jedoch ist es rechtlich, wie auch praktisch unmöglich mit noch nicht lebenden Menschen Verträge abzuschliessen, noch dazu ohne freiwillige Vereinbarung von beiden Seiten. Solche Art von Generationenverträgen sind deshalb rechtswidrig und von beiden

Seiten nichtig. Zweifelhaft ist auch die Grundlage als Zwangsversicherung. (...) Letztlich kommt dieses Verfahren einer Entmündigung des einzelnen gleich. (...) Es wäre zu prüfen, ob hier gegen §2 des Grundgesetzes (Freiheit der Person) verstossen wird."

Als letzten Kritikpunkt kann man anführen, daß der Personenkreis der Selbständigen nicht in die gesetzliche Rentenversicherung einzahlt, ihnen also die Entmündigung der abhängig Beschäftigten nicht widerfährt, was gegen den Gleichheitsgrundsatz verstossen könnte.

Eine mögliche Erklärung des zuletzt genannten Punktes könnte jedoch wie folgt aussehen.
Stellen wir uns vor, jeder Arbeitnehmer würde sofort aus der gesetzlichen Rentenversicherung entlassen werden und könnte fortan selbst für seine Altersvorsorge privat sparen. Wir wir bereits im vorigen Abschnitt gesehen haben, beträgt das durchschnittliche Einkommen derzeit ca. 2950,- Euro pro Monat. Nehmen wir weiter an, daß ein solcher Durchschnittsverdiener nun selbst pro Monat 575,- Euro (d.h. wieder die 19,5 Prozent seines Einkommens) mit einer Verzinsung von 5 Prozent langfristig ansparen würde.
Das Ergebnis nach 45 Jahren wäre aufgrund des Zinseszins-Effektes eine Summe von erstaunlichen 1,15 Millionen Euro. D.h. unser Durchschnittsverdiener wäre am Ende seines Arbeitslebens Durchschnitts-Millionär und könnte wahrscheinlich bequem von seinen Zinsen leben, ohne seinen Kapitalstock überhaupt angreifen zu müssen. Was aber wäre das Ergebnis? Der Sohn oder die Tochter unserers Durchschnittsverdiener würde irgendwann diese Millionen erben und wahrscheinlich sofort aufhören zu arbeiten oder noch besser, erst gar nicht damit anfangen. Zu Ende gedacht würde dies also bedeuten, daß innerhalb nur zweier Generationen niemand mehr arbeiten würde, da ja jeder bereits Millionär wäre und von seinen Zinsen leben könnte.
Man sieht bereits an diesem einfachen Beispiel, daß eine ausschließlich privat aufgebaute Kapitalrente in einem monetären Zinssystem volkswirtschaftlich auch nicht sehr lange funktionieren könnte. Wenn keiner mehr arbeitet, wo soll das zu erwirtschaftende Sozialprodukt zur Zahlung der Zinsen denn noch herkommen?

Es könnte also grundsätzliches Prinzip sein, der Masse der Bevölkerung den Gutteil ihrer Wirtschaftsleistung irgendwie wieder abzunehmen, sodaß sie nie soviel freies Kapital zur Verfügung hat, um innerhalb ihres

Arbeitslebens von der proletarischen zur kapitalistischen Einkommensklasse wechseln zu können.
Daher ist es auch gesamtwirtschaftlich geradezu notwenig, daß es zahlenmässig wenige, aber dafür um so reichere "Super-Milliardäre" gibt, die die Zinsströme immer weiter an sich binden. Mit anderen Worten: Das Rentensystem, das den Arbeitnehmern ohne Alternative 1/5 ihrer Wirtschaftsleistung nimmt, ist ein gewolltes Umverteilungsprinzip von jungen Armen zu alten Armen.
In diese Kerbe der gewollten Umverteilung schlägt auch die Erbschaftssteuer, da hier bei der Entstehung bzw. Erarbeitung bereits besteuertes Kapital nochmals besteuert wird.

1.8. Gesundheitswesen und Pflegeversicherung

"Die Finanzreserve dürfte auf Basis der Entwicklung im Jahr 2004 bis in das Jahr 2008 reichen, ohne daß eine Anhebung des Beitragssatzes nötig wird."

Ulla Schmidt, Bundessozialministerin [1.23]

Steigende Lebenserwartung der Menschen, neu auftretende Krankheiten wie Aids oder Sars sowie neue und hochtechnisierte Behandlungsmethoden lassen die Ausgaben unseres Gesundheitswesens immer weiter steigen. Wurden im Jahr 1992 noch 2020,- Euro je Bundesbürger für dessen Gesundheit ausgegeben, so waren es im Jahr 2003 bereits 2900,- Euro [1.24]. Dies entspricht einem gleichmäßigen Anstieg von ungefähr 79,- Euro pro Jahr und pro Kopf.
Rechnet man diese Größe für die Zukunft weiter und multipliziert man diese mit den Zahlen der prognostizierten Bevölkerungsentwicklung, (Bild 1.8) kommt man auf die folgende Kostenentwicklung.
Man erkennt, daß obwohl die Bevölkerung zahlenmäßig schrumpfen wird, die Kosten für das Gesundheitswesen weiter gleichmäßig bis auf 500 Milliarden Euro im Jahr 2050 steigen könnten. Allein dies entspricht dem doppelten des gesamten heutigen Bundeshaushaltes.

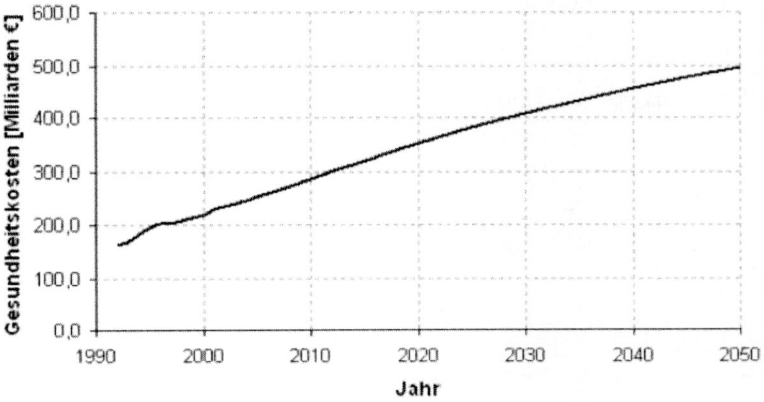

Abbildung 1.11.: Geschätzte Entwicklung der Gesundheitsausgaben in Deutschland; Quelle: Statistisches Bundesamt, ab 2005 eigene Berechnungen

Welche Kosten auf die Pflegeversicherung in Zukunft noch zukommen werden, kann alleine daran abgeschätzt werden, wenn wir uns die bereits genannten demografischen Verschiebungen in der Alterspyramide unserer Gesellschaft nochmals vergegenwärtigen. Im März 2005 schrieb die Welt, daß die Pflegeversicherung das Jahr 2004 mit einem Defizit von 820 Millionen Euro abgeschlossen hat [1.25].

1.9. Sinkende Bundesinvestitionen

"Wir werden 2006 einen ausgeglichenen Haushalt ohne Neuverschuldung erreichen."

Hans Eichel, 20.11.2002

"Der Haushalt 2006 wird leider nicht verfassungskonform sein, da die Schulden die Summe der Investitionen übersteigen."

Angela Merkel, Vorstellung des Koalitionsvertrages Nov. 2005

Der Paragraph 115 unseres Grundgesetzes lautet wie folgt:

> "Die Einnahmen aus Krediten (d.h. die Neuverschuldung, d. Verf.) dürfen die Summe der im Haushaltsplan veranschlagten Ausgaben für Investitionen nicht überschreiten; Ausnahmen sind nur zulässig zur Abwehr einer Störung des gesamtwirtschaftlichen Gleichgewichts."

Die Väter des Grundgesetzes wollten mit diesem Gesetz sicherstellen, daß die Investitionen in Höhe der Neuverschuldung künftigen Generationen helfen würden, ein zusätzliches Einkommen zu erwirtschaften, um dadurch Zins und Tilgung der neuen Schulden in der Zukunft gewährleisten zu können. Seit der Wiedervereinigung jedoch gehen die Investitionen des Bundes kontinuierlich zurück, sodaß die Politik sich heute immer auf den zweiten Satz dieses Gesetzes berufen muß, um einen gesetzeskonformen Haushalt aufstellen zu können.

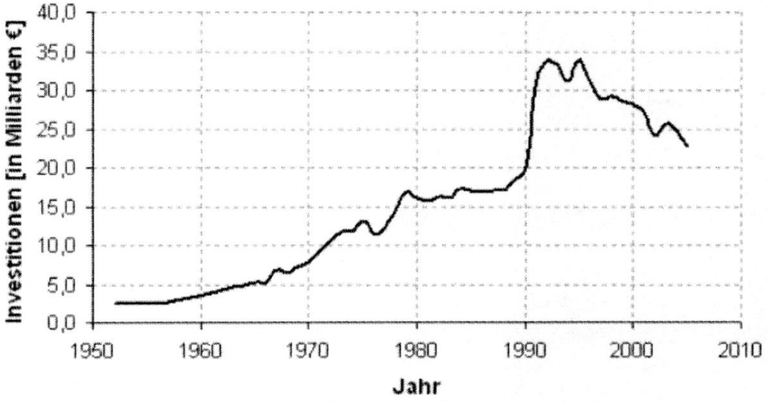

Abbildung 1.12.: Investitionsausgaben des Bundes 1952 - 2005
Quelle: Bundesministerium für Gesundheit und Soziale Sicherung [1.26]

Aufgrund der immer schneller wachsenden Verschuldung wird es in der Zukunft vermutlich nicht mehr möglich sein, einen Finanzhaushalt gemäß Grundgesetz §115 zu erstellen. Dabei ist völlig unerheblich, welche politische Partei den Finanzminister stellt. Durch die heute fehlenden Investitionen, sinken morgen die Steuereinnahmen. Das was der Staat von Unternehmen fordert, lebt er selbst nicht vor.

1.10. Zusammenfassung des ersten Kapitels

"Die Geschichte der öffentlichen Finanzen ist jene der Bankrotte. Sie reicht vom Altertum bis in die Gegenwart. (..) Wohlfahrtsstaat, Bürokratie und Verschuldung bilden seit der Antike stets den Auftakt zum späteren Bankrott, zum Nieder- und Untergang von Nationen.

Walter Wittmann, "Das globale Desaster", 1995

Bereits in den fünfziger Jahren wurde unser heutiger Sozialstaat zum Ziele des Wahlgewinns durch Wahlgeschenke aufgebaut und damit sehenden Auges das Fundament für unsere aktuellen Probleme gelegt.

Die heutige Neuverschuldung von 6 Millionen Euro pro Stunde reicht nicht aus, um die Zinsverpflichtungen von 8 Millionen Euro pro Stunde zu begleichen. D.h. pro Stunde fliessen 2 Millionen Euro an Substanz aus unserem Land ab.
Der aktuelle Bundeshaushalt besteht bereits zu 2/3 aus dem Sozialblock Rente, Gesundheit, Wirtschaft und Arbeit, sowie der Zinslast.
Abhängig von den Kapitalmarktzinsen steigt die Arbeitslosigkeit seit Anfang der siebziger Jahre um durchschnittlich 136.000 Menschen pro Jahr.
Die Anzahl der sozialversicherungspflichtigen Arbeitsplätze fällt seit 5 Jahren um ca. 1250 Menschen pro Kalendertag. Die der geringfügig Beschäftigten hingegen steigt im Mittel um ca. 790 pro Kalendertag.
Die Zuzahlung des Bundes zur Rentenversicherung steigt ebenfalls gleichmäßig an, im Schnitt um +2,6 Millionen Euro pro Jahr. Dennoch ist die Schwankungsreserve von 8,5 Monaten im Jahr 1974 auf de facto Null gefallen. Die Rentenkassen sind leer und leben von der sprichwörtlichen Hand in den Mund.
Unsere vergreisende Bevölkerung in Deutschland wird bis zum Jahr 2050 auf 75 Millionen Menschen in Summe geschrumpft sein. Die Rentner werden dann ca. 30 Prozent der Wahlberechtigten stellen, sodaß kein Politiker diese Wählerschicht mehr missachten wird. Wahre Reformen werden daher mit jedem Jahr immer unwahrscheinlicher.
Auf einen Rentner kommen heute 3,63 Arbeitnehmer, im Jahr 2050 hingegen wird diese Relation um die Hälfte auf 1,83 Arbeitnehmer pro Rentner gefallen sein.
Unter Ausschluss aller anderen Entwicklungen bedeutet alleine dieser demographische Fraktor, daß die Rentenbezüge der heute arbeitenden Menschen in der Kaufkraft um mindestens 50 Prozent fallen müssen, um theoretisch bezahlbar zu bleiben. Grundsätzlich könnte das gesetzliche Rentensystem unter verschiedenen Aspekten als juristisch angreifbar angesehen werden.
Auch die Kosten des Gesundheitssystems werden trotz abnehmender Bevölkerung nahezu linear, d.h. stetig weiter anwachsen.

Die zunehmende Überforderung der bestehenden Sozialsysteme, insbesondere aber der Rentenversicherung, sollte mit diesen Zahlen hinreichend belegt und dokumentiert sein. Ein wirkliches Handeln auf politischer Ebene erscheint fragwürdig. Zitate wie das von Kurz Biedenkopf in seiner Festansprache auf der 56. Physikertagung in Berlin aus dem Jahre 1992 sind selten und daher um so bemerkenswerter:

> "Das politische System unseres Landes beruht auf Annahmen, die mit der Lebenswirklichkeit nicht länger vereinbar sind; auf der Annahme nämlich, dass ein stetes exponentielles Wachstum der materiell verfügbaren Ressourcen, des materiellen Bruttosozialproduktes, dauerhaft möglich ist. Sämtliche seiner wesentlichen Grundlagen, Strukturen, Verhaltensweisen und Erwartungen sind durch diese Annahme inhaltlich geprägt. Sein Geldsystem und die Marktwerte der Güter- und Dienstleistungen beruhen auf ihr.(...) Wer die Möglichkeit dauerhaften exponentiellen Wachstums leugnet, gefährdet deshalb das gegenwärtig reale demokratische Herrschaftssystem ebenso wie die Beweise Galileis das damalige Herrschaftssystem der Kirche gefährdeten". [1.27]

Der Staat kommt an den Fronten Rente, Gesundheit, Pflege, Bevölkerungsentwicklung und Arbeitslosigkeit immer weiter unter Druck. Wie wir im zweiten Kapitel sehen werden, ist es mathematisch leicht herleitbar, daß dieser Druck in Zukunft immer weiter und sogar immer schneller steigen wird.

2. Kapitel: Problem Zins und Zinseszins

2.1. Der deutsche Schuldenberg

"Die Staatsschulden sind nur ein anderes Wort für heimliche Konfiszierung von Vermögen."

Alan Greenspan, 1966 [2.1]

Die Ausgaben des Staates für den sozialen Bereichen steigen also kontinuierlich, d.h. linear an. Man könnte und sollte demnach annehmen, daß aus diesem Grunde auch die dafür - wenn überhaupt - benötigten Schulden ebenfalls linear anwachsen sollten.
Die finanzielle Realität ist jedoch die, daß die kummulierten Schulden von Bund, Ländern und Gemeinden in Deutschland, wie in der folgenden Grafik zu sehen ist, mit einer immer schnelleren Geschwindigkeit ansteigen. Bis Ende 2005 haben sie ca. 1470 Milliarden Euro erreicht (oder 1,47 Billionen Euro. Eine Billionen ist eine Millionen mal eine Millionen, eine Eins mit 12 Nullen!). Die ebenfalls in Bild 2.1. eingezeichnete schwarze Linie stellt eine so genannte mathematische Überlagerung bzw. eine Trendlinie in Form einer (noch zu erklärenden) exponentiellen Kurve dar.

Die Verschuldung steigt, wie zuvor gesagt, zur Zeit mit 1714,- Euro pro Stunde [1.2], d.h. mit einer Rate von

- 6,2 Millionen Euro pro Stunde
- 148,1 Millionen Euro pro Tag
- 1,04 Milliarden Euro pro Woche.

Diese neuen Schulden müssen zu 100% in die Bedienung der alten, bereits bestehenden Schulden "investiert" werden. Sie sind mithin für die Bürger und die Zukunft unseres Landes völlig nutzlos, da keine werthaltigen Investitionen getätigt werden. Im Gegenteil: Sie vergrößern die Probleme für künftige Generationen, die nur immer weitere wachsende Zinsforderungen von uns erben werden.

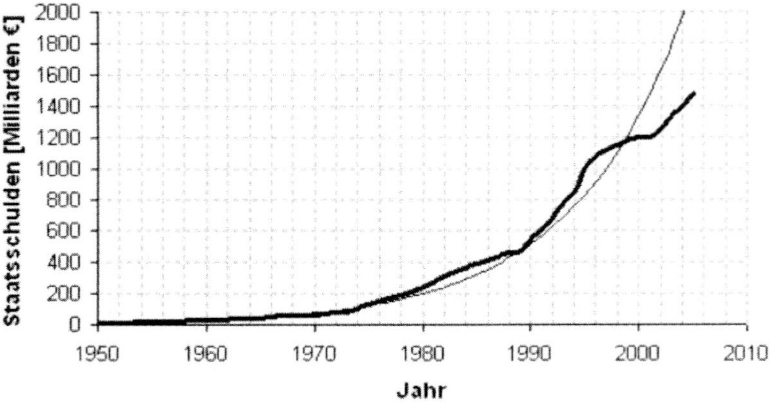

Abbildung 2.1.: Schulden von Bund, Ländern und Gemeinden 1950 - 2005; Quelle: Statistisches Bundesamt [2.2.]

Weiterhin ist in der Grafik erkennbar, daß die Zunahme der Verschuldung am Beginn dieses "Zykluses", d.h. nach dem 2. Weltkrieg, zunächst sehr langsam stieg, irgendwann Anfang der siebziger Jahre hingegen immer schneller an Dynamik gewann. Seit dem Jahr 1990 wuchsen die Schulden im Zuge der deutschen Wiedervereinigung für einige Jahre schneller als die exponentielle Kurve, flachten sich jedoch am Ende der Dekade wieder ab und unterschritten im Jahr 1999 sogar den mathematisch exponentiellen Kurvenverlauf wieder.

Zurückzuführen ist dies jedoch nicht auf besondere Sparmaßnahmen der Regierungen, sondern auf das im Langzeitvergleich extrem niedrige Zinsniveau, sowie auf den beschleunigten Verkauf von Volksvermögen, dem sogenannten Tafelsilber. Dieses beinhaltete beispielsweise Anteile an Flug- oder Schiffshäfen (z.B. dem Frankfurter Flughafen Fraport), bekanntermaßen Telekom ("die Volksaktie") und Post, Volkswagen oder VIAG und VEBA (heute E.ON). Das Bundesfinanzministerium schätzt, daß nicht weniger als 20% der heutigen Kapitalisierung des Börsenindexes DAX aus ganz oder teilweise privatisierten Bundesunternehmen stammt [2.3]. Ebenso erbrachte im Jahre 2000 die Versteigerung der UMTS-Lizenzen dem Bund ca. 50 Milliarden Euro an Einnahmen.

Die letzten Jahre zeigen jedoch, daß diese Privatisierung von Staatseigentum nicht nachhaltig zu einer Besserung der Situation geführt hat. Die folgende Grafik zeigt die Verschuldungskurve aus Bild 2.1. mit zwei exponentiellen Kurvenüberlagerungen. Die linke Überlagerungskurve

beschreibt die Verschuldung von 1950 bis 1996. Wir sehen, daß diese mathematisch exponentielle Kurve fast exakt mit der tatsächlichen Kurve übereinstimmt.
Die rechte Überlagerungskurve verbindet die Punkte von 1950 bis 1974 mit den Punkten aus den Jahren 2004 und 2005. Es zeigt sich, dass durch die massive Privatisierung von Volkseigentum lediglich ein Zeitraum von ca. 6 Jahren erkauft werden konnte. Am Ergebnis der Kurven, indessen ändert sich nichts.
Dieser Gesichtspunkt scheint auch ein Beleg für den kurzfristigen Horizont politischen Denkens zu sein. Reales Volksvermögen, welches über viele Jahre und Jahrzehnte hinweg erarbeitet und aufgebaut wurde, wird für einen Zeitgewinn von lediglich wenigen Jahren unwiderbringlich veräußert.

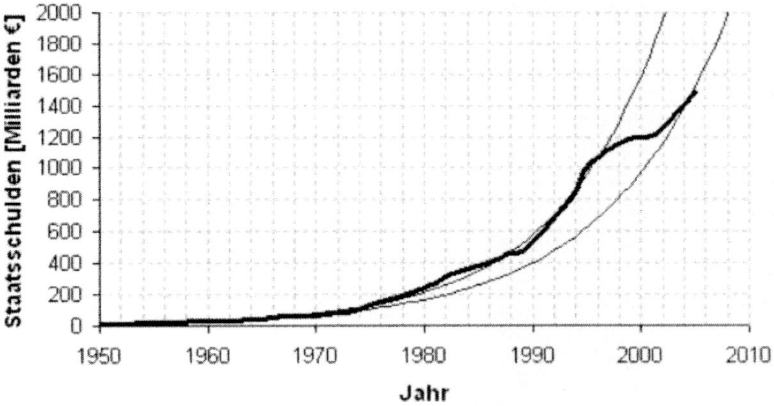

Abbildung 2.2.: Staatsschulden 1950 - 2005 mit exponentiellen Kurvenüberlagerungen; Quelle: Statistisches Bundesamt [2.2]

Es ist zu erwarten, daß sobald der letzte silberne Staatslöffel verkauft sein wird, der Schuldenberg sich gemäß der rechten Kurvenprognose weiter entwickeln wird. Die Zeitung "Die Welt" berichtete am 15.9.2005 folgerichtig:

> "Da das Tafelsilber mittlerweile fast vollständig verkauft ist, wird Eichels Nachfolger diesen Weg nicht mehr weitergehen können." [2.4]

Der Bundesrechnungshof mahnt in seinen "Bemerkungen 2004" das Folgende an.

> "Die Zinsen bilden nach den Sozialausgaben den zweitgrößten Ausgabenblock im Bundeshaushalt. Das im Langzeitvergleich niedrige Zinsniveau und die zur Schuldentilgung eingesetzten Einnahmen aus der Versteigerung der Mobilfunklizenzen haben bewirkt, daß die Zinsausgaben im Zeitraum von 1999 bis 2003 sogar rückläufig waren. Diese günstige Tendenz wird sich aber nicht fortsetzen, denn die insbesondere seit dem Haushaltsjahr 2002 aufgenommenen neuen Kredite lassen die Zinslast wieder anwachsen. Bereits für das Haushaltsjahr 2005 muss mit Zinsausgaben in der Größenordnung von fast 40 Mrd. Euro gerechnet werden." [2.4]

Am 12.11.2005 hatte der neue Finanzminister Peer Steinbrück angekündigt, die Bundesbank für den Verkauf von Gold gewinnen zu wollen. Dies erscheint ebenfalls ein Indikator dafür zu sein, daß in der Tat das staatliche Silber bereits erschöpft ist und nun der letzte verbliebene Substanzwert des Staates angegriffen werden soll. Laut FAZ vom 14.11.2005 hat die Bundesbank zurückhaltend reagiert. Eine offizielle Erklärung diesbezüglich sucht man auf der Homepage der Bundesbank jedoch vergeblich.

2.2. Exponentielle Entwicklungen

"Das Geld ist für den Tausch entstanden, der Zins aber weist ihm die Bestimmung an, sich durch sich selbst zu vermehren. Daher widerstreitet auch diese Erwerbsweise unter allen am weitesten dem Naturrecht."

Aristoteles, 384-322 v.Chr., griechischer Philosoph

Doch kommen wir nochmal zurück auf den exponentiellen Charakter der Schuldenkurve Deutschlands. Das entscheidende einer solchen Funktion ist nämlich, daß sich die Geschwindigkeit des Wachstums immer weiter beschleunigt. Im Gegensatz dazu ist das Wachstum einer linearen Funktion konstant, d.h. der Wert steigert sich konstant in gleichen Zeitabständen.

Man kann diesen Unterschied sehr gut anhand einfacher Zahlenreihen erkennen. Eine lineare, "gleichmäßige" Zahlenreihe wäre z.B. 2, 4, 6, 8, ... und so weiter. Der Wert der letzten Zahl ergibt sich demnach immer aus der vorigen Zahl plus 2. Das Wachstum liegt also konstant, d.h. linear bei + 2. Anders verhält es sich bei einer exponentiellen Funktion. Hier wäre der Verlauf der Zahlenreihe beispielsweise 1, 2, 4, 8, 16, 32 ... und so weiter. D.h. das Wachstum liegt hier bei "mal zwei" und steigt damit stetig und immer schneller an, da immer das Doppelte einer Zahl die nächste Zahl der Reihe ergibt. Diese Zahlenreihe entspricht in wirtschaftlicher Sprachweise also einer Verzinsung von 100%. In der Natur gibt es nur wenige Beispiele für solche exponentiellen Vorgänge. Sie sind stets zeitlich begrenzt und tragen das Ende bereits in sich. Beispiele sind:

- der Zerfall oder die Spaltung von radioaktiven Elementen (Atombombe)
- biologisches Wachstum von Zellkulturen, z.B. Krebsgeschwüren
- Schneelawinen

In unserem heutigen Finanzwesen hingegen sind solche exponentiellen Zinsreihen gang und gäbe und das obwohl, wie wir bereits aus dem Bild 2.2. erahnen können, diese am Ende immer zu einer Überentwicklung und zu einem Zusammenbruch führen müssen. Von Überentwicklungen spricht man dann,

> "wenn sich etwas rascher entwickelt als normal. Wenn z.B. bei einem heranwachsenden Menschen die Leber oder die Gliedmaßen rascher wachsen als der gesamte Organismus. Oder wenn bei einem ausgewachsenen Menschen einzelne Körperteile alleine weiterwachsen. Entsprechend kann man von einer Überentwicklung der Schulden sprechen, wenn diese rascher anwachsen als der gesamte Wirtschaftsorganismus, also rascher als das Sozialprodukt." [2.6]

Die biologische Evolution hat dieses Grundübel von Überentwicklungen natürlich erkannt und läßt z.B. uns Menschen im Alter von ungefähr 20 Jahren aufhören zu wachsen, nachdem wir als Embryo im Mutterleib mit einer exponentiellen Wachstumsrate in der Entwicklung begonnen haben. Auch die Bäume wachsen nicht in den Himmel, wie das beliebte Sprichwort bereits besagt. Sie würden schlicht und ergreifend unter ihrer eigenen Last zusammenbrechen und schlußendlich absterben.

Kommen wir zurück in die Welt der Geldwirtschaft und betrachten die zeitliche Entwicklung eines Guthabens von 10.000 Euro bei verschieden hohen Verzinsungen innerhalb von 50 Jahren.
Wenn die 10.000 Euro zu 3% Zins angelegt werden, so vervierfacht sich das Kapital ungefähr innerhalb von 50 Jahren. Bei der Verdopplung des Zinses auf 6% ergibt sich bereits eine 18-fache Vergrößerung des Kapital. Bei 9% Zinsen ist dieser Faktor auf 74 und bei 12% auf rund 290 gestiegen.

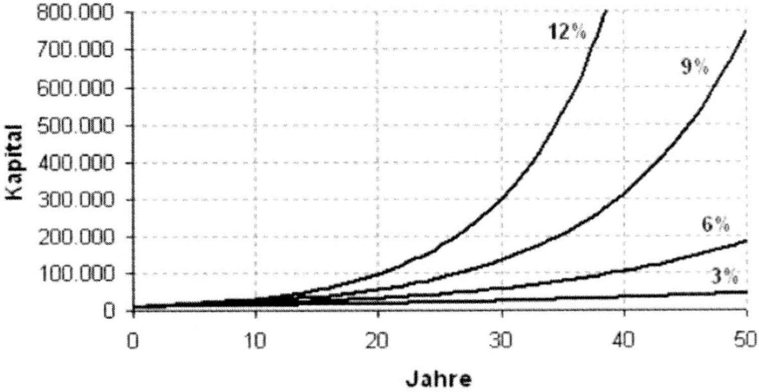

Abbildung 2.3.: Kapitalwachstum von 10.000 Euro bei (von links nach rechts) 12, 9, 6 und 3% Zinsen

Der Grund für dieses sich immer weiter beschleunigende Wachstum ist der bekannte Zinseszins-Effekt. D.h. zuvor bezahlte Zinsen werden erneut verzinst, sodaß sich z.B. bei einem Zinssatz von 3% eine Zahlenreihe von gerundet

$$1 \rightarrow 1{,}03 \rightarrow 1{,}0609 \rightarrow 1{,}0927 \rightarrow 1{,}1255 \rightarrow 1{,}1593$$

ergibt. Das Wachstum dieser Reihe (d.h. der Abstand zwischen jeweils zwei beanchbarten Zahlen) ist demnach

$$0{,}03 \rightarrow 0{,}0309 \rightarrow 0{,}0318 \rightarrow 0{,}0328 \rightarrow 0{,}0338$$

und steigt damit beständig und immer schneller an, im Beispiel oben also von anfänglich 0,0300 auf 0,0338. Dies ist also der Charakter einer exponentiellen Funktion. Umgangssprachlich könnte man sagen, daß alles

erst ganz langsam anfängt und am Ende um so schneller geht. Bekannte Beispiele für solche Funktionen sind der Seerosenteich oder der Josefspfennig.
Hätte Josef seinem Sohn Jesus im Jahre Null einen Pfennig (also den Josefspfennig) auf ein Sparkonto zu 5% Zins angelegt, dann wären im Jahre 2000 hieraus 200 Milliarden Erdkugeln aus Gold geworden.
Schon dieses fiktive Rechenbeispiel zeigt, daß ein Zinssystem auf Dauer nicht funktionieren kann. Wir haben nur eine Erde und auch diese besteht zum Glück nur zu einem winzigen Bruchteil aus dem chemischen Element Gold. D.h. irgendwann zwischen dem Jahre Null und heute hätte die Bank ihrem Kunden Josef das Konto kündigen oder den Bankrott anmelden müssen. Der Volkswirtschafts-Professor Bernd Senf aus Berlin beschreibt diesen Tatbestand in seinen Worten wie folgt.

> "Allein daran zeigt sich deutlich, daß das System des Zinseszinses auf Dauer gar nicht störungsfrei funktionieren kann. Es muss rein logisch immer wieder Einbrüche geben, bei denen sich die Geldforderungen bzw. das Geld insgesamt entwertet - z.B. durch Währungskrisen bzw. Währungsreformen." [2.7]

Diese Überentwicklungen gelten natürlich sowohl für Guthaben wie auch genauso für Schulden, wenn diese nicht zurückbezahlt und die Zinsen immer nur durch neue Schulden beglichen werden. Die Höhe des Zinssatzes an sich ist dabei unerheblich, da durch dessen Erhöhung nur der zeitliche Verlauf gestaucht oder gestreckt wird. Das Ergebnis einer durch den Zinseszins hervorgerufenen exponentiellen Überentwicklung ist früher oder später immer das gleiche, wie wir auch in Abbildung 2.2 gesehen haben.

2.3. Exponentielle Schulden, lineare Wirtschaft

Wer die Möglichkeit dauerhaften exponentiellen Wachstums leugnet, gefährdet (..) das gegenwärtig reale demokratische Herrschaftssystem ebenso wie die Beweise Galileis das damalige Herrschaftssystem der Kirche gefährdeten."

Kurt Biedenkopf, 1992

Leiten wir nun diese gewonnenen Erkenntnisse grundsätzlich auf die volkswirtschaftliche Entwicklung z.B. nach einem Krieg ab. Wir erkennen, daß in den ersten Jahrzehnten nach einem Neubeginn die Zinsen einer Staatsschuld nicht allzu sehr ins Gewicht fallen. Mit dem zunehmenden Altern einer Volkswirtschaft tritt jedoch immer mehr eine Überentwicklung der Schulden durch den erörterten exponentiellen Zinseszins-Effekt auf. Und genau aus diesem Grunde muß auch die Schuldenkurve Deutschlands exponentiell und nicht linear wachsen, wie man annehmen könnte, wenn man sich die linear wachsenden Effekte aus Kapitel 1 vor Augen hält. Herr Eichel selbst hat es uns gesagt, daß am Ende die Schulden nur noch für die Bedienung der Zinsen gemacht werden müssen, und diese Funktion ist eben mathematisch gesprochen leider nunmal exponentieller Natur.

Fassen wir das bis hierher Gesagte nochmals kurz zusammen. Der durch den Zinseszins-Effekt exponentiell wachsende Schuldenberg der öffentlichen Hände ist die eigentliche Zeitbombe in unserem gesamten derzeitigen politischen und wirtschaftlichen System. Je weiter unsere Volkswirtschaft altert, um so schneller wird dieser Berg wachsen und uns am Ende erdrücken. Genau wie ein Krebspatient am Ende stirbt, eine Schneelawine sich ausläuft oder ein radioaktives Element nach einer Zerfallskette zu einem stabilen Isotop findet.

Der Berg wird uns deswegen unausweichlich am Tag der Abrechnung erschlagen, da diese Zinsen für die Bundesschuld - wie logischerweise alle anderen Zinsen auch -, in der realen Welt, d.h. in der Wirtschaft durch eine Wertschöpfung erarbeitet werden müssen. Genau wie sie durch ihrer Hände Arbeit die Zinsen für z.B. ihren Hauskredit erarbeiten müssen, genauso muß eine Volkswirtschaft als Ganzes die Zinsen für ihre Staatsschulden erarbeiten.

Wir kommen an diesem Punkt auch nochmal auf die in Kapitel 1 aufgestellte These, daß ein Sozialstaat verhindern muß, daß zu viele seiner Bürger von der arbeitenden auf die kapitalistische Seite wechseln. Wäre dies der Fall, würde das Sozialprodukt der Gesellschaft sinken und das Zinssystem um so schneller zu einem erneuten Ende kommen.

Eine verschuldete Wirtschaft wie die unsere muß also theoretisch immer fortlaufend exponentiell, d.h. immer schneller wachsen, um auf Dauer die Zinsen für ihren Schuldenberg bedienen zu können. Daß dies im endlichen Raum unserer Erde und mit endlichen natürlichen Resourcen sinnigerweise nicht möglich sein kann, genau dies meinte also Kurt Biedenkopf in seiner Rede auf dem Physikertag, als er sagte, daß unser gesamtes System derzeit auf der falschen Annahme beruhe, daß stetes exponentielles Wachstum dauerhaft möglich wäre.
Der Zins ist also der schlichte und doch fatale Grund, warum unsere Wirtschaft ständig einem Wachstumszwang unterliegt. Die Gesamtwirtschaft muß wachsen, um die immer schneller wachsenden Ansprüche des Kapitals (d.h. der Schulden) bedienen zu können.
Das folgende Bild stellt die Entwicklung des deutschen Bruttosozialproduktes, also die Summe aller Waren und Dienstleistungen, von 1970 bis 2004 dar. Leider sind die Zahlen vor 1970 nicht in der Homepage des Statistischen Bundesamtes verfügbar.

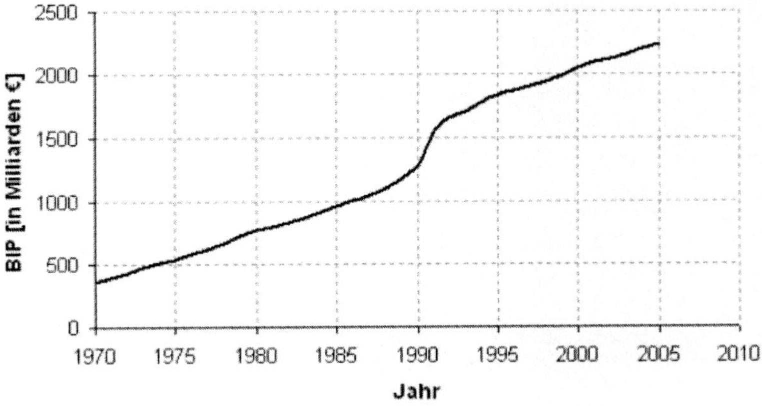

Abbildung 2.4.: Entwicklung des Bruttosozialproduktes in Deutschland 1970 - 2005; Quelle: Statistisches Bundesamt [2.8]

Wir erkennen, daß das Bruttosozialprodukt linear, d.h. gleichmäßig ansteigt, wobei der Sprung Ende der neunziger Jahre natürlich von der

Wiedervereinigung herrührt. Die Steigung der Kurve vor und nach diesem Sprung ist hingegen identisch.
Fügen wir nun die Kurven für das Bruttosozialprodukt (aus Bild 2.4) und der Schulden (aus Bild 2.2) zusammen, so erkennen wir den Kern des Problemes wie folgt:

Unsere Schulden steigen exponentiell, die zur Bedienung der Schulden benötigte Wirtschaftskraft hingegen nur linear. Und selbst dieses lineare Wachstum ist immer schwerer erreichbar, da in unserer alternden Volkswirtschaft zumeist gesättigte Märkten herrschen, wie wir in Kapitel 1 gesehen haben, jeden Tag 1250 sozialversicherungspflichtige Arbeitsplätze verloren gehen und unsere Bevölkerung in Zukunft schrumpfen und altern wird. Woher soll weiteres Wirtschaftswachstum also noch kommen, wenn immer mehr Arbeit ins Ausland abwandert und immer weniger und immer ältere Menschen in unserem Land leben werden?

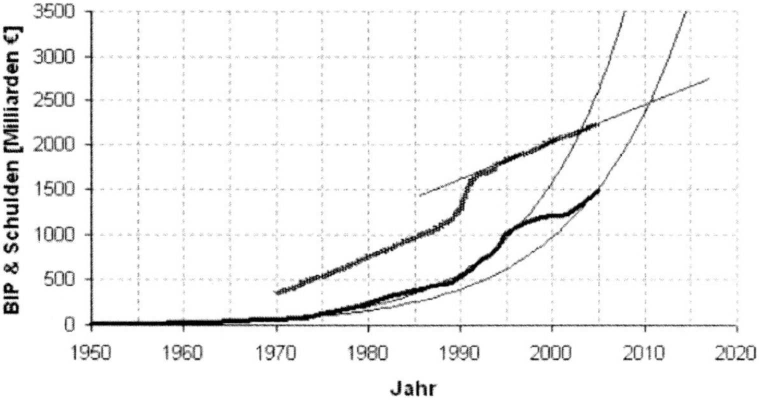

Abbildung 2.5.: Bruttosozialprodukt und Schulden in Deutschland 1950 - 2005, sowie deren prognostizierter Verlauf in der Zukunft

Ohne die Privatisierungen von Staatseigentum seit Mitte der neunziger Jahre, würden wir wohl bereits heute bei einer Verschuldung von mehr als 100 Prozent des Bruttosozialprodukt liegen (linke exponentielle Überlagerung der Schuldenkurve). Diesen hohen Wert weisen aktuell in der Eurozone nur Italien und Griechenland auf. Belgien liegt knapp unter 100 Prozent.

Im folgenden Bild 2.6 sehen wir, daß die deutsche Schuldenkurve, ausgedrückt als Prozentsatz des Bruttosozialproduktes, ebenfalls eine exponentielle Funktion bildet, wenn man die Tiefpunkte miteinander durch eine mathematische Überlagerungskurve verbindet. Aus dieser Überlagerungskurve ist ableitbar, daß Deutschland im Jahre 2016, wie heute bereits Italien und Griechenland, eine Staatsverschuldung in gleicher Höhe wie das Bruttosozialprodukt aufweisen wird, d.h. 100 Prozent. Diese Prognose setzt jedoch optimistischerweise voraus, daß unsere Wirtschaft weiterhin wie bisher linear wachsen wird.

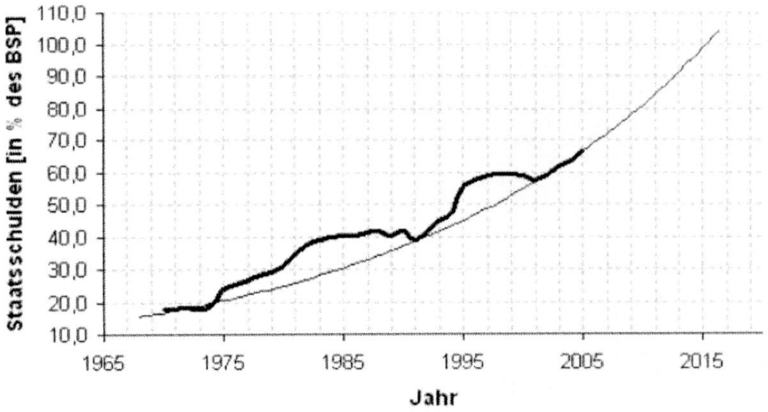

Abbildung 2.6.: Staatsschulden in Prozent des Bruttosozialprodukt 1970-2005, sowie deren prognostizierter exponentieller Verlauf in der Zukunft

Helmut Creutz spricht im Zusammenhang mit dem Wirtschaftswachstum von aufeinander folgenden, sich jedoch auch überlappenden Schüben, die unsere Wirtschaft seit dem Krieg durchlaufen hat [2.9]:

1. Bedarfsdeckung
2. Bedarfsweckung
3. Exportwirtschaft
4. Entwicklung zur Wegwerfgesellschaft ("Ex und Hopp")
5. Verschuldung
6. Globalisierung

Er fragt zurecht, was nach der Globalisierung als nächster Wachstumsmotor kommen soll. Der Weltraum? Wird unsere Wirtschaft wirklich beständig weiter wachsen können wie bisher?

Nach diesen Erörterungen zur deutschen Verschuldungsproblematik, wollen wir nun nochmals einen Schritt zurück gehen, und uns einige Grundlagen zum Geldsystem erarbeiten, die zum allgemeinen Verständnis notwendig sind.

2.4. Entstehung von Geld und Goldstandard

"Der moderne Goldstandard des 19. Jahrhunderts (war) nicht das Ergebnis irgendeiner Konferenz, sondern er hatte sich als das Resultat vieler Jahrhunderte an Erfahrung und Praxis auf natürliche Weise ergeben."

Ferdinand Lips

Das Geld wird zurecht als grundlegendes Fundament einer Wirtschaft und einer ganzen Gesellschaft bezeichnet. So war es bereits bei unseren Vorfahren, die als weitgehend autarke Selbstversorger in einer naturalen Tauschwirtschaft lebten, d.h. Mamutfelle wurden z.B. gegen Steinkeile getauscht. Im Zuge der Spezialisierung und Arbeitsteilung wurde dies jedoch immer umständlicher und behinderte die Produktivität einer Gesellschaft. Daher wuchsen allgemein begehrte Gegenstände in den Rang eines Zwischentauschmittels. Die Begehrtheit konnte von einer allgemeinen Beliebtheit des Gegenstandes oder dessen hervorragendem Gebrauchswert herrühren. Je nach Jahreszeit oder Region konnten solche Zwischentauschmittel Salz, Kühe, Schafe, Felle, seltene Muscheln oder Speere sein. Diese bargen jedoch alle bestimmte Probleme in sich wie z.B. Teilbarkeit, Haltbarkeit oder Knappheit. Salz ist nicht unbegrenzt haltbar und löst sich in Wasser auf, Felle sind nicht unbedingt teilbar da sie sonst in ihrem Gebrauchswert eingeschränkt sind oder diesen zur Gänze verlieren und so weiter.

Der Sage nach fanden im 4. Jahrtausend v. Chr. ägyptische Arbeiter unter einer Feuerstelle durch Zufall einen glänzenden Klumpen Gold. Diese Entdeckung und die dadurch beginnende Förderung von Gold und Silber waren die perfekte Lösung all der zuvor genannten Probleme. Die Edelmetalle waren (und sind) unverderblich, knapp, nicht beliebig vermehrbar jedoch beliebig teilbar, allgemein bekannt und akzeptiert und stellten einen hohen Wert auf kleinem Raum dar. Sie waren auch über große Strecken relativ leicht transportierbar.

Wichtig ist in diesem Zusammenhang zu erwähnen, daß Gold und Silber nicht per Gesetz "von oben", sondern quasi von alleine aufgrund ihrer genannten Eigenschaften in die Rolle des wirtschaftlichen Tauschmediums, sprich des Geldes fielen.

Die Geschichte ging weiter, indem im 7. Jahrhundert v. Chr. König Krösus von Lydien kleine Goldklumpen erstmals mit einem Stempel versah: Die Münze war erfunden. Irgendwann im späten Mittelalter begannen die Menschen dann diese Gold- und Silbermünzen (oder Barren) aus Sicherheitsgründen bei einem Goldschmied zu hinterlegen, der dafür wiederum Lagerscheine ausstellte. Wollte der Besitzer sein Gold zurück, löste er einfach diese Lagerscheine beim Goldschmied wieder ein. Zuletzt wurden diese Lagerscheine dann selbst als Tauschmittel, d.h. als Geld verwendet. Es handelte sich dabei also um Papiergeld mit einen Goldhinterlegungs-Standard und einer Deckung des Geldes von 100%. Im 17. Jahrhundert wurden nach diesem Prinzip immer mehr Privatbanken gegründet, sodaß viele verschiedene Lagerscheine als Geldersatz in Umlauf waren.

Irgendwann erkannten diese Schmiede und Banken, daß nur ein kleiner Teil des reellen Goldes von den Besitzern der Lagerscheine wieder eingelöst wurde. Was lag also näher als mehr Lagerscheine zur Gewinnsteigerung in Umlauf zu geben, als tatsächliches Gold vorhanden war? Der partielle Goldstandard war erfunden, bei dem die Notenbanken mehr Lagerscheine (d.h. Banknoten) ausgeben durften, als sie in Wirklichkeit in Form von Gold vorrätig hatten. Die erste Zentralbank, die strenge Richtlinien für eine Golddeckung der umlaufenden Banknoten erliess, war die 1694 gegründete Bank of England. Und da England in der damaligen Welt die führende Wirtschaftsnation war, übernahmen immer mehr Staaten deren Regeln, bis um das Jahr 1900 etwa 50 Staaten diesem partiellen Goldstandard angehörten [2.10]. Ein Franc, ein Gulden, eine Mark, ein Franken oder ein Pfund entsprachen also immer nur eine bestimmte Menge an Gold (oder Silber), die Wechselkurse unter den Währungen waren damit stabil.

Ferdinand Lips zitiert in seinem Buch "Die Gold-Verschwörung" einige Quellen, die den damals herrschenden Zeitgeist widerspiegeln.

> "Unter dem Goldstandard waren die wichtigsten Währungen lange Zeit stabil. Diese Stabilität wirkte sich äußerst günstig auf die Industrialisierung in der damaligen Zeit aus. Der Grund war, daß es infolge der Währungsstabilität leicht war, sich im Publikum mittels Emission von Aktien und Anleihen zu finanzieren. Infolge der Währungsstabilität blieben die Zinssätze niedrig." [2.11]

> "Es war eine Welt der ausgeglichenen nationalen Budgets, in denen es eine Selbstverständlichkeit war, daß öffentliche Schulden getilgt werden, ebenso wie Privatschulden zurückgezahlt werden mussten." [2.12]

Wir entnehmen dem ersten Zitat, daß während der Zeit des Goldstandards die Zinsen und die Inflation niedrig bzw. nicht vorhanden waren. Welche Wichtigkeit dem Zins zukommt, konnten wir bereits zuvor herausarbeiten. Welchen Einfluß die Inflation hat, werden wir in Kapitel 3 noch diskutieren.

Viele Autoren vertreten die Meinung, dass dieser klassische Goldstandard des 19. Jahrhunderts die höchste monetäre Errungenschaft der zivilisierten Welt darstellte und den Menschen eine Zeit der Ruhe und Prosperität ermöglichte. Daß die Gold-Währungen in der Tat keiner Inflation unterlagen, ergab auch eine Studie des World Gold Councils aus dem Jahre 1998 mit dem Titel "Gold as a store of value" (frei übersetzt "Gold als Wertaufbewahrungsmittel").

Nach dieser Studie blieb die Kaufkraft von Gold über den betrachteten Zeitraum von 200 Jahren unter gewissen Schwankungen (zumeist nach oben, weniger nach unten) konstant. Gold ist demnach ein Mittel zur verläßlichen, inflationssicheren Vermögensaufbewahrung und volkswirtschaftlich demnach eine Garantie für wertstabiles Geld und niedrige Zinsen.

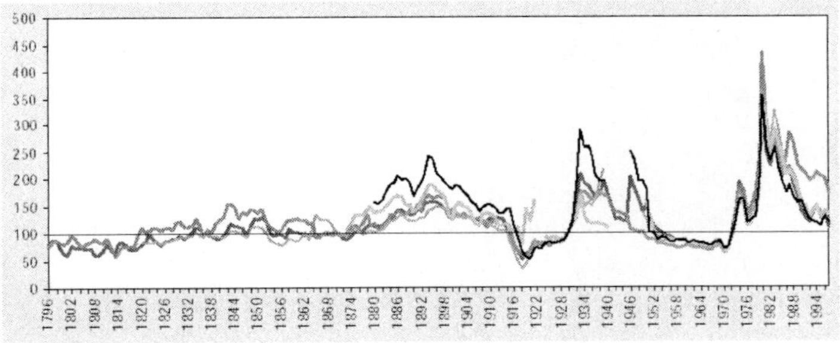

Abbildung 2.7.: Kaufkraft des Goldes von 1796 bis 1997 in England, USA, Frankreich, Deutschland und Japan; Quelle: World Gold Council [2.13]

Im Jahr 1914 wurde dieser funktionierende klassische Goldstandard innerhalb von wenigen Wochen abgeschafft, da alle beteiligten Staaten den 1. Weltkrieg finanzieren mußten und dies unter dem strikten Goldstandard nicht für vier lange Jahre durchgehalten hätten. Unter dem regiden Goldstandard hätte dieser Krieg nur wenige Monate andauern können, die Staaten wären danach schlicht bankrott gewesen und freiwillig an den Verhandlungstisch zurückgekehrt. So konnte jedoch die nun gänzlich ungedeckte Geldmenge ins Uferlose vergrößert werden. Dies verlängerte zeitlich den Krieg und brachte uns Deutschen folgerichtig zunächst eine Inflation, eine Deflation und schließlich Hitler und den 2. Weltkrieg ein. Hören wir nochmals Ferdinand Lips, den grossen Verfechter des wiederkommenden Goldstandards:

> "Beruhend auf 50 Jahren Erfahrung und Studium der Märkte und der Geschichte des Geldes, ist es meine Überzeugung, daß die Abschaffung des Goldstandards des 19. Jahrhunderts die grösste Tragödie aller Zeiten darstellt." [2.14]

Wie immer nach Kriegen oder sonstigen monetären Katastrophen, kehrte die Welt auch nach dem 2. Weltkrieg wieder zu einer Art Goldstandard zurück. Im amerikanischen Bretton Woods einigte man sich 1944 auf einen Gold-Devisen-Standard, der so aussah, daß die verschiedenen nationalen Währungen fest an den Dollar gekoppelt waren und der Dollar zu einem Kurs von 35 Dollar pro Unze an das Gold.

Es ist wichtig zu erkennen, daß ein Goldstandard den Regierenden quasi eine monetäre Fessel ans Bein legt, da immer nur soviel Geld in Umlauf gebracht werden darf, wie irgendwo Gold in einem Tresor lagert. Ohne Goldhinterlegung kann aber ungedecktes Papiergeld in beliebiger Menge von den Geschäftsbanken geschöpft werden. Die Verschuldungen steigen, wie wir an unserem eigenen Beispiel Deutschland sehen konnten, immer schneller an, sodaß uns am Ende die Zinslast der Schulden wie immer erdrücken wird. Unter einem Goldstandard wäre es nie zu dieser ausufernden Überentwicklung der Staatsverschuldung gekommen, und die Politiker würden uns nicht immer wieder Wahlversprechen vorsetzten, die das Volk am Ende doch wieder selbst z.B. durch eine steigende Inflation zu bezahlen hat.

An vielen bisher gezeigten Darstellungen kann man im Übrigen sehr gut erkennen, daß viele Probleme genau dann anfingen, als das so genannte Bretton-Woods-System Anfang der 70er beendet werden mußte. Die letzte Bindung zwischen Papiergeld und Gold wurde gelöst als Präsident Nixon die Konvertibilität des Dollars in Gold einseitig kündigte. Der Grund war - in aller Kürze-, daß die USA ihre Reserveleitwährung so stark inflationiert (d.h. vermehrt) hatten, daß immer mehr Dollar gegen Gold bei der FED eingetauscht wurden. Frankreich sendete sogar ein Kriegsschiff, um das Gold aus den USA abzuholen. Die Goldvorräte der USA sanken immer weiter, sodaß am Ende von Nixon die Notbremse gezogen wurde. Seit die Schweiz 1999 ihren Franken der Golddeckung beraubte, gibt es weltweit keine gedeckte Währung mehr. Alle Geldscheine dieser Welt sind mehr Schein als Geld und beruhen nurmehr lediglich auf dem Vertrauen ihrer Benutzer.

2.5. Entstehung des Zinses

"Sobald es gelungen sein wird, eine wertbeständigere Währung zu schaffen, wird der Zinsfuß ganz beträchtlich sinken."

Ludwig von Mises [2.15]

Der Zins ist uns allen in Fleisch und Blut übergegangen, sodaß wir uns in der Regel keine Gedanken mehr um ihn machen, es sei denn um seine Höhe. Man freut sich, wenn man hohe Guthaben-Zinsen erhält oder niedrige Schuld-Zinsen für ein Darlehen zu bezahlen hat. Der Zins wurde jedoch schon sehr früh als ein gesamtwirtschaftliches Grundübel erkannt, welcher Arm und Reich auseinander dividiert.

> "Wer auf Zinsen gibt und einen Aufschlag nimmt - sollte der am Leben bleiben? Er soll nicht leben, sondern weil er alle diese Greuel getan hat, soll er des Todes sterben." (Hesekiel 18,13. Entstanden ca. 600-560 v.Chr. [2.16])

> "Wer Zins nimmt, wird mit dem Königsbann belegt, wer wiederholt Zins nimmt, wird aus der Kirche ausgestossen und soll vom Grafen gefangengesetzt werden." (Kaiser Lothar im Jahr 825)

> "Jede Gesetzgebung, die den Zins erlaubt, ist null und nichtig."
> (Papst Alexander III, 1159 - 1181)

Weitere Zitate und Schriften finden sie unter [2.17]. Wir werden später sehen, welche vielfältigen Problempunkte aus dem Phänomen Zins entstehen, wollen uns aber zunächst eine kurze Einführung in die Geldtheorie - soweit zum Verständnis notwendig - erarbeiten.

Geld hat in unserer heutigen Zeit grundsätzlich zwei Funktionen, die sich leider fundamental widersprechen:

> "Einerseits als allgemeines Tauschmittel ein öffentliches Gut zu sein, auf dessen Fliessen die meisten Teilnehmer einer arbeitsteiligen Wirtschaft angewiesen sind; andererseits privates Gut zu sein, das für beliebige private Interessen verwendet werden kann." [2.18]

Wie das Sprichwort "der Rubel muß rollen" bereits sagt, ist eine Wirtschaft also darauf angewiesen, daß das Geld schnell von Hand zu Hand geht, d.h. eine hohe Umlaufgeschwindigkeit hat. Dies ist die *öffentliche Funktion* des Geldes. Die *private Funktion* ist jedoch die, daß man Geld zur Wertaufbewahrung auch horten kann, d.h. dem Geldkreislauf entziehen kann.

Funktion	**Umlaufgeschwindigkeit**
öffentlich	so hoch wie möglich
privat	null

Weiterhin sprechen Ökonomen von der Überlegenheit des Tauschmittels Geld gegenüber Waren und Dienstleistungen. Wir wir zuvor gesehen haben, hatten die ersten Tauschmittel (Salz, Kühe, Schafe) das Problem der Verderblichkeit, welches Gold und Silber nicht hatten. D.h. bereits aufgrund seiner Unvergänglichkeit war dieses Geld den Waren Salz und Kuh überlegen. Ebenso verhält es sich mit der "Ware" Arbeit. Ein Familienvater muß arbeiten gehen, um seine Familie ernähren zu können, d.h. der Wert der Arbeit steht (theoretisch, wenn man nicht in einem sozialen Netz aufgefangen wird) ständig unter einem Angebotszwang. Diesen Zwang hat das Geld nicht, sein Wert steht unter keinem zeitlichen Zwang. Weiterhin verursachen Waren Lager- oder Transportkosten, Geld nicht. Ein letzter Aspekt wurde vom Nobelpreisträger Maynard Keynes geprägt, der von einem Liquiditätsvorteil des Geldes sprach. Mit zurückgehaltenem Geld kann man stets zum gewünschten Zeitpunkt beliebig disponieren, mit Waren oder seiner Arbeitskraft nicht.
Aus diesen Beispielen können sie bereits erkennen, warum man von einer Überlegenheit des Geldes spricht. Geld kann also in privater Funktion gehortet werden und ist gleichzeitig Waren und dem Faktor Arbeit stets überlegen.

Diese Überlegenheit bedeutet, daß den Geldbesitzern ein Anreiz gegeben werden muß, damit sie ihr Geld enthorten, d.h. dem Geldkreislauf wieder zur Verfügung stellen und damit auf alle oben genannten Vorteile verzichten. Und genau dieses Mittel, dieser Anreiz, ist also der Zins. Der Zins bringt das Geld wieder auf eine Stufe mit Waren und Dienstleistungen und kann daher als "Prämie für den Liquiditätsverzicht" angesehen werden. Anders ausgedrückt: Der Zins ist eine Umlaufsicherung des Geldes. Er darf daher auch nie zu niedrig werden, obwohl dies gesamtwirtschaftlich wünschenswert wäre. Die Geldbesitzer würden die Freigabe ihres Geldes unterbrechen und nicht mehr auf ihren Liquiditätsvorteil verzichten.

Daher unterliegt der Zins einer volkswirtschaftlichen Zwiespältigkeit. Zum einen sollte er nicht zu hoch sein, da sonst die Schulden wie zuvor gesehen ins Uferlose und durch den exponentiellen Zinseszins-Effekt immer schneller ansteigen. Auf der anderen Seite darf er aber auch nicht zu niedrig sein, da sonst die Umlaufgeschwindigkeit des Geldes abnimmt und die gesamte Wirtschaft dadurch Schaden nimmt.

Helmut Creutz drückt dies so aus:

> "Das Zinsproblem kommt einer Zwickmühle gleich: Mit Zinsen nehmen die sozialen Ungleichgewichte zu, ohne Zinsen bricht der Geldkreislauf zusammen." [2.19]

Genau in dieser Zwickmühle stecken also alle Notenbanker mit ihren Zinsentscheidungen.

2.6. Folgen des Zinses

"Kreditfinanzierte Unternehmen machen meist erst andere kaputt, bevor sie selber dran sind."

Lothar Späth, 1982

Wie bereits in Abschnitt 2.1 diskutiert, ist der Zins bzw. Zinseszins-Effekt eine mathematisch exponentielle Funktion, aus der die immer schneller wachsende Verschuldung unseres Staates resultiert. Ebenso haben wir erkannt, daß der Zins der Grund dafür ist, warum sich die Wirtschaft in einem ständigen Wachstumsdruck befindet. Daß sich dieser Druck immer wieder in Krisen entladen muß ist logisch, bedenkt man die Endlichkeiten von Raum, Ressourcen und Menschen.

Aus Unternehmersicht kann man sich den Grund für diesen Wachstumszwang wie folgt plastisch vor Augen führen. Die Eigenkapitalquote der kleinen und mittelständischen Unternehmen in Deutschland liegt irgendwo bei > 10% und ist seit Jahren fallend. D.h. die Unternehmen arbeiten zu mehr als 90% mit fremdem, von Banken geliehenem Kapital. Wir sprechen hierbei nicht von den Großunternehmen, die z.B. im Börsenindex DAX gelistet sind. Diese Unternehmen finanzieren sich zumeist nicht über Banken, sondern über den freien Kapitalmarkt, d.h. durch die Ausgabe von Aktien oder Anleihen.

Die kleinen Fische müssen also, um ihre Kredite plus Zinsen zurückzahlen zu können, das Mehr an Zinsen durch ein Mehr an Produktion erwirtschaften, d.h. in ihrem jeweiligen Markt diese Mehrleistung auch absetzen, sprich wachsen. Auch für das verbliebene Eigenkapital wird zumeist noch eine zusätzliche Rendite mit in die Kalkulationen aufgenommen.

Geht diese Wachstumsrechnung z.B. wegen eines gesättigten Marktes oder wegen neuer Konkurrenz aus dem Ausland nicht mehr auf, sind die Banken nicht sehr zimperlich und drehen schnell den Hahn für weitere Kredite ab. Die Folgen sind Sparmaßnahmen, und daraus resultierend, Lohnkürzungen oder Abbau von Arbeitsplätzen. Aus diesem Grunde steigt auch die Sockelarbeitslosigkeit mit jeder Hochzinsphase weiter an, da in solchen Phasen ein noch stärkeres Wachstum oder noch stärkere Einsparungen vonnöten sind, um im Unternehmen die Kosten des Produktionsfaktors Kapital weiterhin befriedigen zu können.

Ein übriges tut in diesem Zusammenhang das neue Basel II Rating von Unternehmen. In diesem Rating werden Unternehmen je nach ihrer Bonität, d.h. nach ihrer zukünftigen voraussichtlichen Zahlungsfähigkeit eingestuft. Je schlechter die Bonität, um so höhere Zinsen muß das entsprechende Unternehmen am Kapitalmarkt bezahlen. Wie gravierend sich jedoch steigende Zinsen auswirken können, haben wir bereits an unserem Rechenbeispiel aus Bild 2.3. gesehen. Die Luft für angeschlagene Betriebe wird dadurch noch dünner und der Wachstums- und Spardruck noch größer. Dies erklärt auch zum Teil die steigenden Zahlen der Firmeninsolvenzen.

Nebenbei bemerkt gilt dieses Rating nicht nur für Betriebe, sondern auch für Staaten. Diese werden von den in Finanzkreisen bekannten und beachteten Ratingagenturen Standard & Poors und Moody's beurteilt und eingestuft. Je schlechter das Rating eines Staates ist, um so höhere Zinsen muß dieser z.B. für seine Anleihen anbieten, um diese am Markt trotzdem noch verkaufen zu können. In diesem Zusammenhang berichtete das Manager-Magazin am 27.5.2005 unter der Überschrift "Deutschlands Bonität sackt ab":

> "Deutschland ist auf dem Weg, in Sachen Kreditwürdigkeit auf den Ramsch-Status abzurutschen. Dieses vernichtende Urteil der renommierten Agentur Standard & Poor's drohe jedenfalls, wenn auf die rasant steigenden Renten- und Gesundheitskosten nicht reagiert werde. [..] Ohne entsprechende Reformen könne etwa Deutschlands 'AAA'-Rating (das beste Rating das von S&P vergeben wird, d. Verf.) noch vor 2030 auf spekulatives Niveau (Junk) herabgestuft werden." [2.20]

Deutschland droht also auch von dieser Wetterfront her Sturm. Nicht nur, daß alle Ausgaben mehr und mehr aus dem Ruder laufen, in Zukunft werden nach dieser Aussage von Standard & Poor's auch die zu zahlenden

Zinsen ansteigen. Angemerkt sei hier vorab, daß fast alle wichtigen Rating-Agenturen amerikanisch sind. Sie benoten die Kreditwürdigkeit der Länder und entscheiden damit über die Höhe der Zinsen, die diese zu zahlen haben. Man kann dies durchaus als Baustein der monetären Vormachtstellung der USA und des Dollars sehen, wie wir sie im 4. Kapitel noch erörtern werden.

Ein weiteres Problem, das durch den Zins entsteht, ist die Umverteilung des Kapitals von arm zu reich. Wir alle kennen das Sprichtwort "die Armen werden immer ärmer und die Reichen immer reicher". Dies ist in der Tat so und der schlichte Grund dafür ist ebenfalls der Zins. Leicht einzusehen ist, daß ein Geldgeber durch den Zins und Zinseszins immer schneller immer reicher wird. Im Prinzip entspricht dies einer exponentiellen Kurve, wie wir sie aus Bild 2.3 kennen.
Dem gegenüber stehen die verschuldeten Teilnehmer der Wirtschaft, die durch steigende Zinslasten ein rückläufiges Arbeitseinkommen hinnehmen müssen und sich dadurch in einem zunehmenden Leistungszwang befinden. Dieser Zwang wiederum erfordert eine noch höhere Verschuldung, wenn die Arbeitsleistung nicht weiter gesteigert werden kann.

Sie werden jetzt vielleicht denken, daß sie persönlich das alles nichts angeht. Sie haben keinen Kredit und zahlen daher auch keine Zinsen. Leider ist dies noch immer ein weit verbreiteter Irrglaube, denn in allen Produkten die wir kaufen oder Dienstleistungen die wir beanspruchen, ist ein gewisser Anteil an unsichtbaren Zinsen einkalkuliert, da die Unternehmen ihre Zinskosten über die Produktpreise an ihre Kunden weitergeben müssen. Als Beispiele für Zinsanteile in öffentlichen Preisen nennt Helmut Creutz:

- Müllabfuhr: 12%
- Trinkwasser: 38%
- Kanalbenutzung: 47%
- Wohnungsmieten: 77%

D.h. wir alle bezahlen in unserem täglichen Leben mehr Zinsen, als uns bewußt ist. Im Jahr 1990 konnten lediglich die reichsten 20% der bundesdeutschen Haushalte mehr Erträge als Lasten aus der Zinsumverteilung verbuchen, gehörten also zu den Gewinnern in diesem Spiel. Die grosse Masse von 80% der Haushalte hingegen mußte per Saldo mehr Zinsen bezahlen, als ihnen gutgeschrieben wurde.
Es erscheint klar, daß diese fortlaufende Umverteilung von unten nach oben die sozialen Spannungen innerhalb einer Gesellschaft wachsen läßt.

Als letzten Punkt 'Folgen des Zinses' muß die zunehmende Umweltverschmutzung genannt werden. Diese resultiert unmittelbar aus dem ständigen Wachstumszwang der Wirtschaft und damit einhergehend, der immer weiter fortschreitenden Ausbeutung unserer natürlichen Ressourcen. Da das Kapital einen immer größeren Teil des Sozialproduktes in Anspruch nimmt, bleibt auf der anderen Seite immer weniger für den Umweltschutz übrig. Anders ausgedrückt könnte ein wirklicher Umweltschutz nur dann entstehen, wenn der Wachstumszwang von der Wirtschaft genommen würde. Wie wir aus den zuvor gehörten Zitaten wissen, war dies im Zeitalter des klassischen Goldstandards annähernd der Fall, als die Zinsen aufgrund der nicht vorhandenen Inflation sehr niedrig waren.

2.7. Zusammenfassung des zweiten Kapitels

"Elimination des Zinswesens aus den Wirtschaftssystemen der Völker ist daher die Voraussetzung für eine haltbare, nicht auf völlige Desorganisation hinsteuernde Wirtschaftstätigkeit."

Ernst Abbe (Physiker, Gründer der Zeiss-Werke Jena)

Obwohl die Ausgaben des Staates "nur" linear steigen, wächst die deutsche Schuldenkurve mit einer immer schnelleren Geschwindigkeit. Mathematisch drückt man dies mit einer exponentiellen Kurve aus.

Die derzeitige Rate der Neuverschuldung liegt bei 6,2 Millionen Euro pro Stunde und reicht nicht mal mehr aus, um die notwendigen Zinszahlungen von 8 Millionen Euro pro Stunde begleichen zu können. Mit dem massiven Verkauf von Staatseigentum bzw. Volksvermögen, hat sich die Regierung lediglich einen zeitlichen Aufschub des Schuldenanstieges von bisher sechs Jahren erkauft. Eine nachhaltige Besserung oder gar Trendwende konnte hingegen nicht erreicht werden.

Da unsere Wirtschaft - wenn überhaupt - nur noch linear wachsen kann, beanspruchen die exponentiell steigenden Zinslasten einen immer größeren Teil des Sozialproduktes, was immer mehr zu Lasten aller anderen Bereiche gehen muß. Die Produktionsfaktoren Arbeit und Umwelt werden immer mehr vom Faktor Kapital an den Rand gedrängt.

Durch den Zins treten Überentwicklungen sowohl der Schulden auf der einen, wie auch der Vermögen auf der anderen Seite auf. Die Kluft zwischen Arm und Reich wird größer, der gesunde Mittelstand verschwindet. Dabei zeigt das Beispiel des Josefspfennigs, daß diese Überentwicklungen zwangsweise irgendwann in einer Vernichtung von Geldforderungen und Guthaben enden müssen (z.B. durch Hyperinflation oder Krieg).
Die Verschuldung des Staates sowie der Unternehmer legt der Wirtschaft einen ständigen Wachstumszwang auf, der aufgrund endlicher und begrenzter Resourcen zwangsläufig immer wieder zu wirtschaftlichen Kontraktionen führen muß.

3. Kapitel: Inflation

3.1. Ist Inflation überhaupt wichtig?

"Ohne Goldstandard gibt es keine Möglichkeit, Ersparnisse vor der Enteignung durch Inflation zu schützen. Es gibt dann kein sicheres Wertaufbewahrungsmittel mehr. Wenn es das gäbe, müßte die Regierung seinen Besitz für illegal erklären, wie es ja im Falle von Gold auch gemacht wurde."

Alan Greenspan, 1966 [2.1]

"Zunächst ein laues Bad, dann wird das Wasser immer heißer, und am Schluß explodiert die Wanne."

André Kostolany (1906-99)

"Unter den unzähligen Übeln, welche den Zerfall ganzer Staaten herbeiführen, sind wohl vier als die vornehmlichsten anzusehen: innere Zwietracht, große Sterblichkeit, Unfruchtbarkeit des Bodens und die Verschlechterung der Münze."

Kopernikus, um 1500

Die Inflation (lateinisch inflare: aufblähen, aufblasen) ist ein heikles Thema, das von den Verantwortlichen gerne und oft leider auch erfolgreich unter den Teppich gekehrt wird. Wie oft hören sie in der Presse und im Fernsehen das Wort 'Inflation' oder bekommen gar konkrete Informationen über diese? Dabei wissen gerade wir Deutschen, welche Kettenreaktionen eine Inflation auslösen kann. Hitler wäre nie an die Macht gekommen, wenn nicht das Heer der damals Arbeits- und Mittellosen ihn gewählt hätte. Der frühere schweizer Notenbankpräsident Fritz Leutwiler sagte dazu in einer Rede 1984:

> "Demokratie setzt, wenn sie funktionsfähig bleiben soll, eine stabile Währung voraus. Nur bei stabilem Preisniveau lassen sich nämlich die Verteilungsprobleme in der Wirtschaft sinnvoll lösen und die Staatsausgaben in vernünftigem Rahmen halten."

Der ehemalige Wirtschaftsminister Karl Schiller formulierte die Wichtigkeit von wertstabilem Geld in einem kurzen Satz wie folgt:

> "Stabiles Geld ist nicht alles, aber ohne stabiles Geld ist alles andere nichts."

Die Inflation scheint also doch ein durchaus wichtiger Punkt zu sein, den es sich lohnt näher zu untersuchen. Helmut Creutz vergleicht sehr anschaulich die notwendige Stabilität des Geldes mit der anderer Maßeinheiten im Wirtschaftsleben.

> "Man stelle sich einmal vor, der Meter, das entscheidende Längenmaß in der Wirtschaft, würde jedes Jahr um 6 Prozent gekürzt. Selbst wenn diese Kürzungen an festgelegten Tagen vorgenommen würden, z.B. an jedem ersten Januar oder auf vier Termine im Jahr verteilt, wäre die Konfusion in der Wirtschaft kaum nachzuvollziehen: Die heute produzierten Fenster würden nicht mehr in die gestern gemauerten Öffnungen passen. Und um Pannen zu vermeiden, müßten alle alten Längen ständig in neue umgerechnet bzw. mit entsprechenden Vermerken versehen werden, wie z. B. *»in Längen von 1992«* oder *»entsprechend einem Meter im Frühjahr 1988«* usw. Genau diese Schwierigkeiten, Größen von gestern, heute und morgen zu vergleichen, treten bei Inflationen auf. (..) Deshalb sollte anzustrebendes Ziel (..) sein und bleiben, dem wichtigsten und meistgenutzten Maßstab in unserer Wirtschaft, dem Geld, eine möglichst ähnliche Stabilität zu verschaffen, wie sie bei den anderen Maßeinheiten schon lange selbstverständlich ist." [3.1]

Dieser Maßverschiebung des Geldes durch die Inflation tragen auch die Banken Rechnung, indem sie in ihre Zinsen stets einen Inflationsausgleich einkalkulieren.

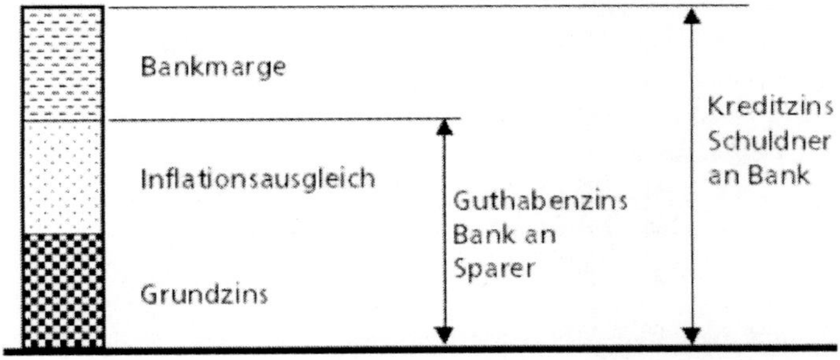

Abbildung 3.1.: Grundsätzliche Zusammensetzung des Zinses (vereinfacht, nach Helmut Creutz "Das Geld-Syndrom", Seite 128)

Bereits aus diesem grundsätzlichen Schema ist die Abhängigkeit des Zinses von der Inflation zu ersehen. Je höher die Inflation, desto höher müssen die Zinsen aufgrund des Inflationsausgleiches steigen. Wissenschaftler sprechen bei solchen Abhängigkeiten von einer "positiven Korrelation". D.h. steigt die Inflation, steigen die Zinsen; fällt die Inflation, fallen auch die Zinsen. Der Ökonom Ludwig von Mises meinte hierzu:

> "Sobald es gelungen sein wird, eine wertbeständigere Währung zu schaffen, wird der Zinsfuss ganz beträchtlich sinken." [3.2]

Da wir bereits im letzten Kapitel gelernt haben, welch fatale Folgen der Zins für Wirtschaft, Umwelt und Gesellschaft hat, ist nun auch klar, warum eine niedrige Inflation wichtig ist.
Inflation bedeutet für alle Kreditnehmer eine höhere, durch die gesamte Volkswirtschaft *zusätzlich* zu erwirtschaftende Last. Da die Unternehmen in Deutschland mit mehr als 4000 Milliarden Euro am höchsten verschuldet sind, haben sie auch den größten Anteil an dieser zusätzlichen Last zu tragen. Die Folgen dieser inflationsbedingten Last können vielfältiger Natur sein:

- die gestiegenen Kosten für das Fremdkapital müssen in die Produktpreise einkalkuliert werden, was zu höheren Preisen beim Endverbraucher und/oder zu Umsatzrückgängen beim Unternehmen führen kann. Die Endverbraucher bezahlen also effektiv die Kaufkrafterhaltung der Kreditgeber der Unternehmen.

- Die Unternehmen sparen weiter bei den Personalkosten ein (Lohnkürzungen, Entlassungen), was zu Kaufkraftverlust bei den Verbrauchern und Steuerausfällen beim Staat führt.
- Aufnahme neuer Kredite, die die Zinskosten für die betroffenen Unternehmen nur noch weiter ansteigen lassen.
- Investitionen für die Zukunft können nicht mehr geschultert werden. Die Substanz der Unternehmen verfällt.
- Insolvenz, Konkurs, weiter steigende Arbeitslosigkeit.

Aus dieser Aufzählung ist ersichtlich, daß also auch die Inflation einen monetären Umverteilungsmechanismus von der Arbeit zum Kapital, von arm zu reich darstellt und zusätzlich die Konjunktur einbrechen läßt. Weitere Gründe für inflationsbedingte Wirtschaftseinbrüche sind - im Zeitalter der Globalisierung - der Abfluß von Kapital aus Ländern mit hoher Inflation in Länder mit niedrigerer Inflation, sowie die vermehrte Investition in werthaltige Sachgüter.
Außerökonomische Effekte sind zudem ein Vertrauensverlust in die politische Führung eines Landes (siehe Beispiel Weimarer Republik), sowie ein gefährlicher Moralverlust unter den Wirtschaftsteilnehmern in der Art, daß Verschuldung grundsätzlich als vorteilhaft und erstrebenswert angesehen wird.
Die Bundesbank selbst definiert in ihrem Homepage-Glossar die Wirkungen der Inflation wie folgt:

> "Einfluss der Inflation auf den Beschäftigungsstand, die Einkommens- und Vermögensverteilung, das wirtschaftliche Wachstum sowie die allgemeine Wohlfahrt." [3.3]

Und weiter:

> "Im Allgemeinen geht ein inflationsbedingt verschärfter Verteilungskampf zu Lasten der Bevölkerungsgruppen, die nicht genügend Verhandlungsmacht besitzen, um einen Anstieg ihrer Nominaleinkommen durchzusetzen, der die Preissteigerungen kompensiert (Rentner und andere Transferempfänger). Auch ist der Realwert des Sachvermögens in der Regel weniger von Inflation betroffen als das Geldvermögen. Die damit zusammenhängende 'Flucht in die Sachwerte' behindert die Geld- und somit auch die Produktivkapitalbildung, was negative Folgen für das Wirtschaftswachstum hat." [3.3]

Mit diesem letzten Zitat haben wir bereits einen kleinen Vorgriff auf die kommenden Kapitel gewagt. Steigt die Inflation, flüchtet das sogenannte "smart money" (also das schlaue Geld) in wertbeständige Sachwerte wie eben z.B. Gold und Silber. Speziell Gold wird deswegen auch oft als Gradmesser wirtschaftlicher Stabilität interpretiert und als "politisches Metall" bezeichnet. Es ist seit Jahren bekannt und dokumentiert, daß dies einer der Gründe ist, warum der Goldpreis von amerikanischer Seite aus manipuliert, d.h. nach unten gedrückt wird. Amerika will den Schein eines stabilen Papiergeld-Systemes so lange es geht aufrecht erhalten. Wir werden auf diesen Punkt der Gold-Manipulation noch im 4. Kapitel näher eingehen. Ferdinand Lips sagte zu diesem Punkt in einer Rede am 17.4.2004 in München folgendes:

> "Bis zum 15. August 1971 (als Präsident Nixon die Konvertibilität des US-Dollars gegen Gold aufhob; d. Verf.) gab es nie in der Geschichte eine Periode, wo keine Währung an das Gold gebunden war. Die Währungsgeschichte der Welt ist voll von Beispielen von Abwertungen, Münzverschlechterung und Bankrotten. Aber zu jeder Zeit war es möglich, auf andere Währungen auszuweichen, die durch Gold gedeckt waren. Aber seit 1971 ist dies (..) nicht mehr möglich. Alle wirtschaftlichen, monetären und finanziellen Katastrophen der letzten 30 Jahre sind auf dieses eine Ereignis zurückzuführen. Das heutige Papiergeldsystem ohne Deckung ist noch sehr jung. Es hängt einzig und allein vom Glauben ab, daß die Schulden, auf denen es beruht, eines Tages beglichen werden. Ein einziges, einmaliges Ereignis, das dieses Vertrauen und damit das Fundament des Finanzsystems erschüttern könnte, ist eine starke Hausse (Hausse = steigender Markt; d. Verf.) des Goldpreises in Dollars." [3.4]

Aber kommen wir zunächst nochmals zurück auf die Inflation und deren schlimme Auswirkungen für den Großteil der Bevölkerung. Der hier bereits zitierte Fritz Leutwiler sagte in seiner Rede vom April 1984 diesbezüglich:

> "Auf keine andere Weise als durch Inflation können in so kurzer Zeit so wenige so reich und so viele so arm gemacht werden."

Und Hans Tietmeyer, von 1993 bis 1999 Bundesbankpräsident, wird in den Stuttgarter Nachrichten vom 8.10.1994 wie folgt zitiert:

> "Inflation geht immer gegen die Schwachen."

Berechnungen des ARD-Wirtschaftsmagazines 'Plusminus' vom März 2005 belegen dies ebenfalls [3.5]. Demzufolge erreichte die so genannte 'jährliche individuelle Inflationsrate' für die Zeit von 2000 bis 2004 für drei verschiedene Haushalte die folgenden Werte (EK = monatliches Einkommen):

Familie, 2 Kinder, 1 Raucher, 1600 € EK:	2,8 % p.a.
Rentnerpaar, Nichtraucher, 1450 € EK:	2,3 % p.a.
Ehepaar, 1 Raucher, 5000,- € EK:	1,1 % p.a.

Diese Zahlen deuten an, daß a) die tatsächliche Inflation für Haushalte mit Kindern größer anzunehmen ist, als der offizielle Preis-Index vorgibt und b) Geringverdiener stärker von ihr betroffen sind als Wohlhabende. Letztgenannter Punkt begründet sich in der Tatsache, daß Haushalte, denen ein geringeres Einkommen zur Verfügung steht, einen größeren Anteil für Grundnahrungsmittel, Wohnen und Energie ausgeben müssen. Preisanstiege für diese Warengruppen resultieren dann natürlich auch in einer höheren individuellen Inflationsrate.

Helmut Creutz faßt die drei größten Gewaltverbrechen wie folgt zusammen und stellt die Frage, warum Staaten diese im großen Stile weiterhin betreiben dürften.

> "So wie man mit Fug und Recht den Krieg als größtes denkbares Gewaltverbrechen bezeichnen kann und den Zins als größte denkbare Ausbeutung, so die Inflation, mit der die Sparer um die Früchte ihrer Arbeit gebracht werden, als größten denkbaren Betrug. (..) Geradezu bedenklich ist darum der Tatbestand, daß selbst die demokratischen Staaten, die ansonsten Gewalt, Ausbeutung und Betrug im Kleinen verfolgen, die größten denkbaren Formen dieser Verbrechen immer noch als legitim betrachten." [3.6]

Womit wir wieder beim Gedankengang aus Kapitel 1 wären, daß ein Staat, dessen Monetärsystem auf Zins beruht, kein Interesse daran haben kann, der überwiegenden Masse seiner Bewohner finanziellen Wohlstand zu gewähren. Zins und Inflation sind die zwei geldpolitischen Mittel, dies heimlich und dauerhaft sicherzustellen (neben den gesellschaftspolitischen Regelungen unseres Sozialsystemes).

Bereits bei der heute allgemein akzeptierten "Warenkorb-Definition" als Gradmesser der Inflation kann man erkennen, welche Verschleiherungs-Taktik im System steckt.

3.2. Warenkorb als Definition der Inflation?

"Der viel zitierte Warenkorb ist ein wahres Lügensammelsurium. Wichtige Güter des Lebens, die im Preis stark gestiegen sind, befinden sich außerhalb des fiktiven Korbs oder sie werden durch statistische Tricks günstiger ausgewiesen."

Hans-Jörg Müllenmeister [3.7]

"Ich stehe Statistiken etwas skeptisch gegenüber. Denn laut Statistik haben ein Millionär und ein armer Schlucker je eine halbe Million."

F.D. Roosevelt, US-Präsident v. 1933 - 45

Befragen wir zunächst zwei prominente Quellen über die Inflation, so erhalten wir die folgenden Definitionen:

Deutsche Bundesbank:
"Über mehrere Perioden anhaltender Anstieg des Preisniveaus. Kennzeichnend für eine Inflation sind Preissteigerungen in grundsätzlich allen Güterkategorien und ein daraus folgender allgemeiner Kaufkraftverlust des Geldes. (..) Zur Messung der Inflation werden ausgewählte Preisindizes herangezogen." [3.8]

Europäische Zentralbank:
"Preisstabilität ist definiert als Anstieg des Harmonisierten Verbraucherpreisindex (HVPI) für das Euro-Währungsgebiet von unter 2 % gegenüber dem Vorjahr. Preisstabilität muß mittelfristig gewährleistet werden." [3.9]

Zusammengefaßt sagen diese Definitionen also sinngemäß aus, daß Inflation ein anhaltender Anstieg des Preisniveaus ist, den man mit einem Preisindex messen kann. Des weiteren definiert die Deutsche Bundesbank, daß der Verlust der Kaufkraft *die Folge* des Anstieges der Preise wäre, d.h. steigende Preise sind der Grund für die Geldentwertung, sprich der Inflation. Wir werden noch sehen, daß genau das Gegenteil der Fall ist. Steigende Preise sind *die Folge* der Inflationierung einer Währung, in keinem Fall deren Ursache.
Über die Ermittlung eines Preisindexes wird in der Bundesbank-Rubrik "Schule und Studium" folgendes erklärt:

> "Bei der Messung des Preisniveaus ist (..) ein Mittelweg zu gehen: Man begnügt sich mit einer Art 'repräsentativer Auswahl' von Preisen. So wird die Preisentwicklung ausgewählter Güter und Leistungen erfasst und anhand eines 'Warenkorbs' gewichtet. Daraus errechnet sich ein so genannter Preisindex, wobei die in einem von den Statistikern zusammengestellten 'Warenkorb' enthaltenen Güter und Dienstleistungen nach Art und Umfang über einen längeren Zeitraum nicht verändert werden. Die Entwicklung des Preisindex gibt also die reine Preisentwicklung eines bestimmten 'Warenkorbs' wieder." [3.10]

Die Inflation wird also über einen Warenkorb "gemessen". Steigen die Preise dieses Warenkorbes an, steigt auch laut dieser Definition die Inflation. Aber: Wer entscheidet über die Zusammensetzung des Warenkorbes? Wer entscheidet über die Gewichtung der einzelnen Waren im Warenkorb? Wann wird der Warenkorb mit welchen Waren oder Dienstleistungen aktualisiert? Inwieweit ist ein Warenkorb von 1995 mit einem aus dem Jahre 2005 noch vergleichbar?

Der Volkswirt und Kondratieff-Anhänger Erik Händeler schreibt dazu in seinem Buch "Die Geschichte der Zukunft" folgendes:

> "Dem Statistischen Bundesamt ist es völlig unmöglich, einen Warenkorb zu finden, der die Preisentwicklung wiedergibt - jede Klimaänderung, jede veränderte Einkommensverteilung, Mode oder Ausbildung beeinflußt die Durchschnittsausgaben." [3.44]

Im Augenblick werden ca. 750 Waren und Dienstleistungen für die Zusammensetzung des Warenkorbes stellvertretend ausgewählt.

	1990	1995	2000
Nahrungsmittel und alkoholfreie Getränke	14,5	13,1	10,3
Alkoholische Getränke und Tabakwaren	4,5	4,2	3,7
Bekleidung und Schuhe	7,7	6,9	5,5
Wohnung, Wasser, Elektrizität, Gas, andere Brennstoffe	24,0	27,5	30,2
Hausrat, laufende Instandhaltung Haus	7,3	7,1	6,9
Gesundheitspflege	3,1	3,4	3,5
Verkehr	15,7	13,9	13,9
Nachrichtenübermittlung	1,8	2,3	2,5
Freizeit und Kultur	10,0	10,4	11,0
Bildungswesen	0,5	0,7	0,7
Hotels, Cafes und Restaurants	5,8	4,1	4,7
Verschiedene Waren und Dienstleistungen	5,1	6,1	7,0

Abbildung 3.2.: Zusammensetzung des Warenkorbes (in Prozent)
Quelle: Statistisches Bundesamt

Nach den Angaben des Statistischen Bundesamtes stieg der aus diesem Warenkorb errechnete Preisindex in den Jahren von 1993 bis 2005 im Mittel um 1,82 Prozent pro Jahr:

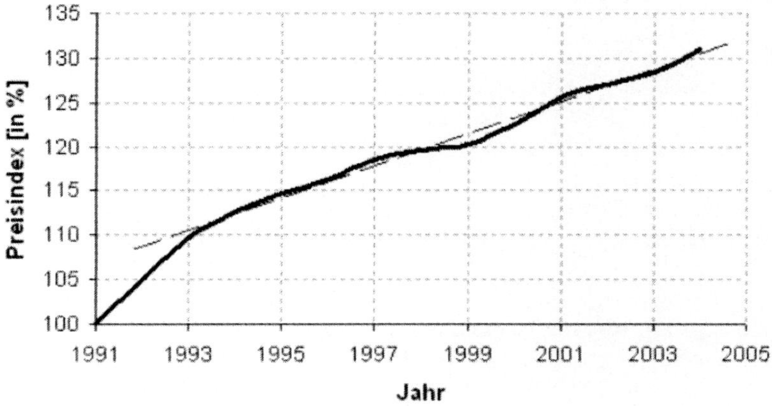

Abbildung 3.3.: Entwicklung des Preisindex von 1991 bis 2004
Quelle: Statistisches Bundesamt [3.11]

Doch was sagt dieser Wert wirklich aus? Ist er mit der Inflation gleichzusetzen? Das Statistische Bundesamt selbst gibt uns die schwammige Antwort:

> "Der Verbraucherpreisindex für Deutschland will ein umfassendes Bild der Preisentwicklung vermitteln, soweit davon die privaten Haushalte betroffen sind. (..) Er ist ein Indikator für die Beurteilung der Geldwertstabilität und wird als Inflationsmaßstab verwendet." [3.12]

D.h. die in der Presse immer wieder zu hörende Preissteigerung des Warenkorbes ist nicht grundsätzlich mit der Inflation gleichzusetzen, sondern spiegelt lediglich die Preisentwicklung wider, die die privaten Haushalte betreffen. Weiterhin ist der Preisindex lediglich als ein Indikator für die Inflation anzusehen.

Wir haben also gesehen, daß eine niedrige Inflationsrate für die ökonomische und gesellschaftliche Stabilität eines Staates von bedeutender Wichtigkeit ist. Steigt die Inflation, steigt auch der Zins und damit die Arbeitslosigkeit. Die Geldentwertung trifft vor allem die ärmeren Schichten einer Bevölkerung, sodaß sich soziale Spannungen vergrößern. Der Wirtschaftsmotor beginnt zu stottern und bringt dadurch den Staat durch sinkende Steuereinnahmen noch weiter in Bedrängnis. David Marsh brachte diesen Zusammenhang in seinem Buch "Die Bundesbank" auf die folgende einfache Formel:

> "Eine stabile Währung ist die Grundlage einer stabilen Regierung, und eine stabile Regierung schafft eine stabile Gesellschaft." [3.13]

Was macht also ein Staat, der eine zu hohe Inflation fürchtet? Anstatt die wahren Ursachen, auf die wir gleich kommen werden, zu bekämpfen, manipuliert er lieber die Statistiken, sodaß in der Öffentlichkeit mildere Zahlen publiziert werden können und so der soziale Frieden gewahrt bleibt.

Die grundlegenden Probleme mit der Warenkorb-Definition haben wir bereits erörtet. Wie die Warenkorb-Ergebnisse jedoch zusätzlich auch noch mathematisch manipuliert werden können, wird anhand der Methode der 'hedonischen Qualitätsbereinigungen' sehr anschaulich ersichtlich. Das Statistische Bundesamt wendet diese aus den USA kommenden Berechnungsmethoden seit dem Jahr 2002 in zunehmenden Maße an [3.14], obwohl sie sich im August 2000 noch verhalten kritisch über diese geäußert hatte. So stellte die Bundesbank anhand des Beispieles EDV-Ausrüstungen dar, warum in den US-Konjunkturzahlen ein erheblicher Anteil von fiktivem Wirtschaftswachstum enthalten ist.

> Bundesbank im August 2000:
> "Ein wesentliches Merkmal der so genannten New Economy in den USA ist der starke gesamtwirtschaftliche Produktivitätsanstieg seit Mitte der neunziger Jahre (..). Dagegen hat die Mehrzahl der anderen Industrieländer in den letzten Jahren kein vergleichbares Produktivitätswunder aufzuweisen. (..)
> Hinter der (..) hedonischen Preisschätzung, die allerdings auch eigene methodische Probleme aufwirft, steht die Grundidee, daß sich verschiedene Varianten eines heterogenen Gutes als unterschiedliche Kombinationen von einzelnen, wohldefinierten Produkteigenschaften darstellen lassen." [3.15]

> Bundesbank im Juli 2002:
> "Die hedonische Methode ist ein besonderes Verfahren der Qualitätsbereinigung und eignet sich vor allem für innovative technische Güter, die einem raschen Fortschritt unterliegen und die nicht über einen längeren Zeitraum mit identischer Qualität beobachtet werden können." [3.14]

Am Beispiel eines Computers wird deutlich, wie der technische Fortschritt dazu herangezogen wird, den Anstieg des berechneten Preisindexes zu manipulieren. Stellen sie sich vor, sie kaufen alle 18 Monate einen neuen Computer, der nach dem Moor'schen Gesetz immer die doppelte Leistung seines Vorgängers aufweißt (Prozessor-Geschwindigkeit, Größe der Festplatte, etc.). Der Preis des Computers jedoch beträgt konstant 1000,- Euro, sodaß uns der gesunde Menschenverstand sagt, daß sich der Preisindex für Computer also nicht ändern sollte.
Die Statistiker jedoch sagen ihnen nun, daß der neue Computer aufgrund der doppelten Geschwindigkeit nur noch 500,- Euro gekostet hat, egal ob sie beim Kaufen immer noch ihre 1000,- Euro auf den Tisch legen mußten oder nicht. In weiteren 18 Monaten rechnen die Statistiker dann nur noch mit 250,- Euro für ihre bezahlten 1000,- Euro und so weiter.

Durch höhere technische Leistungen geht also der Preis reduziert in die Statistik ein und verfälscht dadurch den Anstieg des Preisindexes. Anders ausgedrückt: Qualitätssteigerungen werden schlicht als Preissenkungen interpretiert. Daß dem wirklich so ist, bestätigt uns wiederum das Statistische Bundesamt selbst:

> "Berechnungen für die zehn zurückliegenden Monate zeigen, daß ein mit hedonischer Qualitätsbereinigung berechneter Preisindex für Personalcomputer in diesem Zeitraum im Durchschnitt etwas stärkere Preissenkungen ausweist als der entsprechende Index mit traditioneller Qualitätsbereinigung: Der hedonische Index ist im Vormonatsvergleich durchschnittlich um 1,1 Prozentpunkte stärker zurückgegangen." [3.14]

Ebenfalls Anwendung finden diese Bereinigungsverfahren z.B. bei Autos, Wäschetrocknern, Microwellen, Kühlschränken, Camcordern, DVD-Playern, aber interessanterweise auch bei Büchern und Lebensmitteln. Der Pimco-Manager Bill Gross, der als der "Warren Buffett des Anleihenmarktes" bezeichnet wird, führte in seinem Investment Outlook im Oktober 2004 an, daß derzeit im Preisindex der USA nicht weniger als 46 Prozent hedonisch manipuliert wird:

> "Heute kommen nicht weniger als 46 Prozent des Gewichtes des amerikanischen Konsumentenpreisindexes von hedonisch bereinigten Produkten. Pimco errechnet ohne diese Bereinigungen, (..) dass der Preisindex seit 1987 jedes Jahr um 0,5 bis 1,1 Prozent höher wäre." [3.16, Übersetzung des Autors]

Weiterhin konnte Eric Hommelberg zeigen, daß die US-Regierung den Ölpreis fortlaufend um ca. 23 Prozent zu niedrig in die statistischen Berechnungen eingehen läßt. So lag z.B. im Januar 2005 der Ölpreis bei durchschnittlich 46,84 Dollar pro Barrel, die Regierungsstatistiken wiesen jedoch einen Preis von lediglich 35,35 Dollar aus [3.17].

Es sollte mit diesen Ausführungen ersichtlich geworden sein, daß die aktuelle Definition 'Inflation = Anstieg des Preisniveaus eines Warenkorbes' nicht korrekt ist und Manipulationen Tür und Tor öffnet.

3.3. Korrekte Definition der Inflation

"Inflation ist die Ausweitung der Geldmenge. Die Notenbanken bestimmen maßgeblich das Geldmengenwachstum. Also sind die Notenbanken Inflationsmacher und keine Inflationsbekämpfer."

Claus Vogt, Berliner Effektenbank [3.18]

Um sie nicht lange auf die Folter zu spannen: Die historisch und gesamtwirtschaftlich korrekte Definition von Inflation, in den Worten von Claus Vogt [3.19], lautet wie folgt:

"Inflation ist der Anstieg der Geldmenge pro Produktionseinheit."

Bereits im Jahre 1752 veröffentlichte der schottische Philosoph und Ökonom David Hume (1711 - 1776) seinen Aufsatz "Of Money", in dem er darstellte, daß eine Erhöhung der Geldmengen auch die Preise für Arbeit und Produkte proportional erhöhen würde. Er argumentierte, daß die gesamte Wirtschaft leidet, wenn die Preise aufgrund einer Erhöhung der Geldmenge steigen. Die örtliche Industrie könne dann nicht mehr mit der billigeren Arbeit und den billigeren Produkten aus dem Ausland konkurrieren. Hume sah auch eine generelle Gefahr in Papiergeld-Krediten [3.20].

Die Proportionalität zwischen Geldmenge und Preisentwicklung, wie sie Hume also bereits vor über 250 Jahren postulierte, wurde im übrigen durch aktuelle Berechnungen mehrfach bestätigt. So veröffentlichten z.B. McCandless und Webber im "Federal Reserve Bank of Minneapolis Quarterly Review" im Sommer 1995 eine empirische Studie, in der sie die Inflationsraten und Geldmengenentwicklungen für 110 Staaten von 1960 - 1990 untersuchten [3.21].

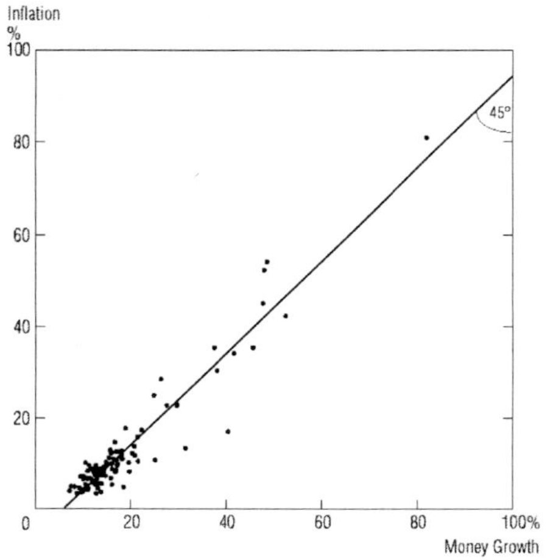

Abbildung 3.4.: Proportionale Abhängigkeit zwischen Geldmengenwachstum und Inflation. Quelle: [3.21]

Die Korrelation zwischen Geldmengenwachstum (im Bild engl. "money growth") und Inflation ergab sich demnach annähernd bei 1 (d.h. stieg die Geldmenge um 10%, stieg auch die Inflation um diesen Wert).
Von UBS Wealth Management liegen aktuellere Berechnungen vor, die dieses Ergebnis ebenfalls untermauern [3.22]. Die Autoren untersuchten hierbei die Entwicklungen von 119 Ländern über einen 10-Jahres-Zeitraum von 1993 bis 2002.

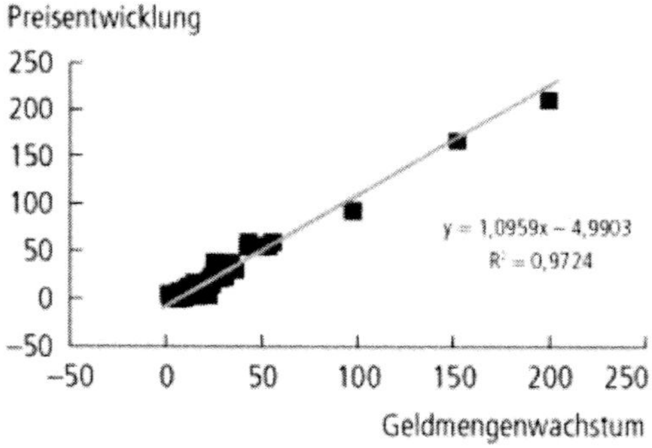

Abbildung 3.5.: Proportionale Abhängigkeit von Geldmengenwachstum und Preisanstieg. Quelle: [3.22]

Es sollte somit belegt worden sein, daß eine Ausdehnung der Geldmenge direkt zu deren Inflationierung (= Entwertung) führt. Nach Bernd Senf [3.23] kann man dies auch grafisch sehr schön mit Blöcken darstellen und erklären. Nehmen wir an, im Jahr 1 steht im Staate Lilliput einem Anteil Geld (G) genau einem Anteil Sozialprodukt (SP) gegenüber:

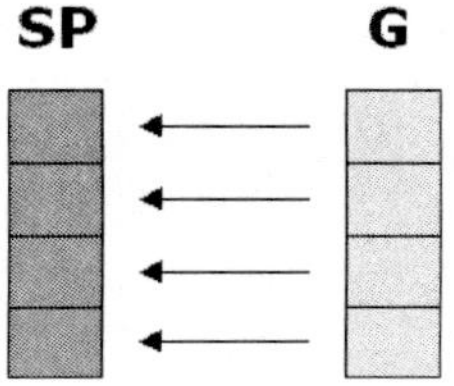

Im Jahr 2 ist das Sozialprodukt von Lilliput um eine Einheit gestiegen, die Geldmenge jedoch um zwei Einheiten:

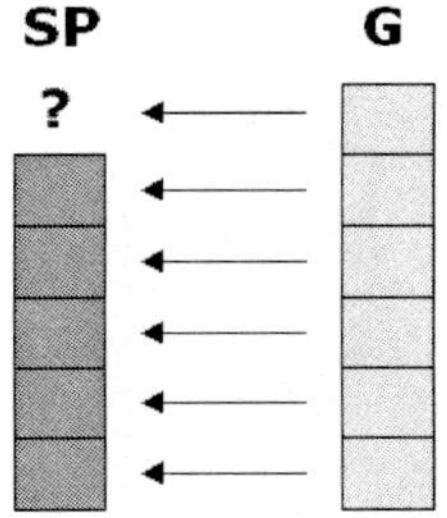

Einer Einheit an Geld steht nun leider nichts mehr an Waren oder Dienstleistungen gegenüber, d.h. 6 Einheiten Geld "rangeln" um 5 Einheiten Sozialprodukt was zu folgendem einfachen Dreisatz führt (eigentlich ja einem Zweisatz):

5 Einheiten Sozialprodukt	=	6 Einheiten Geld
1 Einheit Sozialprodukt	=	6/5 Einheiten Geld
1 Einheit Sozialprodukt	=	1,2 Einheiten Geld

Die Bürger von Lilliput erfahren also eine Inflation von 20% im Bezug auf Jahr 1. So einfach kann also die korrekte Erklärung der Inflation sein. Keine Heerscharen von Statistikern sind notwenig um hedonische Bereinigungen, Indices oder Warenkörbe zu berechnen. Leider kennen viele Ökonomen und Banker diesen einfachen und proportionalen Zusammenhang nicht, nicht mehr, oder schweigen sich über diesen gegenüber ihrer Kundschaft aus.

Welche Ausmaße jedoch die weltweite Geldmengen-Vermehrung, speziell seit der endgültigen Lösung des Papiergeldes vom Gold im Jahr 1971 im Bezug auf die Güterproduktion angenommen hat, zeigt allein die Tatsache, daß sich in den letzten 30 Jahren die reale Gütermenge der Industrieländer vervierfacht, das virtuelle Geld- und Kreditvolumen jedoch vervierzigfacht hat. Bestes Beispiel: Die Geldmenge M3 des US-Dollar entwickelt sich seit den fünfziger Jahren mit einer exponentiell ansteigenden Kurve.

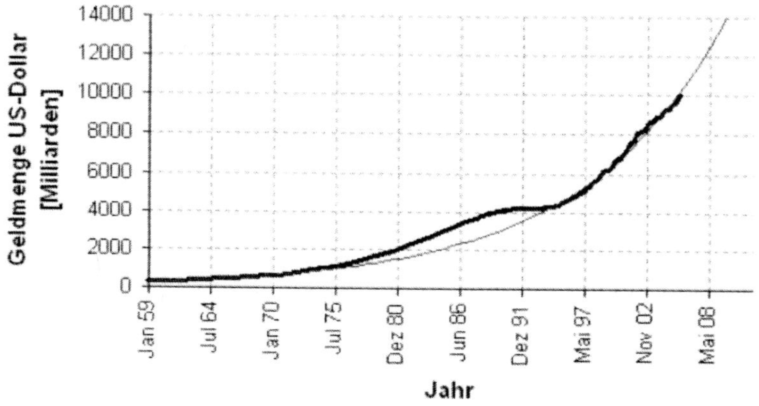

Abbildung 3.6.: Entwicklung der Geldmenge M3 des US-Dollars
Quelle: Federal Reserve [3.24]

Seit 1971 stieg die Geldmenge von 700 Milliarden Dollar auf heute ca. 9700 Milliarden Dollar an. D.h. seit dem Durchschneiden des Goldbandes zum Dollar wuchs dessen Menge um 1280 Prozent an.

Am 10.11.2005 jedoch meldete die Federal Reserve in einer kurzer Pressemitteilung, daß die Publikation der M3-Geldmenge zum 23.3.2006 eingestellt wird [3.25]. Dies löste im englischen Sprachraum eine lebhafte Diskussion aus. Kritische Kommentatoren argumentierten wie folgt.

- Die Geschichte lehrt, daß nur scheiternde Ökonomien ihre Daten nicht veröffentlichten, z.B. frühere UdSSR

- Das Ende der Veröffentlichung fällt mit dem Beginn der neuen iranischen Ölbörse zusammen, die Öl in Euro fakturieren wird. Dies könnte eine weitere Verschiebung aus dem Dollar in den Euro bedeuten.
- Keine Abschätzung der wahren Inflation mehr möglich.
- Die FED sieht den kommenden Zusammenbruch des Immobilienmarktes und will diesen mit der bewährten Methode "alle Geldhähne auf" bekämpfen.
- Vergleich mit dem Schließen des Goldfensters im Jahr 1971: Die Regeln des großen Spieles werden einmal mehr fundamental geändert. [3.26]
- Die USA können ihre Staatsanleihen nicht mehr am Markt plazieren, sodaß die FED beginnen muß, diese Anleihen selbst aufzukaufen. Dadurch würde die Geldmenge weiter stark steigen.

Nach den empirischen Untersuchungen der Linearität von Geldmenge zur Inflation, die wir in den Bilder 3.4 und 3.5 gesehen haben, müßte sich also auch die Inflation in den USA exponentiell entwickelt haben. Dies war und ist auch in der Tat der Fall, hat jedoch weniger seinen Ausdruck in steigenden Verbraucherpreisen gefunden, als mehr in steigenden Aktienpreisen und anschließend steigenden Immobilienpreisen. Hierbei sprechen Fachleute von einer Vermögenspreisinflation ("asset price inflation"), wobei diese Art der Preissteigerung von den Betroffenen natürlich als positiv empfunden wird.
Ökonomisch betrachtet sind diese übermässigen Preissteigerungen jedoch auf kurz oder lang genauso schädlich, wie Preissteigerungen im Konsumbereich. Ein gutes historisches Beispiel hierfür dürften die Zwanziger-Jahre in den USA sein. Zunächst wanderte das Kapital von 1920 bis 1925 an die Goldküste von Florida und löste dort eine Immobilien-Spekulation aus, die ihren Höhepunkt 1925 erreichte. Nach dem Platzen dieser Blase wanderte das Kapital in den Aktienmarkt und löste auch hier eine Spekulationsblase aus, die bekanntermaßen im Oktober 1929 ihr Ende fand und den Beginn der Weltwirtschaftskrise einläutete. Dieses Mal scheint es gerade anders herum zu laufen. Nach der Aktienblase, die im Frühjahr 2000 platzte, kommt es im Augenblick zu einer Blase an den US-Immobilienmärkten, Ausgang offen.

Der US-Notenbanker Ben Bernanke, der Anfang 2006 den Vorsitz der Fed von Alan Greenspan übernehmen wird, äußerte sich im November 2002 in einer Rede mit dem Titel "Deflation: Sicherstellung dass dies hier nicht geschieht" bezüglich der Ausweitung der Geldmenge in den USA wie folgt:

> "Die US-Regierung verfügt über eine Technologie, genannt Druckerpresse (..), die es ihr gestattet, ohne Kosten so viele US-Dollars zu produzieren, wie sie will. Durch die Vermehrung der sich im Umlauf befindlichen US Dollars, oder nur durch die Androhung dies zu tun, kann die Regierung der USA den Wert der Dollars in Bezug auf Waren und Dienstleistungen reduzieren, was der Anhebung der Dollar-Preise dieser Waren und Dienstleistungen entspricht. Wir folgern, daß unter einem Papiergeld-System eine dazu entschlossene Regierung immer höhere Ausgaben und damit positive Inflation erzeugen kann." [3.27, Übersetzung des Autors]

Claus Vogt zitiert in seinem Münchner Referat vom März 2005 den schweizer Autor Peter Bernholz, der in seinem Buch "Monetary Regimes and Inflation: History, Economic and Political Relationships" den Zusammenhang zwischen wachsender Geldmenge und steigenden Preisen (sprich Inflation) anhand historischer Beispiele untersuchte. Seine Zusammenfassungen sind [3.28]:

- Das politische System tendiert dazu, Inflation zu favorisieren. Alle großen Inflationen wurden von Königen oder Regierungen verursacht.
- Alle überlieferten Hyperinflationen haben im 20. Jahrhundert stattgefunden, also unter willkürlichen Papiergeldsystemen mit der Ausnahme der Hyperinflation während der französischen Revolution, als das französische Währungssystem ebenfalls auf einem Papiergeld-Standard basierte.
- Notwendige Bedingung zur Vermeidung von Inflation sind Währungssysteme, die den Herrschenden, Politikern und Regierungen die Hände binden (z.B. durch einen Goldstandard; d. Verf.)
- Hyperinflationen sind immer verursacht durch Defizite des Staatshaushalts, die überwiegend durch Geldschöpfung finanziert werden.

Wir erinnern uns beim Lesen des letzten Punktes an die exponentiell wachsende Staatsverschuldung des deutschen Staates.

3.4. Wie hoch ist die wahre Inflation?

"Unsichtbar wird der Wahnsinn, wenn er genügend große Ausmaße angenommen hat."

Bertold Brecht

Die faustformel-artige Berechnung der "wahren" Inflation stellt also eine simple mathematische Subtraktion dar:

Inflation = Geldmengenwachstum - Wachstum Sozialprodukt

Wie hoch ist also die Inflation nach dieser Berechnungsmethode? Für die Geldmenge verwenden wir hierbei die am weitesten gefaßte, also die so genannte M3-Definition, die sich aus den folgenden Komponenten zusammensetzt: Bargeld, Sichteinlagen (auch Giralgeld genannt, d.h. das gebuchte Geld auf ihrem Girokonto), Termineinlagen sowie Spareinlagen. Die Entwicklung der M3-Geldmenge des Euros wird heute von der Europäischen Zentralbank in Frankfurt statistisch erfaßt und in deren Monatsberichten publiziert [3.29]. Das reale Wachstum des Sozialproduktes, also der Summe der Waren und Dienstleistungen in allen Ländern, die den Euro als Währung einsetzen, kann den Monatsberichten der Bundesbank entnommen werden [3.30].
Diese Quellen liefern uns die folgenden Zahlen und, aus der gezeigten Rechnung Geldmenge minus Sozialprodukt, die wahren Inflationszahlen.

	2004	**1Q 05**	**2Q 05**	**3Q 05**
Wachstum €-Geldmenge:	6,5%	6,6%	7,3%	8,2%
Realwachstum Sozialprodukt:	2,1%	1,3%	1,1%	1,5%
Wahre Inflation:	4,4%	5,3%	6,2%	6,7%

Die aktuelle und gesamtwirtschaftlich wahre Inflation im 3. Quartal 2005 lag also demnach bei ca. 6,7 Prozent und nicht bei nur ca. 1,8 Prozent, was die Warenkorb-Rechnung für private Haushalte uns seit Jahren gleichbleibend als Ergebnis liefert.
Was bedeutet diese Zahl für sie als Anleger und Sparer? Jede ihrer Investitionen, die derzeit weniger als rund 6,5 Prozent Rendite abwirft, vermindert ihre Kaufkraft und entwertet ihr Vermögen.

3.5. Wer ist für die Inflation verantwortlich?

"Im Kern geht es darum, einen Mißbrauch der Notenpresse durch den Staat möglichst zu erschweren, einen Mißbrauch, den es ja in der Vergangenheit mehrfach gegeben hat."

Karl Blessing, Bundesbankpräsident 1958-1969 [3.31]

Diese Frage läßt sich nun mit dem Wissen um die korrekten Definition der Inflation leicht beantworten. Verantwortlich sind diejenigen Institutionen, die die Geldmenge über die Menge an Waren und Dienstleistungen hinaus anwachsen lassen, also die Geschäfts- und vor allem die Zentralbanken.
Bereits im 2. Kapitel hatten wir kurz beleuchtet, daß der Goldstandard beim Beginn des ersten Weltkrieges aufgehoben wurde. Die Staaten konnten sich somit durch die so genannte 'Schöpfung' neuen Geldes finanzieren (damals durch so genannte Kriegsanleihen und Schatzanweisungen). Dies ist das Prinzip, welches auch heute noch Anwendung findet.
Die Hauptquelle der heutigen Geldschöpfung ist die Kreditvergabe der Geschäftsbanken. Dem Kreditnehmer wird dabei ein Sichtguthaben auf sein Girokonto gebucht (daher auch 'Giralgeld' genannt), das aus dem Nichts entstanden ist bzw. geschöpft wurde. Man spricht daher auch von 'Fiat-Money'. Reinhard Deutsch sagt zum Begriff 'Fiat Money' in seinem Buch "Die Geldfalle":

> "Es gibt überraschenderweise kein deutsches Wort für den Begriff 'fiat money'. Die Übersetzung 'legales Falschgeld' trifft wohl am besten den Sachverhalt, der damit gemeint ist." [3.32]

Die Online-Enzyklopädie Wikipedia definiert 'Fiat Money' hingegen wie folgt:

> "Die Bezeichnung fiat money ist abgeleitet aus dem lateinischen fiat lux (es werde Licht), denn solches Geld kann einfach nach Bedarf geschaffen werden (es werde Geld), und der Erschaffer (in der Regel die Zentralbank) muß keine Waren zur Deckung bereithalten." [3.33]

In einem ungedeckten Papiergeldsystem kommt also alles neue Geld durch neue Verschuldung in die Welt. Die Guthaben auf der einen, wie die Verschuldung auf der anderen Seite müssen demnach gleichmässig und durch den Zinseszins-Effekt immer schneller anwachsen, was auch tatsächlich der Fall ist, wie sie dem Bild 3.7. entnehmen können.

Natürlich kann eine Bank neues Giralgeld nicht in unbegrenzter Höhe schöpfen. Sie wird begrenzt durch die Mindestreserve, die die Banken bei der Bundesbank vorhalten müssen, sowie durch Bargeldabflüsse des neu geschaffenen Geldes.

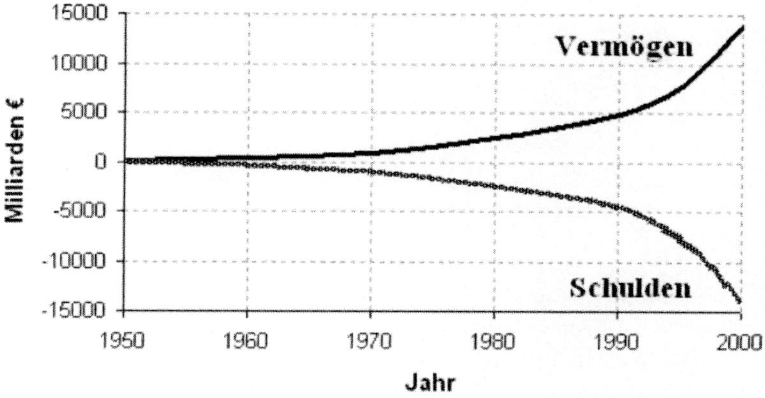

Abbildung 3.7.: Entwicklung der Geldvermögen und Schulden von Staat, Unternehmen und privaten Haushalten 1950 - 2000
Quelle: Statistisches Bundesamt

Ein Beispiel soll dies verdeutlichen. Herr Maier kauft ein Haus und bekommt dafür von seiner A-Bank einen Kredit über 100.000 Euro auf sein Konto gebucht. Herr Maier überweisst dieses Geld bargeldlos auf das Konto des Verkäufers Schmidt bei der B-Bank. Herr Schmidt wiederum hebt 30.000 Euro in bar ab, um anderweitig disponieren zu können. Die Rechnung für die B-Bank von Herrn Schmidt sieht demnach wie folgt aus, wenn man bedenkt, daß die Mindestreserve der Geschäftsbanken bei der Zentralbank derzeit bei 2 Prozent der Einlagen liegt:

Einlage Schmidt:	100.000 Euro
minus Bargeldabfluss:	- 30.000 Euro
minus Erhöhung Mindestreserve:	- 2.000 Euro
	==========
	68.000 Euro

Die B-Bank hat also nun ihrerseits die Möglichkeit, für 68.000 Euro neues Giralgeld für ihre Kunden zu schöpfen, d.h. als neuen Kredit zu vergeben. Da sich dieser Vorgang mehrmals wiederholt, wird am Ende aus den 100.000 Euro ein Vielfaches, man spricht daher auch von einer multiplen Giralgeldschöpfung.
Dennoch bewirken Bargeldabfluss und Mindestreserve eine Abbremsung der Giralgeldschöpfung, da jede Bank nur noch einen Bruchteil ihres Liquiditätszuflusses als Kredit neu vergeben kann.

Die Mindestreserve von derzeit ca. 2% bedeutet jedoch auch, daß eine Bank theoretisch schließen müßte, wenn nur 2% ihrer Kunden am Schalter erscheinen und ihre Einlagen zurückfordern würden.

Giralgeld kann überdies hinaus auch dann neu entstehen, wenn Banken z.B. Grundstücke, Wertpapiere oder Edelmetalle von Privatkunden oder Unternehmen erwerben, und diesen im Gegenzug ein neues Sichtguthaben einräumen. Weiterhin führen Handelsbilanzüberschüsse gesamtwirtschaftlich zu einer steigenden Geldmenge im exportierenden Land. Für die exportierten Waren und Dienstleistungen wird Geld importiert.
Auf staatlicher Ebene vollzieht sich die Geldschöpfung durch die Ausgabe neuer Staatsanleihen, welche von Geschäfts- oder Zentralbanken aufgekauft werden. Es ist daher interessant zu wissen, was einige Persönlichkeiten generell über Staatsanleihen denken und sagen:

> John Exter (ehem. US-Notenbanker, Citicorp Vorstand):
> "Anleihen sind Zertifikate für garantierte Plünderung von Ersparnissen unschuldiger Bürger, die von einem festen Einkommen leben." [3.34]
>
> Gerhard Schröder (Alt-Bundeskanzler):
> "Der Handel mit Staatsanleihen, egal in welchem Land, ist immer ein riskantes Geschäft." [3.35]
>
> Alan Greenspan (US-Notenbank 1987 - 2006):
> "Staatsanleihen sind nicht durch reale Sachwerte unterlegt, sondern nur durch das Regierungsversprechen, aus künftigen Steuereinnahmen zu bezahlen." [2.1]

Wie immer das neu geschöpfte Geld also in den Kreislauf kommt, so bleibt festzuhalten, daß es keinen geschaffenen Werten in Form von zusätzlichem Sozialprodukt gegenüber steht und daher tendenziell stets inflationär wirkt.

Das Beispiel der amerikanischen Zentralbank FED (Federal Reserve) soll dazu dienen, diesen Sachverhalt nochmals näher zu beleuchten.
Die FED wurde am 23. Dezember 1913 durch die Unterzeichnung des U.S.-Notenbankgesetzes durch Präsident Woodrow Wilson ins Leben gerufen. Die Umstände erschienen zweifelhaft, da das Gesetz durch die Gremien gepeitscht wurde, als die meisten Abgeordneten bereits im Weihnachts-Urlaub waren. Die FED war von Anfang an (und ist bis heute) eine reine Privatbank mit den folgenden Gründungsbanken:

- Warburg Bank Amsterdam und Hamburg
- Khun Loeb Bank New York
- Rothschild Bank London
- Rothschild Bank Paris
- Lazard Brothers Bank Paris
- Israel Moses Seif Bank Italien
- Lehmann Bank New York
- Rockefellers Chase Manhattan Bank New York
- Goldman Sachs Bank New York

Paul Warburg wurde zum erste Vorsitzenden der "New York Federal Reserve Bank" bestellt, als diese 1914 ihre Arbeit aufnahm. Eine ihrer wichtigsten Aufgaben sollte sein, den Wert des US-Dollars, wie unter dem Goldstandard, weiterhin stabil zu halten. John Exter, ehemaliger Vizepräsident New Yorker FED und Generaldirektor der Citicorp Bank äusserte sich zu den Anfangszeiten wie folgt:

> "Als das Federal Reserve 1914 seine Aktivitäten aufnahm, begann es sofort damit, Geld zu drucken, indem es Staatspapiere aufkaufte." [3.36]

Die gesamte Erfolgsbilanz der FED sieht denn auch nicht sehr rosig aus. Seit ihrer Einführung verlor der Dollar, nachdem er zuvor unter einem Goldstandard 200 Jahre lang stabil geblieben war, ca. 95% seines Wertes [3.37]. Der Preis des Goldes hingegen stieg von 20 Dollar auf heute 500 Dollar pro Unze (Stand: Ende 2005). Die FED steht damit gut in der Nachfolge ihrer vorigen amerikanischen Notenbanken, wie Ferdinand Lips anmerkt:

> "Es mag so manchem von ihnen überraschend vorkommen, zu hören, daß das Federal Reserve System bereits die vierte amerikanische Zentralbank ist. Es gab zuvor drei andere und das Ergebnis war immer das gleiche - ein Desaster. Sie (die aktuelle

FED; d. Verf.) wurde eingerichtet um den US-Dollar stark zu halten und das Finanzsystem in Schwung zu halten. Sie wurde von mächtigen und angeblich sehr intelligenten Männern gegründet. Innerhalb von 100 Jahren haben sie den US-Dollar erfolgreich auf 5% seines Wertes von 1913 gedrückt. Vielleicht sogar darunter." [3.38]

Hält man sich nochmals vor Augen, daß die amerikanische Zentralbank eine reine Privatbank und keine staatliche Einrichtung ist, so wird klar, daß das oberste Ziel insgeheim die Gewinnmaximierung ihrer privaten Anteilseigner darstellt und nicht die Stabilität der Währung. Ferdinand Lips merkt wiederum an:

> "Die Bankiers befinden sich hier in einer Zwickmühle. Sie erzielen ihre Gewinne infolge der Volatilität des Marktes. Gäbe es monetäre Stabilität, würden ihre Einnahmen sinken, zumindest in diesem Bereich ihrer Aktivitäten (gemeint sind die Gold-Aktivitäten der Banken; d. Verf.)." [3.39]

Mit anderen Worten: Auf der einen Seite sollen die US-Banken über ihre Zentralbank FED das monetäre System also stabil halten, auf der anderen Seite jedoch können sie dann weniger Gewinne erwirtschaften, als es in volatilen Märkten der Fall ist. Der Täter wurde also gleichzeitig in Personalunion auch zum Aufseher berufen. Über den Sinn dieser grundlegenden Konstellation läßt sich trefflich streiten. Insbesondere deswegen, weil der Dollar nunmal die Weltreservewährung ist, d.h. wir alle im "US-Dollar-Boot" sitzen, wie es Roland Leuschel und Claus Vogt ausdrücken. Geht dieses Dollar-Boote unter, gehen also nicht nur die USA unter, sondern mit ihr die gesamte Weltwirtschaft.

> "Die Sonderstellung der USA als Hüter der Weltreservewährung führt also dazu, daß unseriöses Wirtschaften in diesem Land nicht zu einer isolierten Anpassungskrise führen kann, sondern zu einer weltweiten." [3.40]

Der amerikanische Dollar findet sich jedoch in guter Gesellschaft wieder. Bis zur Einführung des Euros erfuhr die als stabil geltende deutsche Mark einen Wertverlust von ca. 75 Prozent, der französische Franc und die italienische Lira sogar 90 Prozent. Der Japanische Yen verlor in den letzten 50 Jahren ebenfalls 90 Prozent seines Wertes und das britische Pfund 95 Prozent. Nur der Schweizer Franken konnte sich in etwa wie die deutsche

Mark halten. Wo und wann man auch hinblickt, Papier-Währungen währten und währen nie. Der Philosoph Voltaire (1694 - 1778) drückte es so aus:

> "Am Ende kehrt Papiergeld zu seinem inneren Wert zurück - null."

Um es nochmals zu betonen: Papiergeld an sich ist nichts schlechtes. Es würde sogar funktionieren, wenn die Regierenden nicht immer wieder an der Versuchung scheitern würden, dieses über Gebühr hinaus zu produzieren, sprich ihre Sozialstaaten und ihre Wahlversprechen mit neuem fiat money (d.h. neuen Schulden) zu bezahlen.
Seien wir aber doch mal ehrlich mit uns selbst: Jemand würde ihnen eine Geldmaschine in den Keller stellen und ihnen erlauben, mit dieser soviel legales Falschgeld (fiat money) herzustellen, wie sie möchten. Was würden sie tun? Würden sie nicht auch ihrem Chef einen schönen Brief schreiben und beginnen, ein angenehmeres Leben zu führen?
Genau das machen derzeit die USA. Sie schöpfen einfach neues Geld und kaufen damit z.B. Öl, Gold und Kupfer auf dem Weltmarkt ein. Mit den Worten von Ferdinand Lips:

> "Unter dem gegenwärtigen, lebensgefährlichen U.S.-Dollar-Standard können Amerikaner alle Güter dieser Welt mit nicht einlösbaren Papierdollars kaufen." [3.41]

Als Saddam Hussein damit drohte, das irakische Öl fortan in Euro berechnen zu wollen, wurde er von der Weltpolizei USA mit der fadenscheinigen und nachweislich falschen Begründung von Massenvernichtungswaffen aus dem Amt gejagt.
Auch in Deutschland gehen die Amerikaner auf Beutefang und wandeln ihre immer wertloseren Papierscheine in werthaltige Sachanlagen um. Die Firmen Tenovis (vormals Telenorma), Grohe, Viterra oder Kone seien hierfür als Beispiele angeführt. Immer mehr Geld muß immer neue Renditemöglichkeiten für deren Besitzer suchen. Arbeiter und Umwelt bleiben auf der Strecke.
Wir sehen: Geld muß in irgendeiner Form an die Leine gelegt werden. Der klassische Goldstandard des 19. Jahrhunderts war zu diesem Zwecke das historisch beste Mittel, das die Menschheit bisher für diesen Zweck gefunden hat. Der bedeutende britische Ökonom David Ricardo (1772 - 1823) drückte dies im Jahr 1817 so aus:

> "Obwohl es (gemeint ist das Papiergeld; d. Verf.) keinen inneren Wert hat, aber wenn man die Geldmenge begrenzt, ist sein

> Austauschwert ebenso groß wie ein entsprechender Nennwert an Münzen oder Goldmünzen (..) Die Erfahrung zeigt jedoch, daß noch kein Staat und keine Bank unbegrenzte Macht hatte, ohne diese auch zu missbrauchen. In allen Staaten sollte deshalb die Ausgabe von Papiergeld gewissen Kontrollinstanzen unterstehen, und nichts scheint zu diesem Zweck geeigneter zu sein, als die Herausgeber von Papiergeld zu verpflichten, ihre Banknoten in Goldmünzen oder -barren einzulösen." [3.42]

Durch die übermäßige Schöpfung von neuem, ungedeckten Papiergeld und damit die globale Überentwicklung der Geldmengen - insbesondere die exponentielle Entwicklung der Dollar-Geldmenge - stehen die Zeichen also einmal mehr klar auf Inflation.
Die hoch verschuldeten Staaten werden ihre Schulden mit stark entwertetem Geld begleichen. Die Krise des US-Dollars bedeutet gleichzeitig eine Krise des gesamten Weltwährungssystemes, die sich in einer finalen, weltumspannenden Wirtschaftskrise entladen wird. Hören wir nochmals Ferdinand Lips:

> "Die Papier- oder Falschgeldkrankheit ist (..) wie die Drogensucht. Es braucht immer mehr von der Droge, und am Ende kommt der Zusammenbruch. Es gibt heute keine Anhaltspunkte, wonach dieses Falschgeldexperiment besser enden sollte als frühere Experimente. Infolge der wirtschaftlichen Kraft der USA hat es sowieso schon länger gedauert, als man erwarten konnte. " [3.43]

3.7. Zusammenfassung des dritten Kapitels

Der Stabilität des Geldes als Maßstab der Wirtschaft kommt eine enorme Bedeutung zu. Steigt die Geldentwertung, steigt auch der Zins. Die in Kapitel 2 besprochenen negativen Auswirkungen auf Wirtschaft, Gesellschaft und Umwelt verstärken sich.

Die Inflation stellt neben dem Zins eine Umverteilung von Arm zu Reich dar, d.h. Inflation trifft immer die unteren Schichten einer Gesellschaft und verstärkt die sozialen Spannungen. Die kleinen Sparer werden um die Früchte ihrer Arbeit betrogen.

Die Warenkorb-Definition der Inflation birgt viele Probleme in sich und ist als falsch bzw. verfälschend anzusehen, wie am Beispiel der hedonischen Qualitätsbereinigungen nachgewiesen werden konnte.

Die nach David Hume seit mehr als 250 Jahren korrekte Definition der Inflation ist der Anstieg der Geldmenge über das Angebot an Waren und Dienstleistungen hinaus. Umfangreiche empirische Untersuchungen konnten dies ebenfalls belegen. Eine Geldmengenausweitung schlägt sich linear in einer höheren Inflation nieder.

Verantwortlich für die Geldmengenausweitungen sind die Geschäfts- und vor allem die Zentralbanken, die die staatliche Erlaubnis besitzen, durch Kreditvergabe neues legales Falschgeld schöpfen zu dürfen.

Da sich derzeit die Geldmenge im Euroraum wesentlich schneller vergrößert als das Angebot an Waren und Dienstleistungen, ergibt sich eine aktuelle wahre Inflation von ca. 6,5 Prozent. Dies bedeutet, daß alle Investments, die nicht mindestens diese Rendite erzielen, Kapital vernichten.

Geldentwertung ist kein vereinzeltes Problem von wenigen bestimmten Staaten oder läßt sich auf bestimmte Zeitabschnitte beschränken. Wann immer Regierende den Zugriff auf ein ungedecktes Papiergeld-System hatten, wurde dieses auch ge- und missbraucht. Alle Papierwährungen in der Geschichte der Menscheit strebten ausnahmslos ihrem inneren Wert null entgegen. Es war nur immer eine Frage der Zeit, bis dieser erreicht wurde.

Seit 1971 besteht keinerlei Bindung des US-Dollars an das Gold. Seit dieser Zeit wuchs die Dollar-Geldmenge folgerichtig exponentiell an. Da aufgrund des Charakters des Dollars als Weltreservewährung alle Staaten im selben Dollar-Boot sitzen, wird es zu einer weltumspannenden Krise kommen, wenn die USA entweder ihren Staatsbankrott erklären (Schuldendeflation: Nichterfüllen bestehender Zahlungsverpflichtungen) oder den Wert des Dollars zerstören werden (Währungsinflation: Bezahlen mit drastisch entwertetem Geld).

4. Kapitel: Gold

4.1. Manipulationen des Goldpreises

"Die Zentralbanken stehen bereit, Gold in zunehmenden Mengen zu verleihen, falls der Preis steigen sollte."

Alan Greenspan, 1998 [4.1]

" Wir hätten in einen Abgrund geblickt, wenn der Goldpreis weiter gestiegen wäre. Ein weiterer Anstieg hätte eines oder mehrere Handelshäuser zu Fall gebracht - und vielleicht auch noch den Rest. Deswegen mußten die Zentralbanken den Goldpreis drücken, managen - um jeden Preis, koste es, was es wolle. Es war sehr schwierig, den Goldpreis unter Kontrolle zu bekommen, aber wir haben es geschafft. Die U.S. Fed war sehr aktiv dabei. Und ebenfalls das Vereinigte Königreich "

Edward A.J. George, Gouverneur Bank von England [4.2]

4.1.1. Das Bretton-Woods-System

Die Entmonetarisierung des Goldes, d.h. die Lösung der Golddeckung der umlaufenden Währungen, war also die notwendige Voraussetzung dafür, daß das Finanzwesen und die Politik ohne Beschränkungen illegales Falschgeld neu schöpfen konnten. Während bis 1971 die Geldmengen nur gemäß den Regeln des Devisen-Goldstandards langsam anwachsen konnten, sind seitdem alle Dämme gebrochen (siehe Abbildung 3.6.). Nochmals zur Erinnerung: Die Geldmenge des US-Dollars stieg seit damals exponentiell um ca. 1280 Prozent an.

Wie aber schafften es die Beteiligten im Laufe der Zeit, den Gradmesser, das politische Metall Gold, aus dem Bewusstsein der Bürger zu verdrängen? Sie schafften es, indem sie 40 Jahren lang versuchten, den Preis des Goldes absichtlich nach unten zu manipulieren. Denn die Propaganda *gegen* das Gold war und ist auch immer eine Intervention *für* das ungedeckte Papiergeld-System. Darüber hinaus haben sich im Laufe der Zeit Gold-Geschäfte wie der so genannte 'Gold-Carry-Trade' entwickelt, bei denen die Geschäftsbanken mit Hilfe der Zentralbanken Milliarden verdienen, wenn der Goldpreis niedrig gehalten wird. Doch dazu später mehr.

Gehen wir in der Geschichte nochmals zurück in das Jahr 1944. Während in Europa der Befreiungskrieg gegen Hitler-Deutschland noch läuft, sitzen im amerikanischen Bretton Woods bereits Vertreter aus 44 Staaten beisammen, um eine neue Welt-Währungsordnung zu verabschieden. Das Ziel war die reibungslose und von Barrieren befreite Abwicklung des Welthandels, bei festen Wechselkursen zwischen den verschiedenen Währungen.
Am 22. Juli 1944 wurde beschlossen, daß der US-Dollar die neue internationale Leit- und Reservewährung wird und eine Unze Gold 35,20 Dollar entspricht. Für die US-Zentralbank bestand die Verpflichtung, Dollar gegen Gold einzulösen. Weiterhin wurden die Währungen der Mitgliedsländer dieses Abkommens in einem festen Wechselkurs an den Dollar gebunden.
Um dies dauerhaft zu gewährleisten, hatten die Zentralbanken eine Interventionspflicht. Diese Pflicht bedeutete etwa für die Bundesrepublik Deutschland (welche nach ihrer Gründung 1949 dem Abkommen beitrat), daß ein Überangebot an US-Dollars von der Bundesbank zum festgelegten Wechselkurs von 4:1 aufgekauft werden mußte, um den Kurs des Dollars zu stützen. Wäre ein Überangebot im Markt verblieben, wäre der Kurs des Dollars in einem System freier Wechselkurse nach dem Prinzip von Angebot und Nachfrage unweigerlich gesunken, sagen wir auf das Verhältnis 2:1.
Mit anderen Worten: Die Bundesbank, wie auch die anderen Teilnehmer am Bretton-Woods-System, unterlagen einem Zwangsumtausch des Dollars in ihre jeweilige Landeswährung. In der Öffentlichkeit wurde dieser Zwangsumtausch freilich immer als 'Stützungskauf' tituliert. Durch diesen Mechanismus des Zwangsumtausches erhöhten sich die Dollar-Reserven bei allen Zentralbanken, und die USA erhielten nach dem obigen Beispiel doppelt so viel D-Mark, wie ihr Dollar eigentlich in Wahrheit noch wert war. Bezahlt wurden diese Stützungskäufe zumeist mit neu geschöpftem Geld, wo sollte es auch anders herkommen?
Dieses frisch geschöpfte Kapital wurde dann postwendend in Deutschland (oder anderen Ländern) wieder re-investiert, z.B. indem es direkt am Finanzmarkt angelegt wurde, in Unternehmen investiert, oder indem sonstige Waren beim Exportweltmeister eingekauft wurden.
Durch den Bretton-Woods-Zwangsumtausch hatten die Amerikaner also immer schon per se eine doppelt so hohe Rendite, bzw. bekamen die Waren stets um den halben Preis geliefert.
Die Kehrseite der Medaille war zudem noch die, daß das zwangsweise geschöpfende Geld, welches ja sofort wieder beim Schöpfer landete, dort inflationär wirkte. Man spricht daher in diesem Zusammenhang auch von einer 'importierten Inflation'. Wie problematisch die Inflation ist, wurde bereits im vorigen Kapitel erörtert.

Mit anderen Worten: Die USA hatten das Recht, ihre Währung zu vermehren und diese Inflation in die gesamte Welt hinaus zu exportieren. Ohne ökonomische Gegenleistung verschafften sich die USA einen Zugang zu den Wirtschaftsleistungen anderer Länder. Hierzu Bernd Senf in seinem Buch "Der Nebel um das Geld":

> "Wie man es dreht und wendet: Gesamtwirtschaftlich betrachtet lief ein Zahlungsbilanzüberschuß, verbunden mit Stützungskäufen und Zwangsumtausch des Dollars, auf ein teilweises Verschenken von deutschem Sozialprodukt an die USA hinaus und kam einer verdeckten Entwicklungshilfe an die USA gleich. (...) Die USA hatten unter diesen Bedingungen zwar ein chronisches Zahlungsbilanzdefizit, aber das war für sie deshalb kein Problem, weil es durch die unbegrenzte Dollar-Ankaufpflicht der Zentralbanken anderer Länder finanziert wurde - mit deren jeweiliger Landeswährung." [4.3]

Wenn die betroffenen Staaten versuchten, zum Ausgleich dieser importierten Inflation die eigene, inländische Inflation einzudämmen, so hatte dies lediglich zur strafenden Folge, daß die USA-Entwicklungshilfe einen prozentual höheren Anteil am eigenen Sozialprodukt verbrauchte. Wozu also sparen? Die bessere Lösung schien es zu sein, die eigene Währung selbst weiter zu vermehren, um den USA-Einfluss zu begrenzen. Im gesamten Bretton-Woods-System war also eine generelle Tendenz zum Inflationieren eingebaut. Wieder in den Worten von Bernd Senf:

> "Das Bretton-Woods-System war ein Zug in Richtung Weltinflation - mit den USA als Lokomotive." [4.4]

Die USA hatten sich übrigens gegen ausländische Inflationen in der Art geschützt, daß die amerikanische Zentralbank FED ihrerseits keinerlei Verpflichtungen hatte, ausländische Währungen zu deren Stützung aufkaufen zu müssen (Asymmetrie des Bretton-Woods-Systems). Außerdem sorgte der neu gegründete Internationale Währungsfonds IWF, der von Anfang an von den Amerikanern dominiert wurde, dafür, daß nur die USA ihren Dollar inflationieren durften. Andere Länder, die dies ebenfalls versuchten und Kredite vom IWF benötigten, bekamen diese nur unter den sehr strengen Auflagen, die eigene Währung wieder zu stabilisieren.

Warum die übrigen Länder dieses unglaubliche monetäre Diktat der USA akzeptierten, hat wohl hauptsächlich zwei Gründe. Zum einen hatten sich die USA im 2. Weltkrieg die politische, wirtschaftliche und nicht zuletzt militärische Vormachtstellung in der Welt von den Engländern erobert. Zum anderen waren viele Delegierte wohl der Meinung, daß die Goldbindung des Dollars (der so genannte Gold-Devisen-Standard) so gut sein würde, wie der klassische Goldstandard es im 19. Jahrhundert war. Das war leider nicht der Fall.

Im Laufe der Zeit sammelten sich immer größere Dollar-Bestände in aller Welt an, die ja noch immer zum Kurs von 1:35 an das Gold gebunden waren. Die Goldeinlösepflicht der amerikanischen Zentralbank galt nicht für den Normalbürger, sondern lediglich für die Dollardevisen ausländischer Zentralbanken. Da diese immer mehr von diesem Recht Gebrauch machten, floß immer mehr Gold im Austausch gegen Papierdollars aus den USA ab. In diesem Zusammenhang ist es auch wichtig und interessant zu wissen, daß die USA zuletzt 1955 ein offizielles Audit ihrer Goldbestände zuließen. D.h. seit diesem Jahr weiß eigentlich niemand mehr genau, wie viel Gold die USA tatsächlich in ihren Tresoren noch physikalisch besitzen [4.5].

Die eigentlichen Probleme begannen, als die USA ihren Vietnam-Krieg immer stärker über die Notenpresse (und damit über alle Bretton-Woods-Staaten) finanzierten. Als Frankreich unter Präsident de Gaulle im Jahr 1969 schließlich seine gesamten Dollarreserven in Gold umtauschen wollte, und sogar ein Kriegsschiff über den Atlantik entsendete, um dieses abzuholen, war es dann soweit: Die USA konnten oder wollten fortan die Gold-Forderung anderer Staaten nicht mehr erfüllen. Im Zuge dieser Bankrott-Erklärung schloß Präsident Nixon am 15. August 1971 das Goldfenster, d.h. er hob die Konvertierungspflicht der amerikanischen Zentralbank von Dollar in Gold einseitig und ohne Konsultation der beteiligten Staaten auf. Roland Leuschel und Claus Vogt schreiben in ihrem Buch "Das Greespan-Dossier" dazu folgendes:

> "Von nun an lag das Wohl und Wehe der Währungen in den Händen von Politikern und Bürokraten. Es gab keinen disziplinierenden Mechanismus mehr, der dem Entstehen von Ungleichgewichten im Wege stand. Freie Hand für freie Politiker war jetzt die Devise. Was folgte, war alles andere als überraschend. Die folgenden drei Jahrzehnte waren gekennzeichnet von hohem Geldmengenwachstum, einer regelrechten Schuldenexplosion,

> riesigen und scheinbar dauerhaften Handelsungleichgewichten, Spekulationsblasen und Finanzmarkt- bzw. Bankenkrisen." [4.6]

Man überlege sich: Wenn eine Firma Schuldscheine herausgibt und deren zugesicherter späteren Einlösung nicht nachkommt, wird dies bis in den möglichen Konkurs hinein verfolgt. Privatgläubigern drohen Sachwert- und Lohnpfändungen, sodaß wir wieder sehen: Was im Kleinen bis ins Detail verfolgt und bestraft wird, blieb im Grossen, im Falle der Lösung des Dollars vom Gold, ohne jegliche rechtliche Konsquenzen. Präsident Nixon blieb im Amt und stolperte erst drei Jahre später über den Watergate-Skandal.

Deutschland tauschte übrigens nie seine Dollars gegen amerikanisches Gold ein. Eine auf deutscher Seite aufkommende Diskussion in den sechziger Jahren wurde von den USA mit dem dezenten Hinweis auf den Schutz von West-Berlin beendet. Das verbliebene deutsche Gold war nach dem Krieg vollständig von den einmarschierenden Amerikanern konfisziert worden, sodaß die im März 1948 gegründete "Bank Deutscher Länder" in ihrer Eröffnungsbilanz zum 21. Juni 1948 kein Gramm Gold auswies. Zehn Jahre später, die Bank Deutscher Länder war 1957 mittlerweile in der neu gegründeten Deutschen Bundesbank aufgegangen, wies die Bilanz bereits wieder eine Goldreserve von 11,1 Milliarden DM aus. Ferdinand Lips:

> "Tatsächlich geht der Goldbestand der deutschen Notenbank aber praktisch ausschließlich auf die Jahre 1951 - 1958 zurück, in denen die deutschen Überschüsse in der Europäischen Zahlungsunion zur Hälfte von ihren europäischen Partnern in Gold ausgeglichen wurden." [4.7]

Nach Lösung des letzten Bandes von Gold zum Dollar im August 1971, dauerte es noch bis 1973, bis das Bretton-Woods-System endgültig zusammenbrach. Die Dollarflut konnte nicht mehr gestoppt werden und die Dollar-Ankaufspflicht der Notenbanken mußte aufgehoben werden. Ebenso wurden die festen Wechselkurse zwischen den Währungen aufgehoben, sodaß diese nun frei am Markt schwanken ("floaten") konnten. Mit diesem Übergang zu flexiblen Wechselkursen kam auch der wahre Wert des Dollars zutage, der z.B. gegenüber der D-Mark von 4 bis auf 1,70 absank. Die Deutsche Bundesbank hatte also über Jahrzehnte hinweg den Dollar zu einem weitaus höheren Preis seines eigentlichen Wertes aufkaufen müssen.

4.1.2. Der Gold-Pool

"Die Geschichte hat abschließend gezeigt, daß eine Manipulation des freien Marktes scheitern muß; keine noch so große staatlichen Aufsicht, Regulierung oder Preismanipulation kann auf lange Sicht die Gesetze des freien Marktes ändern; der Londoner Gold-Pool stellte keine Ausnahme dar."

Philip Judge [4.8]

Doch was hat dieses Bretton-Woods-System mit einer Goldmanipulation zu tun? Bereits sehr bald waren die fehlerhaften Strukturen dieses Systems zu Tage getreten, z.B. entwickelten sich die Volkswirtschaften der einzelnen Mitgliedsstaaten nach dem Krieg sehr unterschiedlich. Trotzdem sollten deren Währungen über den Dollar in einem festen Kursverhältnis zueinander bleiben. Um das gesamte System zu stabilisieren, mußte also der Goldpreis unbedingt auf einem Wert von 35 Dollar pro Unze gehalten werden. Wäre der Preis gestiegen, wäre das zugleich das Zeichen für die Instabilität des amerikanischen Wirtschaftssystems und damit der Leitwährung Dollar gewesen. Der überhöhte Dollarkurs mußte also gestützt werden.

Die amerikanischen Goldreserven hatten Ende 1949 den höchsten Stand von ca. 21.770 Tonnen erreicht. Zum Ende des Jahres 1960 waren diese durch Dollar-Konvertierungen anderer Zentralbanken bereits auf 15.550 Tonnen gesunken und die Nachfrage nach dem gelben Metall stieg weiter stetig an, d.h. das Vertrauen in den US-Dollar nahm ab. Doch anstatt einer notwendigen Abwertung des Dollars gegenüber dem Gold zuzustimmen, entschlossen sich die Amerikaner, den Marktpreis des Goldes zu drücken, um somit das Vertrauen in den Dollar wieder herzustellen.
Daher gründete die amerikanische Zentralbank Anfang 1961 zusammen mit sieben europäischen Zentralbanken den so genannten Gold-Pool, der zum Ziel hatte, den freien Marktpreis des Goldes im Bereich der 35 Dollar zu stabilisieren. Was war geschehen? Ende 1960 zeichnete sich bereits ab, daß der junge Senator J.F. Kennedy zum Präsidenten gewählt werden könnte, sodaß viele europäische Investoren aus Angst vor einer steigenden Dollar-Inflation begannen Gold zu kaufen und dadurch der Goldpreis am freien Markt in London über die 40-Dollar Marke gekletterte.

London war seit dem Beginn des 20. Jahrhunderts der wichtigste Handelsplatz für physikalisches Gold. Das gesamte Gold des weltweit größten

Produzenten Südafrika wurde hier verkauft, ebenso Gold aus Rhodesien (dem heutige Simbabwe), Ghana und Russland. Bis 1968 wurden ca. 80% des weltweit geförderten Goldes in London gehandelt. Seit seiner Einführung im September 1919, war die tägliche Preisfestlegung des Goldpreises, 'London Gold Fix' genannt, das wichtigste Ereignis für die Händler auf der ganzen Welt. Erst 1968 wurde neben dem Vormittagsfixing auch das Nachmittagsfixing des Goldpreises eingeführt, welches mit der Eröffnung des amerikainschen Goldmarktes zusammenfällt. In den fünfziger, und den meisten der sechziger Jahre bewegte sich der Preis des Goldes nur sehr selten ausserhalb der Bandbreite zwischen 35 und 35,20 Dollar und eine tägliche Bewegung von mehr als 2 Cent machte bereits Schlagzeilen. Vor diesem Hintergrund kann man erahnen, was der Anstieg des Goldes auf über 40 Dollar pro Unze in der Finanzwelt ausgelöst haben muß.
Aus amerikanischer Sicht war es auch deshalb wichtig, daß der Londoner Goldpreis bei 35 Dollar blieb, weil die europäischen Zentralbanken in diesem Fall ihr Gold dort am freien Markt kaufen würden und nicht die höheren Kosten für Fracht und Versicherung von amerikanischem FED-Gold zu bezahlen hatten.

Das Londoner Verkaufskonsortium bestand aus den Zentralbanken der USA, Deutschland, Grossbritannien, Italien, Frankreich, Schweiz, Niederlande und Belgien. Jeder Konsorte zahlte einen gewissen Betrag an Gold in den Pool ein, mit dem die Bank of England am Markt intervenieren konnte, wenn der Preis zu steigen drohte. Mit anderen Worten: Im Falle eines steigenden Preises verkauften die Zentralbanken einfach ihr Gold auf dem Markt um die Nachfrage bedienen zu können und damit den Preis wieder sinken zu lassen. Der Plan war zudem, das so verloren gegangene Gold bei fallenden Preisen dann wieder zurückzukaufen.

Doch wie immer war auch hier der Markt im Laufe der Zeit stärker als alle Fesseln. Mitte der sechziger Jahre verkaufte der Pool kontinuierlich mehr Gold, als er in Phasen schwächerer Preise wieder zurückgewinnen konnte. Im November 1967 wurde das britische Pfund abgewertet, was einen neuen Zustrom zum Gold auslöste. Die Auslagen der Zentralbanken stiegen immer weiter an. Der Rückzug der Franzosen aus dem Gold-Pool und die gleichzeitige Forderung von Gold gegen Papier-Dollar von Charles de Gaulle, sowie der eskalierende Vietnamkrieg brachten dann das (vorläufige) Ende der Manipulationen. Die Nachfrage nach Gold war so groß, daß die Zentralbanken dem nichts mehr entgegen zu sezten hatten. Der Markt hatte gewonnen, das Bretton-Woods-System und der Gold-Pool waren gescheitert.

Sucht man heute nach der Definition des Gold-Pools, erhält man z.B. die folgende Auskunft:

> "Repräsentanten von sieben Ländern, die ohne Erfolg zwischen 1961 und 1968 versuchten, den Goldpreis bei 35 Dollar je Unze zu stabilisieren." [4.9]

In der Folge wurde ein zweigeteilter Goldpreis eingeführt ('Two-tier Market'): Die Zentralbanken handelten Gold untereinander noch immer zum Preis von 35,20 Dollar je Unze, während der freie Markt seinen eigenen Preis finden durfte. Selbiger stieg dann auch bis Anfang der achtziger Jahren bekanntlich bis auf 850 Dollar an (2400% Kursgewinn). Inflationsbereinigt entspricht dies heute einem Wert von rund 2000 Dollar je Unze. Der Gold-Pool hatte allen Beteiligten mehrere Milliarden Dollar gekostet und die Bank von England gewann danach nie mehr ihre Position und Reputation zurück. Ein Londoner Goldhändler soll gesagt haben, daß die Bank von England nicht mehr 'Herr im Haus' sei, sondern nur noch eine Poststation oder ein Lagerhaus, in dem Gold aufbewahrt wird, bis es auf den Markt kommt [4.10].
Die Amerikaner hatten 1971 von ihren 21.770 Tonnen Gold von Ende 1949 nur noch 9.070 Tonnen übrig, ein Einbruch von 58 Prozent [4.11]. Zürich wurde zum größten Goldhandelsplatz der Welt.

Der im Zuge der Einführung des Bretton-Woods-Systems gegründete Internationale Währungsfonds IWF, wie auch die Weltbank suchten und fanden nach dem Ende des Systems neue Betätigungsfelder. Die bürokratischen Pöstchen blieben selbstredend erhalten.

Die Weltwährungsreserven schoßen also seit dem Ende von Bretton-Woods Anfang der siebziger Jahre dramatisch in die Höhe, die Weltwirtschaft wurde und wird mit Papiergeld regelrecht zugeschüttet.

Aus dem Monatsbericht August 2005 der Deutschen Bundesbank [4.12] kann man die Weltwährungsreserven zum Stand Mitte 2005 zu 3700 Milliarden Dollar entnehmen. D.h. in den zweieinhalb Jahren von Ende 2002 bis Mitte 2005 stiegen die Weltwährungsreserven um weitere 55 Prozent an.

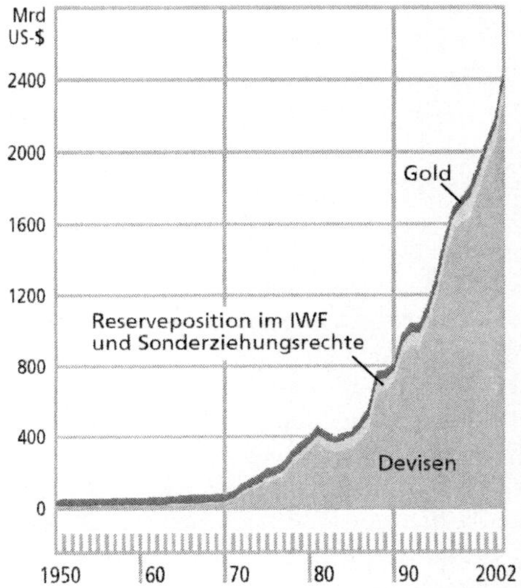

Abbildung 4.1.: Höhe und Struktur der Weltwährungsreserven 2002
Quelle: Deutsche Bundesbank [4.13]

Interessanterweise werden mehr als 70 Prozent dieser Währungsreserven von 3700 Milliarden Dollar von asiatischen oder sonstigen Schwellenländern gehalten. Unter diesen halten Japan mit 840 [4.14] und China mit 610 Milliarden Dollar [4.15] die größten Positionen. Diese Länder stützten den Dollar nicht, weil sie die USA lieben, sondern um ihre Wirtschaften und ihre Währungen gegenüber dem amerikanischen Markt konkurrenzfähig zu halten. Würde der Dollar fallen, würden asiatische Importe für Amerika teurer und damit weniger nachgefragt. Nur: Dieses immer größer werdende Ungleichgewicht (riesige Reserven auf der einen, Handelsbilanzdefizite auf der anderen Seite) kann nicht für immer bestehen bleiben, sondern muß eines Tages eine Auflösung finden.
Würden nur Japan und China beschließen, wie die Europäer 15% ihrer Währungsreserven in Gold halten zu wollen, müßten sie 14.400 Tonnen des Edelmetalles kaufen (Annahme: Gold 470 Dollar je Unze). Diese absurde Zahl (ca. 6 Jahresproduktionen) zeigt, wie unterbewertet und billig Gold im Vergleich zu Papierwährungen derzeit gehandelt wird.

4.1.3. Die 1970-er

Die siebziger Jahre waren anschließend geprägt durch den Ölschock und stark steigende Inflationen, sodaß die Nachfrage nach dem sicheren Hafen Gold immer weiter stieg.
Im Jahr 1975 starteten die USA zusammen mit dem IWF neue Angriffe gegen den Goldmarkt, a) um die Bürger zu überzeugen, daß Papierwährungen besser sind als Gold und b) um sicherzustellen, daß die Geldschöpfung von Fiat-Money weiter gehen konnte. Im Januar 1975 wurden 62 Tonnen Zentralbank-Gold versteigert, im Juni weitere 15 Tonnen.
Im August 1975 beschlossen die G10-Staaten (USA, Japan, Frankreich, Großbritannien, Deutschland, Italien, Kanada, Belgien, Niederlande, Schweden, seit 1983 auch die Schweiz) ihre Goldreserven nicht wieder aufzustocken, d.h. nicht als Käufer am Markt aufzutreten. Mehr noch, die Goldreserven des IWF sollten und wurden bis 1980 um 1550 Tonnen abgebaut. Dennoch besitzt der IWF noch heute nach offiziellen Zahlen mit ca. 3200 Tonnen die drittgrößten Goldreserven, nach den USA mit 8100 Tonnen und Deutschland mit 3400 Tonnen.

Der Anstieg des Goldpreises, der schließlich bis auf 850 Dollar pro Unze führen sollte, wurde sicherlich auch durch die Silber-Spekulation der Gebrüder Hunt unterstützt, die durch das Öl-Geschäft zu Milliarden gekommen waren. Sie begannen 1973 im grossen Stiel physisches Silber aufzukaufen, um so den Markt in ein primäres Angebotsdefizit zu bringen. Bis 1980 stieg der Preis des Silbers denn auch bis auf 50 Dollar pro Unze an, was den Preisanstieg des Goldes unterstützte.

Weiterhin begann in den siebziger Jahren das große Geschäft mit Futures und Optionen für nicht-landwirtschaftliche Rohstoffe, die der Finanzbranche neue lukrative Gewinne bescherten. Da nach dem Ende des Bretton-Woods-System die Währungen frei schwanken konnten, kamen Wirtschaftsteilnehmer mit langfristigen Verpflichtungen immer mehr in Schwierigkeiten, diese einhalten zu können.

> "Mit einer Volatilität der Devisenmärkte von bis zu 50% in einem Jahr in den Wechselkursen zeichneten sich plötzlich für jeden Exporteur und Importeur ernsthafte Existenzrisiken ab. Aufgrund der Währungsfluktuationen liefen sie jetzt Gefahr zu verlieren, was sie durch ihre Produktion verdienen wollten. Dadurch entstand ein enormer Bedarf an Währungsabsicherung." [4.16]

Diese Hedge-Geschäfte (engl. to hedge = sich nicht festlegen, absichern) waren also zu Beginn lediglich eine Absicherung für laufende Geschäfte, mutierten aber bald zu einer Quelle der Spekulationen. So wurde an der *New Yorker Commodity Exchange* (COMEX) zum 31.12.1974 der Handel mit Gold-Future-Kontrakten eingeführt. Man spricht bei diesen Geschäften auch vom 'Papier-Gold', da die meisten Kontrakte an der Comex durch gleich hohe Gegenkontrakte ausgeglichen werden, nicht jedoch durch physikalische Lieferungen. Ein einfaches Beispiel sieht wie folgt aus:

Bank A verkauft 10 Tonnen Gold zu 220 Dollar pro Unze (ohne diese überhaupt besitzen zu müssen) indem sie einen Verkaufskontrakt abschließt (man sagt auch, sie 'verkauft leer'). Sinkt nun der Preis des Goldes auf 200 Dollar pro Unze, kauft Bank A die 10 Tonnen Gold als Kaufkontrakt zurück und hat unterm Strich 20 Prozent Gewinn, da das Gold für 200 Dollar gekauft, jedoch für 220 Dollar je Unze verkauft wurde. Wenn hingegen der Goldpreis steigt, macht Bank A einen entsprechenden Verlust.

> "Der traditionelle physische Goldhandel mußte (...) umlernen und akzeptieren, daß das umsatzmäßige Übergewicht der Futures und Optionen den Goldpreis über kürzere oder längere Strecken zu bestimmen vermag, selbst wenn es aus der Sicht des physischen Marktes kaum gerechtfertigt erscheint." [4.17]

Sie ahnen nun vielleicht schon, warum der Goldpreis nach dem Hoch von 850 Dollar pro Unze bis auf 260 Dollar Ende der Neunziger-Jahre absank: Die Politiker wollten keinen hohen Goldpreis, um ihr ungedecktes Papiergeldsystem nicht zu gefährden und die Banken, weil sie damit ohne großes Risiko glänzende Gewinne erwirtschaften konnten. Mit anderen Worten: Politiker, Zentral- und Geschäftsbanken saßen und sitzen im selben Boot und ruderten vereint in die gleiche Richtung, nämlich der des Unterganges von Gold.

Daß die steigende Größe des Derivate-Marktes tatsächlich einen negativen Einfluss auf den Goldpreis in den neunziger Jahren hatte, wurde 2001 von Anthony Neuberger von der London Business School in einer Studie für den World Gold Council belegt:

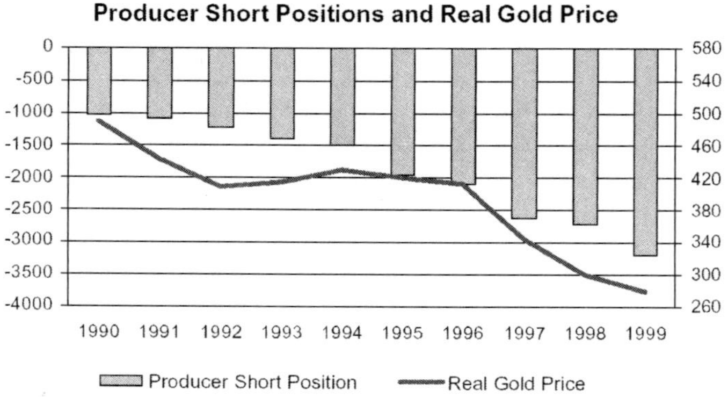

Abbildung 4.2.: Inflationsbereinigter Goldpreis und Short-Positionen der Goldproduzenten. Quelle: Anthony Neuberger: "Gold Derivatives: The market impact" [4.18]

Je höher die Produzenten ihr noch unproduziertes Gold auf Termin leer verkauften, um so tiefer fiel der Preis.

Wie wichtig und manipulativ diese Future-Märkte in der Tat für die Preisfindung des Goldes sind, kann man erahnen, wenn man bedenkt, daß das Volumen der Gold-Kontrakte von 1974 bis Ende der neunziger Jahre von 23,2 Tonnen um mehr als das 8600-fache, auf 200.100 Tonnen anstieg [4.16]. Mittlerweile gibt es Goldfuture-Märkte auf der ganzen Welt, sodaß diese 24 Stunden am Tag gehandelt werden können. Da das Zentrum des physischen Handels in Europa liegt (Zürich und London), ergibt sich daraus eine natürliche Zeitversetzung des Schwerpunktes im Handel mit physischem Gold und mit Papiergold.

Es fällt auf und wurde statistisch bewiesen, daß der Future-Markt diese Zeitversetzung immer in der Art ausnützt, daß der Preis durch Leerverkäufe gedrückt wird, sobald die Märkte in Europa geschlossen haben.

Michael Bolser kommt in einer Studie, die den Zeitraum von 1985 bis 2002 umfasst, zu dem Ergebnis, daß die von ihm so genannten Präventiv-Verkäufe (d.h. Verkäufe zur Drückung des Preises) in den letzten Jahren erheblich zugenommen haben. Im Vergleich zum physischen Goldmarkt in London, weisen die Verkaufsereignisse an der COMEX ein anormales Verhaltensmuster auf.

> "Somit unterscheiden sich beide Goldmärkte qualitativ und quantitativ voneinander, wobei die COMEX einen überproportionalen Einfluss auf den Preisbildungsprozess ausübt und ihn zu bestimmen vermag. Dies ist seit 1998 verstärkt der Fall." [4.19, 4.20]

James Feller untersuchte den Zeitraum von 1986 bis 1998 und kam zu ähnlichen Ergebnissen:

> "Das Handelsvolumen (...) ist unnormal. Die Beweise die hier präsentiert wurden zeigen, daß auf steigende Preise Handelstage mit abnormal hohem Handelsvolumen folgen, und nicht umgekehrt. Daher ist der Goldmarkt an der COMEX nicht effizient." [4.21]

Dimitri Speck untersuchte auf empirischem Wege Intraday-Charts und kam zu folgenden Ergebnissen:

> "In Europa scherzen Beobachter des Goldmarktes 'Good Morning America!' oder 'Man kann die Uhr danach stellen'. Was passiert, wenn New York aufwacht? Meistens fällt der Goldpreis. Eine Manipulation des Preises verursacht dieses Intradaypreismuster. Diese Interventionen werden von Amerika aus geleitet. Deshalb fällt der Preis so häufig, wenn in New York der Handel beginnt." [4.22]

Der Autor verwendet bei seinen Berechnungen die Kursverläufe von einzelnen Tagen (sog. Intraday-Charts) und bildet daraus längerfristige Durchschnitte, um damit evtl. bestimmte wiederkehrende Muster von Kursbewegungen sichtbar zu machen. In diesen durchschnittlichen Intray-Day-Verläufen erkennt man dann auch in der Tat, daß in der Handelszeit der New Yorker COMEX der Goldpreis deutlich niedriger ist als zu den restlichen Handelszeiten. Speziell zu den psychologisch wichtigen Zeiten, d.h. zu den Preisfixierungen in London und dem Tagesschlußkurs sind deutliche Preisrückgänge zu erkennen [4.23].

Ferdinand Lips wiederum mahnt folgendes an:

> "Wie war es möglich, daß über einen Zeitraum von Monaten, wenn nicht sogar Jahre, der Goldpreis in New York niedriger schließt als das zeitlich vorangegangene Londonder Fixing? Es war ein tagtäglicher Aspekt der Goldpreismanipulation, daß in New York Verkäufe in der letzten Stunde und Minuten des Handels regelmäßig jeden vorangegangenen Preisanstieg in Übersee zunichte machten. Wie ist es möglich, daß die New Yorker Gold-Händler auf diese Weise Tag für Tag die Londoner Gold-Häuser regelrecht lächerlich machen konnten? Wann wird New Yorks Kontrolle über den Goldpreis aufhören?" [4.24]

Wie gefährlich das Derivate-Geschäft mittlerweile geworden ist, zeigt der Konkurs des amerikanischen Hedge-Fonds Long Term Capital Management (LTCM) im Jahr 1998. Dieser hatte mit einem aktiven Eigenkapital von nur 4 Milliarden Dollar am Ende Finanzderivate über 100 Milliarden Dollar unter Verwaltung (d.h. 96 Milliarden Fremdkapital, sprich Verbindlichkeiten). Als die russische Regierung am 17.08.1998 den Rubel abwertete, verlor der Fonds innerhalb weniger Tage 3,4 Milliarden Dollar an Eigenkapital, sodaß Nachschußverpflichtungen fällig wurden. Überdies war LTCM mit ungefähr 400 Tonnen Gold (ca. 16% einer Jahresproduktion) short, d.h. hatte auf einen fallenden Goldpreis spekuliert. Diese Goldgeschäfte wurden zwar von LTCM offiziell stets geleugnet, gehen jedoch aus verschiedenen Quellen hervor. Jeff Stanley, Gold-Analyst sagte z.B.:

> "Wir haben erfahren, das LTCM 400 Tonnen short ist." [4.25]

Ebenso berichtete der Anwalt Reginald Howe, der im Jahr 2000 eine Klage gegen Alan Greenspan und verschiedene Banken eingereicht hatte (siehe Fußnote [4.2]):

> "Neue vertrauliche Informationen aus einer höchst verläßlichen Quelle bestätigen die Gerüchte, daß LTCM zum Zeitpunkt ihres Bankrotts eine große Menge Gold short waren (300 bis 400 Tonnen wurden am häufigsten genannt) und daß diese Position irgendwie außerhalb des Marktes wieder glatt gestellt wurde. Die Quelle berichtete ebenso, daß diese Gold Short-Position der Hauptgrund für die Rettung des Fonds war und daß den LTCM-

> Managern Straffreiheit zugesichert wurde, wenn sie über diese Vorgänge Stillschweigen bewahren würden." [4.26]

Die Rettung sah am Ende so aus, daß die Federal Reserve unter Alan Greenspan und die betroffenen Gläubigerbanken ein 3,5 Milliarden Dollar Paket schnüren mußten, um einen Domino-Effekt im gesamten Finanzsystem zu verhindern.
Wenn man bedenkt, welche Aktivitäten auf höchsten Ebenen eine "relativ geringe" 400 Tonnen Short Position an Gold auszulösen vermochten, so kann einem Angst und Bange werden. Denn heutzutage werden *täglich* ca. 800 bis 1000 Tonnen Papier-Gold gehandelt [4.27] und die kommerziellen Händler sind regelmäßig bis zu 600 Tonnen auf der Verkäufer-Seite [4.28].

Im dritten Quartal 2005 betrug allein der amerikanische Derivate-Markt nahezu 100 Billionen Dollar (eine eins mit 14 Nullen), wobei die fünf größten Banken (JPMorgan Chase, Bank of America, Citibank, Wachovia, HSBC) 96% dieser Summe hielten.
Nach dem Bericht der "Comptroller of the currency" riskieren vier dieser fünf genannten Banken mehr als ihr gesamtes Eigenkapital in Derivategeschäften [4.58]:

JPMorgan Chase:	657,7 %
Bank of America:	174,7 %
Citibank:	345,6 %
Wachovia:	76,8 %
HSBC Bank USA:	461,9 %

Mit anderen Worten: Für jeden Dollar Eigenkapital riskiert z.B. JP Morgan 6,6 Dollar im Derivatemarkt. Ein Verlust von 15 % aus diesen Geschäften würde demnach bereits ausreichen, um die Bank in die Insolvenz zu treiben. Das Orakel von Ohmaha, Investor-Legende Warren Buffett bezeichnet Derivate nicht umsonst als "Massenvernichtungswaffen und Zeitbomben für den Finanzsektor".

4.1.3. Goldleihe der Zentralbanken

"Wie vieles in der Politik und sogar in der Geldpolitik ist auch die Goldpreismanipulation Bestandteil der menschlichen Neigung zu kurzsichtigen Lösungen."

Dimitri Speck [4.29]

Wie wir zuvor gehört haben, wurde seitens der Politik und der Banken alles unternommen, um das Gold schlecht zu reden und aus dem Bewußtsein der Bevölkerung zu streichen. Seit dem Beginn der achtziger Jahre wurde zunehmend das Argument bemüht, daß das seit dem Ende des Bretton-Wood-Systems 1971 nutzlos umherliegende Gold ja keinerlei Ertrag erwirtschaften würde, sprich keine Zinsen abwerfe. Im Gegenteil, die Tresoranlagen und deren Bewachung würden nur Geld kosten.
Kreative Banker kamen also auf die Idee, dass die Zentralbanken ihr Gold gegen eine Leihgebühr verleihen sollten. Diese Geschäfte sahen folgendermaßen aus:
Die Zentralbanken verliehen ihre 'unwirtschaftlichen' Goldbestände gegen einen niedrigen Zinssatz von typischerweise zwischen 1% und 2% pro Jahr (der so genannten 'Gold leasing rate') an Geschäftsbanken. Im dritten Kapitel haben wir gesehen, daß der Zins immer eine Inflationskomponente enthält (Abbildung 3.1). Da Gold nicht, wie ungedecktes Papiergeld, beliebig vermehrt werden kann, ist dieser Anteil beim Goldzins sehr gering bzw. null. Daher ist wohl auch der Zinssatz so gering, mit dem sich die Zentralbanken zufrieden geben.
Die Geschäftsbanken wiederum verkauften dann das geliehene Gold sofort auf dem Markt und verliehen die so gewonnenen Mittel an Minenunternehmen zu einem Zinssatz von ca. 3% bis 4%. Die Minen wiederum verpflichteten sich, diese Kredite als bzw. in Gold zurück an die Banken zu liefern, sodaß diese theoretisch das geliehene Gold wieder an die Zentralbanken liefern könnten. Mit anderen Worten: Die Goldproduzenten verkauften ihr zukünftiges, noch zu produzierendes Gold zu einem fest vereinbarten Betrag vorab auf Termin.
Diese Goldleih-Geschäfte hatten also für jeden Teilnehmer scheinbar einen positiven Effekt: Die Zentralbanken konnten durch das Verleihen einen zusätzlichen Ertrag für ihr Gold erwirtschaften, die vermittelnden Geschäftsbanken hatten ihre Provision aus der Zinsdifferenz und die Minen kamen an günstige Kredite und konnten gleichzeitig ihre Produktion gegen fallende Goldpreise absichern.

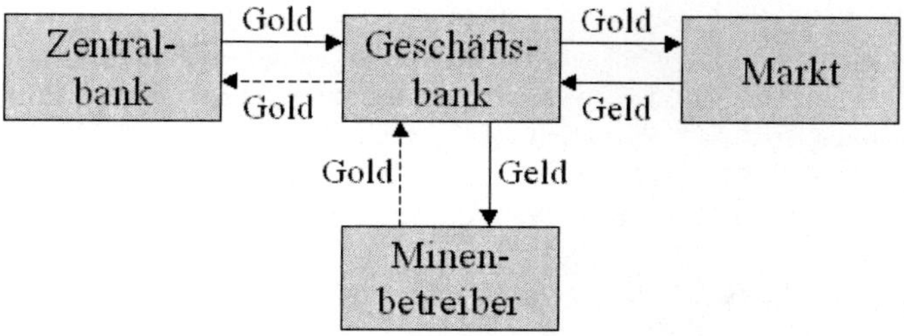

Abbildung 4.3.: Prinzip des Goldleihgeschäftes, durchgezogene Pfeile repräsentieren die Eröffnung einer Position, gestrichelte Pfeile deren Einlösung (nach Dimitri Speck [4.29])

Es gab Minen, die so bis zu sieben Jahresproduktionen auf Termin vorwärts verkauft hatten. Was zunächst anscheinend niemand realisierte, war jedoch der dadurch entstandene Automatismus sinkender Goldpreise. Das verliehe Gold wurden von den Geschäftsbanken ja immer sofort am Markt physisch verkauft und wirkte sich somit positiv auf das Angebot aus, welches die Preise nach dem Gesetz von Angebot und Nachfrage sinken ließ. Die Reserven der Zentralbanken wurden also immer weniger wert und sie bekamen demzufolge auch immer weniger Zinsen.

Die Minen wiederum wurden durch die billigen Kredite dazu verführt, Minenprojekte niedriger Rentabilität zu starten, die sie sonst wohl nie gewagt hätten. Der sinkende Goldpreis brachte diese Firmen dann jedoch immer weiter an oder in den wirtschaftlichen Abgrund, sodaß sie ihre höherwertigen Erze abbauen mußten, um überleben zu können. D.h. die besten Minen wurden in einem Marktumfeld sinkender Preise ausgebeutet. Die Lebenszeit der Minen verkürzte sich und die Exploration neuer Vorkommen kam fast vollständig zum Erliegen [4.30].
Weiterhin erbrachte der nicht gehedgte-Teil der Produktion (d.h. der Teil, der nicht vorab auf Termin bereits verkauft worden war) logischerweise einen niedrigeren Erlös für das Unternehmen.
Durch das Hedgen sägten also die Minen am Ast auf dem sie selbst saßen. Daher ist es auch wichtig, falls sie an einem Investment in Minen-aktien interessiert sind, nur Anteile an ungehedgten Minenunternehmen zu erwerben. Die 16 größten ungehedgten Minenunternehmen sind im so genannten HUI-Index zusammengefasst. Dieser Index stieg seit 2000 um ein Vielfaches höher, als der Index der gehedgten Unternehmen, dem so genannten XAU-Index.

Überdies hinaus gingen (und gehen!) die Zentralbanken ein sehr hohes Risiko ein, ihr verliehenes Gold nie wieder zu sehen.
Das amerikanische Gold Anti-Trust Action Committee (GATA) unter ihrem Vorsitzenden Bill Murphy sammelt seit Jahren Beweise für die Goldleih-Geschäfte und Manipulationen der Zentralbanken. In einer Rede am 9.8.2005 auf der Gold Rush 21 Konferenz in Kanada, sagte Bill Murphy:

> "Der Grund warum der Goldpreis pro Unze hunderte Dollars niedriger ist als er sein sollte, ist, weil das Gold Kartell heimlich mehr als 16.000 Tonnen Gold aus den Schatzkammern der Zentralbanken verliehen hat, um den Preis nicht steigen zu lassen. Dies bedeutet, daß die Zentralbanken (in Wirklichkeit) weniger als die Hälfte des Goldes haben, das sie angeben zu haben. Die gesamten Goldausleihen und Goldverkäufe der Zentralbanken könnte heute bereits 20.000 Tonnen betragen." [4.31]

Die von Murphy zuletzt genannte Zahl von 20.000 Tonnen entspricht der kompletten Neuproduktion von Gold von ungefähr acht Jahren. Sie bedeutet weiterhin, daß die Zentralbanken ca. zwei Drittel ihres Goldes bereits verloren haben könnten. Ferdinand Lips äußerte sich in einer Rede im Jahr 2004 zur Frage, wie lange die Zentralbanken den Preis des Goldes noch unten halten können wie folgt:

> "Ich glaube nicht mehr sehr lange. Warum? Weil sie nicht mehr genügend Gold besitzen. Der amerikanische Analyst Frank Veneroso schätzt, daß die Zentralbanken ungefähr zwischen 10,000 und 16,000 Tonnen verliehen haben. D.h. ein Drittel bis die Hälfte ihres Goldes ist weg und vermutlich für immer. Es sei denn, sie beginnen wieder, Gold zu kaufen." [4.32] (Anmerkung: Die von Lips genannten Zahlen des Analysten Frank Veneroso bezogen sich auf das Jahr 1998; d. Verf.)

Daß die Zentralbanken in der Tat ein gemeinsames Kartell der Preismanipulation durch Verkäufe und Ausleihungen gegründet haben, ist z.B. auf der Homepage der Deutschen Bundesbank in einer auffallend knappen Presseerklärung vom 8. März 2004 nachzulesen.

> "Die von den unterzeichnenden Institutionen bereits beschlossenen und noch zu beschließenden Goldverkäufe werden innerhalb eines Zeitraums von fünf Jahren (...) im Rahmen eines abgestimmten Programms getätigt. Die jährlichen Verkäufe werden 500 Tonnen

> nicht übersteigen; das gesamte Verkaufsvolumen in diesem Zeitraum wird nicht über 2500 Tonnen hinausgehen. Die Unterzeichner haben für diesen Zeitraum vereinbart, daß das Gesamtvolumen ihrer Goldleihgeschäfte und der Einsatz von Goldfutures und -optionen insgesamt das bei Unterzeichnung der vorherigen Vereinbarung (gemeint ist das Washingtoner Agreement vom September 1999; d. Verf.) vorherrschende Volumen nicht übersteigen wird." [4.33]

Die 15 unterzeichnenden Zentralbanken, sowie deren offizielle Goldbestände in Tonnen sind [4.33]:

Europäische Zentralbank	766,9
Banca d'Italia	2451,8
Banco de España	523,3
Banco de Portugal	462,3
Bank von Griechenland	107,7
Banque centrale du Luxembourg	2,3
Banque de France	2977,8
Banque Nationale de Belgique	257,8
Central Bank of Ireland	5,5
De Nederlandsche Bank	767,5
Deutsche Bundesbank	3433,2
Österreichische Nationalbank	307,5
Suomen Pankki – Finlands Bank	49,1
Schweizerische Nationalbank	1332,1
Sveriges Riksbank (Schweden)	170,4

Insgesamt besitzen die unterzeichnenden Zentralbanken offiziell also noch ca. 13.600 Tonnen. Verglichen mit den offiziellen Beständen von 1980 von 14760 Tonnen, bedeutet dies einen offiziellen Verlust von nur 8 Prozent. Diese Zahl steht in krassem Missverhältnis zu den Erkenntnissen von Bill Murphy, Frank Veneroso, Chris Powell, Reginald Howe, James Turk und anderen, die über verschiedene Wege alle zum ungefähr gleichen Ergebnis kommen, nämlich dem, daß die Zentralbanken wie zuvor erwähnt, bereits mehr als 20.000 Tonnen ihrer offiziellen Reserven verloren haben. Genau weiß dies allerdings niemand, da es keine Zentralbank zuläßt, ihre Goldbilanz durch öffentliche Audits kontrollieren zu lassen. Allein dies ist ein Skandal und Betrug an den betroffenen Völkern, denen dieser Volksschatz gehört und von denen er schließlich auch erarbeitet wurde.

Wie es Politikern ergeht, die es wagen, Licht in dieses Dunkel bringen zu wollen, zeigte in Deutschland erst kürzlich der Fall Martin Hohmann. Er stellte im August 2002 einige Fragen an die Parlamentarische Staatssekretärin im Bundesfinanzministerium, Dr. Barbara Hendricks. Diese antwortete am 22. August 2002 auf die Frage, wieviel Tonnen deutsches Gold verliehen sind:

> "Von diesem Gesamtbestand (gemeint sind die offiziellen Bestände von ca. 3440 Tonnen; d. Verf.) wird ein sehr geringer Teil im einstelligen Prozentbereich im Goldleihegeschäft eingesetzt. Das genaue Volumen kann von der Deutschen Bundesbank aus geschäftspolitischen Gründen nicht veröffentlicht werden."

Auf seine zweite Frage, wo das deutsche Gold gelagert wird, erhielt Herr Hohmann folgende Antwort:

> "Die Deutsche Bundesbank hält einen großen Teil ihrer Goldbestände in eigenen Tresoren im Inland. Sie läßt allerdings auch Goldbestände an wichtigen Goldhandelsplätzen wie z.B. London von den dort ansässigen Zentralbanken, z.B. die Bank of England, verwahren. Dies hat sich historisch und marktbedingt so ergeben, weil die Deutsche Bundesbank das Gold an diesen Handelsplätzen übertragen bekam. Es macht aber auch aus betriebswirtschaftlichen Gründen Sinn, solange die Lagerung dort kostengünstiger ist als der Transport nach Deutschland und der Bau zusätzlicher Tresoranlagen." [4.34, Seiten 12 und 13]

Bruno Bandulet schrieb in der Ausgabe April 2003 seines "Gold & Money Intelligence" Magazines dazu folgende Kommentare:

> "Warum sollte es der Geschäftspolitik der Bundesbank schaden, wenn sie diese Angaben macht? Nicht nur das: würde die Bundesbank ebenso sorgfältig bilanzieren wie jede normale Aktiengesellschaft, dann müßte sie selbstverständlich zwischen Gold als Eigentum und Goldforderungen unterscheiden und dies auch korrekt publizieren." [4.35]

Er fährt fort mit der interessanten Erkenntnis, daß die Bundesbank in ihrer Bilanz zum 31.12.1998 an erster Stelle der Aktiva noch "Gold" im Gegenwert von 17,1 Milliarden DM nennt. Dies waren 3701 Tonnen, die zum damaligen Anschaffungspreis von 144 DM pro Unze bewertet wurden.

In der Bilanz zum 31.12.2001 hingegen findet man die Position "Gold und Goldforderungen" an erster Stelle der Aktiva. D.h. zwei Positionen, die nichts miteinander gemeinsam haben, werden zusammen gewürfelt. Hierzu Bruno Bandulet:

> "Hier werden zwei Positionen, die nicht im geringsten identisch sind, miteinander vermengt. Keine Aktiengesellschaft würde mit diesem Trick durchkommen. Denn Goldforderungen haben eine ganz andere Qualität als Goldeigentum. Manchmal sogar bekommt man das verliehene Gold nicht zurück. Genau dies wiederfuhr vor vielen Jahren den Notenbanken Portugals und Polens, als deren Vertragspartner, das US-Haus Drexel, in Konkurs ging. Der Verdacht liegt nahe, daß die Bundesbank mit dieser seltsamen Bilanzierungsmethode etwas verbergen will. Aber was? Erstens die Höhe der Ausleihungen, zweitens den Zeitpunkt. Wenn man beides wüßte, könnte man Rückschlüsse darauf ziehen, ob sich die Bundesbank an einem amerikanischen Komplott beteiligt hat: an dem Komplott, den Goldpreis tief zu halten, indem der Markt jahrelang mit Leihgold überschwemmt wurde." [4.35]

Was den Lagerort des deutschen Goldes betrifft, sind sich alle Insider einig, daß die Antwort aus dem Finanzministerium schlicht falsch ist. Der allergrößte Teil dieses Goldes liegt in den USA, im Keller der New Yorker FED. Offiziell wurden zum Lagerort des Goldes jedoch nie definitive Angaben gemacht. David Marsh, der von 1986 bis 1991 Deutschland-Korrespondent der Financial Times war und in dieser Eigenschaft stets eine Vorzugsbehandlung erfuhr [4.35], veröffentlichte jedoch 1992 in seinem Buch "Die Bundesbank - Geschäfte mit der Macht" auf Seite 82 folgendes:

> "Unter den führenden Zentralbanken mit Goldbesitz ist die Bundesbank die einzige, die nur einen kleinen Teil ihrer Goldbarren auf eigenem Gelände aufbewahrt. In den Tresorräumen in Frankfurt liegen nur etwa 80 Tonnen, d.h. knapp über 2% des Gesamtgoldes. Der Rest ist auf die Tresore anderer Zentralbanken, der Federal Reserve Bank in New York, der Bank of England und zu einem kleineren Teil auch der Banque de France verteilt." [4.36]

Warum nur ist die Deutsche Bundesbank die einzige, die ihr Gold nicht im eigenen Zugriffsbereich lagert? Warum schicken wir kein Kriegsschiff nach New York, wie es die Franzosen Ende der sechziger Jahre taten, um unser Gold abzuholen? David Marsh weiter in seinem Buch:

> "Im Interesse guter Beziehungen zur internationalen Finanzwelt werden die großen Mengen von Goldbarren wahrscheinlich bleiben, wo sie sind." [4.36]

Dazu wiederum Bruno Bandulet:

> "Ein exzellenter Kenner der Verhältnisse und früheres Mitglied der Bundesregierung meinte gegenüber G&M (gemeint ist das Gold & Money Intelligence Magazin; d. Verf.): 'Die Amerikaner betrachten das deutsche Gold als eine Art Pfand.' Er hätte auch sagen können: als eine Art Geisel für deutsches Wohlverhalten." [4.35]

Man mag es sich nicht vorstellen, und Gott bewahre uns vor diesem Szenario, doch seit dem 11. September 2001 scheint alles möglich: Würde eine Atombombe auf New York fallen, würde Deutschland mit einem einzigen Schlag fast seines kompletten Goldbestandes beraubt sein: Es wäre wahrscheinlich pulverisiert, oder im schlimmeren Fall vielleicht sogar 'atomisiert'. Bruno Bandulet fragt somit zurecht:

> "Würde ein sicherheitsbewußter Privatinvestor sein Gold in New York lagern, wo es doch genug Alternativen dazu gibt? Mit Sicherheit nicht. Warum tut es dann die Bundesbank?" [4.35]

Doch zurück zu Martin Hohmann. Uns ist allen noch in Erinnerung mit welcher Medienkampagne er aus der CDU und aus allen Ämtern gejagt wurde. Eine Warnung für alle übrigen Parlamentarier, keine "unnötigen", will heißen unbequemen Fragen ans Finanzministerium zu richten?

Über die Goldleih-Geschäfte der Zentralbanken und das Verhalten der Deutschen Bundesbank im Speziellen, gäbe es sicherlich noch viel zu berichten. Die hier aufgeführten Berichte und Quellen sollten einen ersten Eindruck geben und sie ermutigen, weitere Nachforschungen zu betreiben. Sie zeigen jedoch klar, daß seit Jahrzehnten Zentralbank-Gold deswegen verantwortungslos unter Wert verscherbelt wird, weil der Preis des Goldes nicht steigen darf.

Das Problem für die Zentralbanken ist jedoch klar: Das ausgeliehene Gold wird sehr wahrscheinlich nie wieder seinen Weg in die Tresore der Verleiher finden. Da es von den Geschäftsbanken am Markt verkauft wurde, hängt es heute weltweit am Hals und an den Ohren schöner Frauen.

Drei Hauptgründe sprechen für diese Annahme. Erstens: Das hohe strukturelle Defizit des Goldmarktes (der jährliche Bedarf von ca. 4000 Tonnen übersteigt das Angebot von 2500 Tonnen bei weitem. Ein Punkt, auf den wir später noch eingehen werden). Zweitens: Die prognostizierte Minenproduktion wird in den kommenden Jahren zurück gehen. Und Drittens, der wichtigste Punkt: Den Zentralbanken geht offensichtlich seit 2001 die Munition für weitere Preismanipulationen aus.

Sieht man sich den Kursverlauf des Goldes an, so kann man diese These wie folgt belegen.

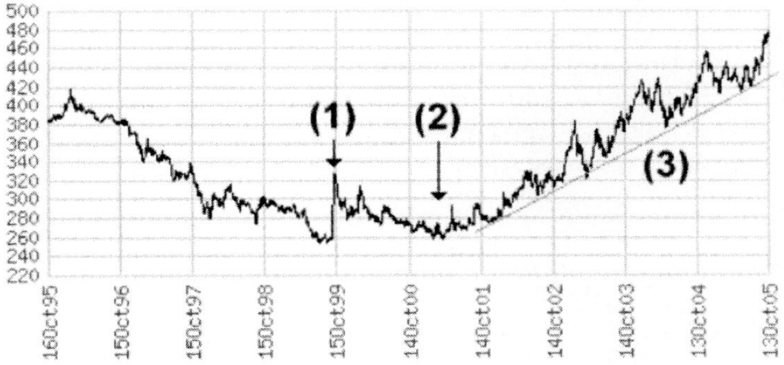

Abbildung 4.4.: Goldpreis von 1995 - 2005 in US-Dollar.
Quelle: www.kitco.com

Nachdem die 15 führenden Zentralbanken im September 1999 das Washingtoner Abkommen zur Begrenzung ihrer Verkäufe und Verleihungen beschlossen hatten, schoß der Goldpreis innerhalb weniger Tage von 260 auf 330 Dollar in die Höhe (+ 27 Prozent, Punkt 1 in Abbildung 4.4). In den folgenden Monaten schaffte es das Goldkartell zwar den Preis wieder auf 260 Dollar pro Unze zu drücken (Punkt 2 in der Abbildung), in der Folge jedoch stieg der Goldpreis dann wieder kontinuierlich an. Nur wenn der Goldpreis zu stark anstieg, fallen scharfe Kursrückgänge auf. Die Euphorie am Markt darf wohl nicht zu gross werden und es scheint, als daß sich die Golddrücker aufgrund schwindender Munitionsbestände darauf einigen mußten, den Goldpreis kontrolliert steigen zu lassen. Wenn die Welt wüßte, dass Fort Knox leer wäre ...
Chris Powell von GATA merkte dazu auf einer Konferenz im August 2005 in Kanada an:

> "Der Beweis des Goldpreises, der trotz der ständigen Verkäufe oder Ankündigungen von Verkäufen der Zentralbanken beständig steigt, legt nahe, dass die Zentralbanken versuchen einen kontrollierten Rückzug mit Gold durchzuführen. Die Zunahme an offizieller Anti-Gold-Propaganda unterstützt die Vermutung, daß den Zentralbanken die goldene Munition ausgeht." [4.37]

Wenn sie also das nächste mal von einer Zentralbank hören, die ihre "überflüssigen" Goldreserven verkaufen will (oder dies unter Druck der USA tun oder ankündigen muß), dann freuen sie sich an dieser Ankündigung! Der Goldpreis wird vielleicht etwas fallen, sodaß sie günstiger nachkaufen können und sie wissen, daß den Zentralbanken das Wasser immer weiter bis zum Hals steht.
Die geheime Übereinkunft der Zentralbanken könnte übrigens so aussehen, daß dem Goldpreis erlaubt wird, um 20 Dollar pro Jahr und pro Unze zu steigen. Denn genau diesen Wert hat die Steigung der Unterstützungslinie, die in Abbildung 4.4 unter Punkt 3 eingezeichnet ist.

4.1.4. Gold-Carry-Trade

"Das leise Tod des Gold-Carry Trades ist eine außerordentlich positive Entwicklung für Gold-Investoren rund um den Globus."

Adam Hamilton [4.38]

Aufgrund der wirtschaftlichen Probleme in Japan, senkte die dortige Zentralbank von August 1990 bis September 1995 die Zinsen von 6 Prozent auf 0,5 Prozent, um damit die Wirtschaft wieder anzukurbeln. Es war also ein lohnendes Geschäft, sich Yen zu 0,5 Prozent zu leihen, diese in höher verzinsliche Papiere zu investieren, z.B. in amerikanische Staatsanleihen mit 5 Prozent Verzinsung, und die Differenz als Gewinn einzustreichen. Der so genannte Yen-Carry-Trade war erfunden und war solange profitabel, solange der Yen im Wert zum Dollar nicht mehr als (im genannten Beispiel) 4,5 Prozent steigen würde, also die Differenz zwischen Leihgebühr und Verzinsung der Staatspapiere. Leider war genau dies im Herbst 1998 der Fall, als der Dollar ungefähr 9 Prozent und später weitere 12 Prozent gegenüber dem Yen einbrach.
Genau wie mit dem Yen, gingen die Geschäftsbanken auch mit Gold um, man konnte es ja zu sehr niedrigen Zinsen von den Zentralbanken

bekommen. Die Geschäftsbanken liehen also die durch den Verkauf des Zentralbank-Goldes gewonnene Liquidität nicht mehr zu 3 bis 4 Prozent an Goldproduzenten aus, sondern kauften sich festverzinsliche Staatspapiere zu 5 oder 6 Prozent.
Die Gefahr ist natürlich wie beim Yen, daß ein steigender Goldpreis Verluste generiert. Dies war jedoch bis vor wenigen Jahren nie ein Problem, da die Verkäufe des Goldes ja direkt auf den Preis drückten. Solange die Zentralbanken also munter weiter Gold zum Verkauf verliehen, konnte dieses Geschäft quasi nicht fehlschlagen.
Dies änderte sich im September 1999 grundlegend, als die 15 Zentralbanken des Washingtoner Abkommens ihre Verkaufs- bzw. Verleihquote auf 500 Tonnen pro Jahr begrenzten.

Analysten sagen, daß genau diese Carry-Trades früher oder später der Grund sein werden, warum ganze Banken kollabieren werden. Der Broker Nick Leeson trieb 1995 ganz alleine die älteste, 1762 gegründete, britische Investmentbank Barings in den Ruin. Mit seinen Spekulationen in Yen-Futures und Optionen auf den Nikkei-Index-Futures hatte er am Ende 1,4 Milliarden Dollar Verluste erlitten. Wenn 1,4 Milliarden Dollar eine Bank in den Ruin treiben können, wie steht es dann mit den 20.000 Tonnen verliehenen Goldes, das derzeit einen Wert von 320 Milliarden Dollar hat? Erinnern sie sich noch an die 4 Milliarden Dollar und die 400 Tonnen Gold, um die es bei LTCM ging?
Aufgrund des beschränkten physischen Marktes wird es schlicht nicht möglich sein, daß alle Geschäftsbanken ihre Leih-Gold-Geschäfte jemals wieder schließen können. Es würde zu einem so genannten 'Short Squeeze' (ein Ausquetschen der Leerverkäufer) kommen, das den Preis des Goldes auf den Mond treiben würde. Verlierer sind die Zentralbanken, deren Gold für immer verloren ist.

Fassen wir bis hierher zusammen: Die Zentralbanken bilden seit Jahrzehnten unter der Führung der amerikainschen FED ein Goldkartell, welches den Preis des Goldes durch Verkäufe und Verleihungen reguliert und unterdrückt. Der Markt des Papiergoldes ist gegenüber dem physischen reellen Markt um ein Vielfaches größer, sodaß durch diese und die Goldleih-Geschäfte und Gold-Carry-Trades rießige Verluste bei den beteiligten Geschäftsbanken entstehen würden, die in letzter Konsequenz das gesamte ungedeckte Falschgeld-System wie ein Kartenhaus zum Einsturz bringen könnte. Den Zentralbanken geht nun nach Jahren der Manipulation die goldene Munititon aus, sodaß man um die Jahrtausendwende überein kommen mußte, den Goldpreis langsam und

kontrolliert um ca. 20 Dollar pro Jahr steigen zu lassen. Wenn die Reserven der Zentralbanken endgültig verbraucht sein werden, bzw. sich die beteiligten westlichen Zentralbanken vom Joch der USA zu befreien wagen, wird der physische Goldmarkt in ein deutliches primäres Defizit gehen, d.h. es fehlen dann jährlich ca. 1500 Tonnen Gold, was bedeutet, daß mehr als ein Drittel der Nachfrage wird nicht mehr bedient werden können.
Können sie sich noch an die Tropenstürme Kathrina und Rita im Sommer 2005 erinnern? Diese liessen die US-Ölproduktion temporär um zwei bis drei Prozent einbrechen. Der Ölpreis stieg um ungefähr 25 Prozent an, d.h. der Faktor zwischen Angebotsausfall und Preisanstieg war ungefähr 10. Alleine dieser Preisanstieg, umgerechnet auf den Unzenpreis des Goldes, bedeutet einen Anstieg von 330 Prozent, legt man das Defizit von 1/3 zugrunde (im Abschnitt 4.2. werden wir sehen, daß derzeit jährlich ca. 3850 Tonnen Gold pro Jahr nachgefragt, jedoch nur 2500 Tonnen pro Jahr neu gefördert werden). Plus 330 Prozent bedeuten demnach einen Unzenpreis von 1650 Dollar.

4.1.5. Vorräte der Zentralbanken

"Die, die früher Goldreserven hatten, haben heute leere Keller ..."

Ed Wener [4.39]

Die Goldverkäufe und Ausleihungen spielen also eine zentrale Rolle im Prozess der Goldmanipulationen. Es lohnt sich daher nochmals, einen etwas tieferen Einblick in die Zentralbank-Reserven der Welt zu nehmen.
Die amerikanische CPM Group (CPM = Commodities and Precious Metals) veröffentlichte im Mai 2005 in einem Bericht einen Kommentar über die Zentralbankverkäufe:

> "Die Zentralbanken haben seit 1989 pro Jahr im Schnitt 435 Tonnen verkauft. Für 2005 könnten die Zentralbank-Verkäufe zwischen 186 und 248 Tonnen liegen, was ungefähr der Hälfte des letzten Jahres entspricht (388 Tonnen), jedoch weniger als die Hälfte, die in den letzten 15 Jahren im Durchschnitt auf den Markt kamen. Diese Reduzierung von Gold aus Zentralbank-Verkäufen sollte zu einem engeren physischen Markt beitragen, und auf die Preise einen Aufwärtsdruck ausüben. Zwar besitzen Zentralbanken noch immer 31.100 Tonnen Gold, die meisten jedoch scheinen das

was sie noch haben auch behalten zu wollen. Es gibt wenige kleine Verkäufe von kleineren europäischen Zentralbanken, sowie eine Verkaufsankündigung aus Frankreich vom April 2005. Daneben jedoch gibt es für dieses Jahr oder für die nähere Zukunft keine bekannten Quellen massiver Goldverkäufe aus offiziellen Beständen. Ebenso wurde der geplante Verkauf von IWF-Gold durch die internationale Politik verhindert und es ist unwahrscheinlich, dass dieser in naher Zukunft stattfinden wird." [4.39; Übersetzung des Autors]

Der GATA-Mitarbeiter Ed Wener publizierte am 16. Mai 2005 auf der Homepage von gata.org einen bemerkenswerten Artikel über die Goldreserven der Zentralbanken [4.39]. Im folgenden werden die wichtigsten Erkenntnisse seiner Arbeit zusammengefaßt. Die Quelle aller verwendeten Zahlen ist der World Gold Council. Dessen Zahlen stammen wiederum vom Internationalen Währungsfonds IWF und weiteren nationalen Quellen.

Ed Wener faßt die Zentralbanken zu 6 politische, geographische bzw. religiöse Blöcke zusammen und betrachtet die tendenzielle Entwicklung ihrer Reserven seit 1980.

1. Muslimischer Block:

Algerien, Ägypten, Indonesien, Kasachstan, Kuwait, Libanon, Lybien, Malaysia, Marocco, Pakistan, Saudi Arabien, Syrien, Tunesien, Türkei.

Goldreserven 1980:	1.226,8 Tonnen
Goldreserven 2004:	1.328,3 Tonnen
Tendenz:	stabil, leicht steigend

Viele der hier genannten Staaten haben seit 25 Jahren keine Schwankung in ihrer offiziellen Goldreserve zu verbuchen. In diesen Ländern hatte Gold immer einen hohen Stellenwert und bewahrte seinen Glanz. Die Goldreserven wurden nicht angetastet, weil Gold das ausgewiesene Mittel zur Wertaufbewahrung darstellt.

2. Russischer/Osteuropäischer Block:

Bulgarien, Teschechische Republik, Ungarn, Litauen, Lettland, Mazedonien, Polen, Rumänien, Russland, Slowakei, Slovenien, Ukraine.

Goldreserven 1980:	203,5 Tonnen
Goldreserven 2004:	729,1 Tonnen
Tendenz:	steigend

Viele dieser Länder hatten zu Zeiten des Kommunismus keine oder nur geringe Goldreserven. Mit ihrem Drang nach Westen in die EU und die europäische Währungsunion geht ein wirtschaftlicher Aufstieg einher. Es ist daher zu erwarten, daß diese osteuropäischen Zentralbanken in Zukunft weiteres Gold kaufen werden.

3. Lateinamerikanischer Block:

Argentinien, Aruba, Bolivien, Ecuador, El Salvador, Guatemala, Niederländische Antillen, Peru, Venezuela.

Goldreserven 1980:	621,6 Tonnen
Goldreserven 2004:	537,5 Tonnen
Tendenz:	stabil.

In diesem Block fallen zwei Länder aus dem Rahmen. Argentinien hatte seit 1992 seine Währung an den Dollar gekoppelt und war fester Bestandteil im USA-Block. Aufgrund wirtschaftlicher Schwierigkeiten mit anschließendem Bankrott wurden fast die gesamten Reserven von 136 Tonnen verkauft und der argentinische Peso vom Dollar wieder gelöst. Im Jahr 2004 kaufte die argentinische Zentralbank 55 Tonnen Gold neu an, sodaß davon ausgegangen werden kann, daß der alte Wert von 136 Tonnen wieder angestrebt wird. Venezuela wies im Zeitraum 1980 - 2004 eine stabile Reserve von ca. 360 Tonnen Gold aus. Bedenkt man jedoch all die politischen Unruhen, Inflationen und Korruptionsfälle, die dieses Land immer wieder heimsuchen, so ist schwerlich zu glauben, daß diese Statistik stimmen soll.

4. Asiatischer Block:

Bahrein, Kambodscha, China, Indien, Japan, Korea, Mongolei, Myanmar, Nepal, Philippinen, Singapur, Taiwan, Thailand.

Goldreserven 1980:	1.671,0 Tonnen
Goldreserven 2004:	2.624,9 Tonnen
Tendenz:	steigend.

Wie die Staaten des mittleren Ostens, legen die Asiaten sehr großen Wert auf ihr Gold. China und Indien bauten ihre Reserven in den vergangenen Jahren auf und werden dies wohl auch weiterhin im Zuge ihres wirtschaftlichen Aufschwunges tun. Japan weist eine stabile Goldreserve von ca. 760 Tonnen aus, was aufgrund seiner wirtschaftlichen Probleme in den letzten 15 Jahren ebenfalls angezweifelt werden kann. Taiwan erhöhte seine Bestände bis 1990, sodaß Ed Wener spekuliert, daß Japan und Taiwan gute Kandidaten für Goldausleihen sind.

5. Europäischer Block:

Österreich, Belgien, Dänemark, Europäische Zentralbank, Europäische Union, Finnland, Frankreich, Deutschland, Griechenland, Irland, Italien, Luxemburg, Niederlande, Portugal, Spanien, Norwegen, Schweden, Schweiz.

Goldreserven 1980:	17.515,5 Tonnen
Goldreserven 2004:	13.681,7 Tonnen
Tendenz:	fallend.

Die Europäer besitzen laut offiziellen Angaben noch immer die Hälfte aller Goldreserven und würden den Euro neben dem Dollar gerne als zweite Reservewährung sehen. Aktuelle Tendenzen gehen dahin, daß zukünftig nur noch wenig Gold verkauft werden soll.

6. Amerikanischer Block:

Australien, Brasilien, Canada, Chile, Kolumbien, Israel, Jordanien, Mexiko, Oman, Quatar, Südafrika, Vereinigte Arabische Emirate, England, USA, Uruguay

Goldreserven 1980:	10.560,9 Tonnen
Goldreserven 2004:	8.698,2 Tonnen
Tendenz:	fallend.

Die Reserven dieses Blockes bestehen zu 94 % aus den offiziellen amerikanischen Beständen von 8136 Tonnen, die - wie erörtert - angezweifelt werden können. Weitere 312 Tonnen kommen von den Briten, die jedoch für eine kommende Euro-Einführung benötigt werden könnten. Südafrika, als größtes goldproduzierendes Land der Welt, weist 124 Tonnen Gold aus, gehört jedoch seit Beendigung der weißen Apartheit Mitte der neunziger Jahre willentlich nicht mehr unbedingt zum USA-Block. Ed Wener faßt die Zahlen dieses Blockes am Ende wie folgt zusammen:

"Die Hauptgröße ist natürlich das amerikanische Gold. Wenn dieses Gold nicht mehr existiert oder belastet ist (Wener meint hiermit wohl eine Verleihung des Goldes; d. Verf.), dann ist der USA-Block pleite!"

Fassen wir die Tendenzen nochmals übersichtlich zusammen. Die Pozent-Zahlen in Klammern bedeuten die Änderung der Goldreserven für den Zeitraum 1980 - 2005:

Muslimischer Block:	stabil	(+ 8,3 %)
Osteuropäischer Block:	steigend	(+258,3 %)
Lateinamerik. Block:	stabil	(-13,5 %)
Asiatischer Block:	steigend	(+57,1 %)
Europäischer Block:	fallend	(-21,9 %)
Amerikanischer Block:	fallend	(-17,6 %)

Die Frage ist also: Wieviel Gold zur Unterdrückung des Goldpreises und zur Unterstützung des Papiergeld-Systemes ist noch vorhanden? Niemand weiß dies genau, doch es ist anzunehmen, daß von den ersten vier Blöcken keine Verkäufe erwartet werden können, im Gegenteil. Staaten wie Argentinien, China, Indien oder Russland kaufen Gold.
Geht man davon aus, daß Fort Knox schon heute leer ist, kann man den amerikanischen Block als Pleite betrachten, bleiben also theoretisch nur die Europäer als letzte Quelle nennenswerter Goldverkäufe. Ist das der Grund, warum die Schweiz seit 2000 die Hälfte ihres großen Goldschatzes opfern mußte?

Betrachtet man diese Zahlen, wird klar, wie Ferdinand Lips zu der weiter oben zitierten Behauptung kommt, nämlich daß die Manipulationen der Zentralbanken bald zu einem Ende kommen müssen.

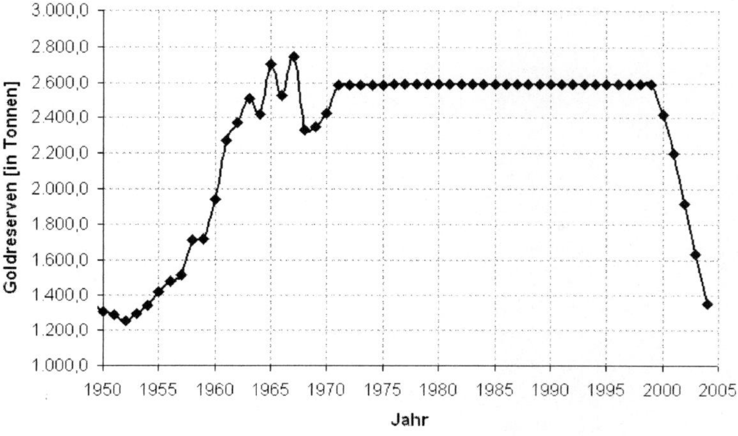

Abbildung 4.5.: Goldreserven Schweizer Nationalbank 1950 - 2004
Quelle: World Gold Council

Es ist einfach kein Gold mehr da und die Nachfrage aus den ersten vier Blöcken wird schon deswegen immer größer, weil deren Dollar-Devisenreserven im Wert wie Butter in der Sonne schmelzen. Ed Wener:

> "Die Vereinigten Staaten versuchen verzweifelt, ihre Privilegien, die aus der Weltreservewährung Dollar folgen, zu bewahren, haben jedoch rücksichtslos die Verantwortlichkeit für die Kaufkrafterhaltung des Dollar mißachtet (d.h. den Dollar inflationiert; d. Verf.). Sie haben ihre Verbündeten gerufen, um den Dollar entweder durch den Verkauf ihrer Goldreserven (...) oder durch den Kauf von US-Staatspapieren, wie es die asiatischen Zentralbanken getan haben, zu stützen. Sie sind nun am Ende der Sackgasse angekommen. Die, die früher Goldreserven hatten, haben heute leere Keller und die Asiaten erkennen, daß ihre Keller mit nicht rückzahlbaren Schuldverschreibungen voll sind." [4.39]

Wenn der Markt erkennt, daß die Zentralbanken keine Munition mehr haben, wird der Goldpreis unweigerlich steigen, da die Angebot-Nachfrage-Relation sich deutlich verschlechtern wird. Wie sich diese Angebot-Nachfrage-Situation derzeit entwickelt, betrachten wir im folgenden Abschnitt.

4.2. Angebot von und Nachfrage nach Gold

"56% Steigerung des Investment-Bedarfes im dritten Quartal 2005, insgesamt 7% mehr Nachfrage in Tonnen und 18% in Dollar gerechnet."

Pressemitteilung World Gold Council vom 17.11.2005 [4.40]

Ferdinand Lips kritisiert in seinem hier schon oft zitierten Buch "Die Gold-Verschwörung" die Goldstatistiken des Gold Fields Mineral Services (abgekürzt "GFMS") heftig:

> "GFMS, eine auf Rohstoffe spezialisierte Londoner Beratungsfirma, steht bei GATA und der Goldindustrie in Verdacht, notorisch die Goldstatistiken, aber insbesondere Angaben im Zusammenhang mit der Höhe des ausgeliehenen und auf Termin verkauften Goldes im Interesse der Goldmanipulation zu schönen." [4.41]

Franklin Sanders, seit Jahren Analyst von Edelmetallen, stellte in einem Artikel im Internet zudem fest, daß die GFMS in ihrem aktuellen Silber-Bericht, die früheren Zahlen für das Defizit im Silbermarkt nachträglich schönte. Alle Zahlen in Millionen Unzen [4.42].

Jahr	*Bericht 2004*	*Bericht 2005*	*Differenz*
2000	147,6	136,3	11,3
2001	89,5	72,8	16,7
2002	62,6	44,2	18,4
2003	72,0	58,6	13,4

D.h. im Bericht 2004 wurde z.B. das Defizit im Silbermarkt (Nachfrage höher als Angebot) im Jahr 2003 mit 72,0 Millionen Unzen angegeben, im folgenden Bericht im Jahr 2005 jedoch war dieses Defizit nur noch 58,6 Millionen Unzen groß, usw. Sanders fügt an:

> "Es fällt immer schwerer die GFMS Analysen und Zusammenfassungen zu schlucken oder sie noch zu respektieren. Der diesjährige Bericht enthält grobe Fehler, ist in manchen Punkten nahezu unverständlich, enthält Halb-Erklärungen oder Hinweise zu Erklärungen, die in sich unverständlich sind." [4.42]

Die Reporte von GFMS kosten stolze 395 Euro. Dennoch bieten die Zahlen einen interessanten Einblick und lassen einige, für langfristige Investoren wichtige Rückschlüsse zu. Zudem finden die Zahlen der GFMS trotz ihrer Fragwürdigkeit weithin in der Edelmetallbranche Beachtung. Der zuletzt im Mai 2005 veröffentlichte Goldbericht legte die folgenden Zahlen für das Jahr 2004 vor. Alle Zahlen sind in metrischen Tonnen angegeben.

Angebot:	
Minen-Neuproduktion:	2464 t
Gold-Recycling:	828 t
Verkäufe der Zentralbanken:	478 t
	=====
	3770 t
Nachfrage:	
Schmuckindustrie:	2610 t
Zahngold, Münzen, Elektronik:	553 t
Wertanlage:	246 t
Rückkäufe Goldproduzenten:	442 t
	=====
	3851 t

Auf den ersten Blick erkennt man die Situation, daß nach dieser Statistik 81 Tonnen der Nachfrage nicht befriedigt werden konnten, d.h. der Markt in 2004 in einem Defizit von 2,1% war (sie erinnern sich, daß der Ölpreis um 25% stieg, als die Ölproduktion durch die Stürme Katharina und Rita um diesen Wert sanken). Denkt man nun noch den entscheidenden Schritt weiter, den wir im vorigen Abschnitt bei der Behandlung der Zentralbank-Manipulationen beleuchtet haben, so erkennen wir, daß der Markt sich nur deswegen marginal im Defizit befindet, weil die Zentralbanken mit ihren Verkäufen den Ausgleich am physischen Goldmarkt schufen.

Hätten in 2004 die Zentralbanken ihre 478 Tonnen nicht verkauft, so wäre der Markt bereits letztes Jahr mit 15% im Defizit gewesen und der Goldpreis - in Anlehnung an den Faktor 10 des Ölpreisanstieges - um 150% gestiegen. Können sie sich vorstellen, wie die Presse sich überschlagen würde, wenn der Goldpreis innerhalb eines Jahres um 150% steigen würde? Welche Lawine die Pressemeute bei Politikern, Banker und Investoren lostreten würde?

Zu den Zahlen von Angebot und Nachfrage muß man noch folgende wichtigen Punkte beachten: Das Angebot an neu gefördertem Gold geht seit

Jahren auf eine Sättigung zu, siehe Abbildung 4.6. auf der nächsten Seite. Die ebenfalls eingezeichnete schwarze Kurve ist eine polynomische Überlagerung der Kurve, die die Sättigungstendenz deutlich widergibt.

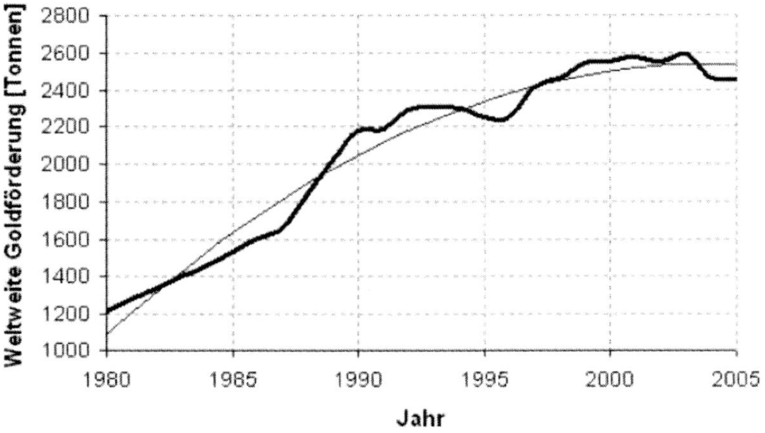

Abbildung 4.6.: Weltweite Goldförderung 1980 - 2004
Quelle: U.S. Geological Survey [4.43]

Durch den starken Anstieg des Goldpreises bis Anfang 1980, folgte in den restlichen 80er Jahren ein regelrechter Explorationsboom nach neuen Goldlagerstätten, und die Produktion stieg zum Ende des Jahrtausends von 1200 Tonnen bis auf 2600 Tonnen an. Dieser Boom ließ jedoch im Zuge der sinkenden Preise wieder nach und kam Ende der 90er Jahre fast vollständig zum erliegen. Folgerichtig ging die Neuförderung von Gold in eine Sättigung bei ca. 2600 Tonnen, und im Jahr 2004 sogar um 5% zurück. Ein Rückgang, der in der neueren Geschichte noch nie so dramatisch ausfiel. Zieht man also die letzten 5 Jahre in Betracht, kann man interpretieren, daß die Förderung an einer oberen Kapazitätsgrenze von ca. 2600 Tonnen angekommen war und nun rückläufig ist. Begründen kann man dies ebenfalls mit dem sinkenden Goldpreis der 90er Jahre.
Thomas Utter, Professor für Wirtschafts-Geologie an der TU Darmstadt äußerte sich diesbezüglich in einem Interview im Jahr 2003 wie folgt:

> "(..) in den letzten 10 Jahren wurden etwa 2.500 Tonnen pro Jahr mal 10 Jahre, also etwa 25.000 Tonnen gefördert. Während dieser 10 Jahre wurden aber nur etwa 6.000 Tonnen an neuen

> Goldreserven entdeckt. (..) Und daß nur so wenig Gold entdeckt wurde, hängt nun einmal mit dem schwachen Preis der letzten Jahre zusammen." [4.44]

Und weiter auf die Frage, warum man denn nicht nach neuen Goldquellen suchen würde:

> "Ganz einfach, weil der Preis zu wenig hoch ist und dadurch kaum Risiko-Kapital für neue Explorations-Vorhaben zur Verfügung stand. Und selbst wenn sich heute eine Gesellschaft auf die Suche nach neuen Reserven machen würde, so dauert es doch viele Jahre, bis es schließlich zur Förderung kommt." [4.44]

In der Tat bestätigen Experten, daß es mindestens 7 oder 8 Jahren dauern kann, bis aus einem Goldfund eine fördernde Mine wird. In der Entwicklung von Projekten sind für die Minenunternehmen viele Hindernisse, wie z.B. umweltpolitische Auflagen, behördliche Prüfungen, Kapitalbeschaffung, Bau von Straßen in unwegbarem Gelände und Verarbeitungsanlagen für das geförderte Erz etc., zu bewältigen.

Ferdinand Lips sagte auf dem Gold-Kongress 2004 in München:

> "Die Goldminen Produktion beträgt 2.500 Tonnen pro Jahr und sinkt. Die Nachfrage beträgt 4.000, gemäß gewissen Berechnungen sogar 5.000 Tonnen. Dieses Defizit wurde bisher stets durch Zentralbankverkäufe ausgeglichen. Aber auch Zentralbankausleihungen spielten eine große Rolle. Es wird erwartet, daß die Goldproduktion in den nächsten 10 Jahren um mindestens 30% zurückgehen wird. Wegen des niedrigen Goldpreises war die Exploration nicht mehr interessant und ging stark zurück. Der Chef von Newmont Mining, Pierre Lassonde, hat gesagt, daß selbst wenn der Goldpreis auf $1'000 pro Unze steigt, es 4 bis 7 Jahre dauert, bis eine neue Goldmine in Betrieb genommen werden kann. Ohne höhere Goldpreise, keine neuen Minen." [4.32]

Weitere interessante Aspekte im Zusammenhang mit dem Goldangebot bietet uns die Statistik der Goldförderung seit 1900. Nach Jahren stetig wachsender Fördermengen, kam es immer wieder zu Einbrüchen, die jedoch immer auf externe Faktoren zurückgeführt werden können. So folgte einem Produktions-Hochpunkt im Jahr 1915 (704 Tonnen) ein Rückgang auf 481 Tonnen im Jahr 1922. Natürlich war der 1. Weltkrieg der Grund für diesen Rückgang. Weltkrieg Nummer 2 führte die Minenförderung von 1.310 Tonnen im Jahr 1940 zurück auf 762 Tonnen im Jahr 1945.

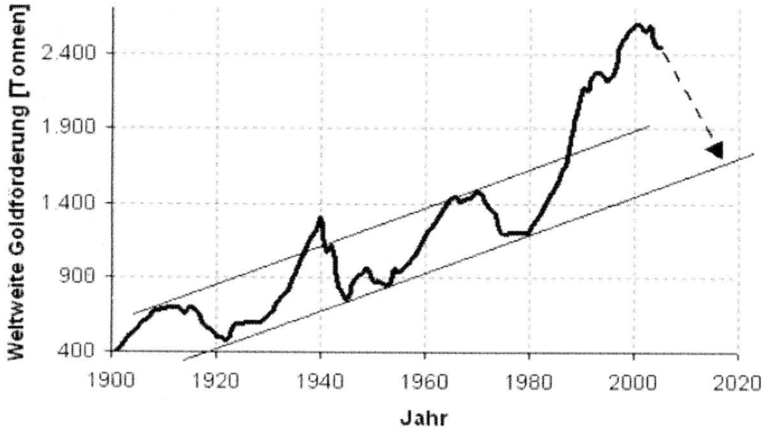

Abbildung 4.7.: Weltweite Goldförderung 1900 - 2005
Quelle: U.S. Geological Survey [4.43]

Der Einbruch Anfang der siebziger Jahre von 1480 Tonnen auf 1200 Tonnen pro Jahr läßt sich auf den durch den Goldpool künstlich niedrig gehaltenen Goldpreis von 35 Dollar zurückführen. In diesem Marktumfeld war es für die Minenbetreiber schlicht nicht rentabel Gold zu fördern, sodaß viele Minen geschloßen wurden.
Die Tiefpunkte nach den Konsolidierungen lassen sich zu einer Geraden verbinden, die eine Steigung von 13,3 Tonnen pro Jahr aufweist. Was sich in dieser Kurve manifestiert, sind wohl die Wechselspiele zwischen Exploration, d.h. Auffinden und Ausbeutung von Vorkommen. Je mehr exploriert wird, umso mehr kann in den Folgejahren gefördert werden. Entfernt sich die Förderung zu stark von der "Unterstützungslinie" geht die Exploration zurück und folglich zeitversetzt auch die Produktion.

Die Zeitspannen zwischen Produktions-Hoch- und Tiefpunkten sind ebenfalls auffällig konstant:

Rückgang 1915 - 1922:	7 Jahre
Anstieg 1922 - 1940:	18 Jahre
Rückgang 1940 - 1945:	5 Jahre
Anstieg 1945 - 1970:	25 Jahre
Rückgang 1970 - 1975:	5 Jahre
Anstieg 1975 - 2001:	26 Jahre

Anstiege dauern demnach im Schnitt 23 Jahre, Rückgänge ca. 6 Jahre. Der aktuelle Grund des Produktionsrückganges ist wie gesehen im Goldpreis zu finden, d.h. durch den niedrigen Preis wurden geförderte Reserven nicht durch neu entdeckte ersetzt. Der von Ferdinand Lips geschätzte Rückgang um 30% in den kommenden 10 Jahren liegt im übrigen fast genau auf der Unterstützungslinie und ist in Abbildung 4.7. ebenfalls eingezeichnet (gestrichelter Pfeil).

Ob und inwieweit die Produktion nach dem Rückgang, in dem wir uns seit 2001 befinden, wieder erhöht werden kann, ist jedoch fraglich. Die geologischen Reserven, die unser Planet zur Verfügung stellt, sind nicht unbegrenzt. Wie beim Öl wird es immer schwieriger, hochgradige Lagerstätten aufzufinden, die wirtschaftlich abgebaut werden können.
Die Statistiker von der US Geological Survey geben in ihren jährlichen Goldberichten neben den abgebauten Mengen auch die weltweit noch vorhandenen Reserven und Ressourcen an. Ressourcen sind nach Definition bekannte Vorkommen, die jedoch im Gegensatz zu Reserven wirtschaftlich nicht gewonnen werden können. D.h. erst bei steigenden Preisen werden Ressourcen zu Reserven, da dann die Wirtschaftlichkeit ihres Abbaus gegeben ist.
Im zuletzt Anfang 2005 erschienenen USGS-Bericht, wird für Gold die in 2004 abgebaute Menge mit 2470 Tonnen angegeben, die Reserven mit 42.000 Tonnen [4.45]. Die aktuelle Lebensdauer der Reserven würde also noch für 17 Jahre reichen (42.000 geteilt durch 2.470). Rechnet man diese Lebensdauer der Reserven für die zurückliegenden Jahre aus, so erhält man die in Abbildung 4.8 dargestellte Kurve der sogenannten dynamischen Lebensdauer der Restreserven.

Bildet man durch diese Kurve eine lineare Ausgleichsgerade und verlängert diese in die Zukunft, so kommt man auf das Jahr 2046, in dem die Goldreserven zur Neige gehen würden.

Wir haben im vorigen Kapitel bereits behandelt, wie offizielle Stellen das Gold schlecht reden und einen zu starken Anstieg des Preises unter allen Umständen verhindern wollen und müssen. Auch die Zahlen der USGS können stark angezweifelt werden. Diese Zweifel wurden mathematisch hergeleitet und im Internet auf www.goldseiten.de vom Autor bereits veröffentlicht [4.46].

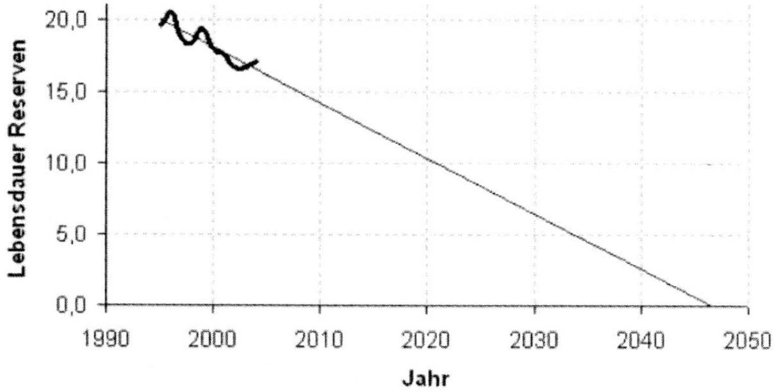

Abbildung 4.8.: Lebensdauer der Goldreserven
Quelle: U.S. Geological Survey [4.45]

Der Grund zur Annahme einer bewußten Überbewertung der Reserven und Ressourcen von Gold ergibt sich aus den folgenden Daten. Diese Ausführungen sind leider etwas mathematicher Natur. Wenn sie kein Interesse an der Herleitung haben, können sie diesen Abschnitt gerne überspringen. Er ist für das grundsätzliche Verständnis nicht erheblich.

Im Gegensatz zu Diamanten oder Öl, die generisch im Laufe der erdgeschichtlichen Evolution durch Zeit, Druck und Wärme entstanden, ist sich die Wissenschaft über die Häufigkeit der reinen chemischen Elemente in der Erdkruste (sprich deren Aufbau) einig. Chemische Analysen von Gesteinen, Lava, Wasser und von Luftproben aus der oberen Erdkruste (einschließlich der Wasser- und Lufthülle) liefern Durchschnittswerte für die Häufigkeit des Vorkommens der chemischen Elemente in diesem Bereich. Es ist also mithin möglich zu errechnen, wieviel Gold oder Blei in der gesamten Erdkruste absolut, d.h. insgesamt existiert. So weiß man z.B.

vom Gold, daß 5×10^{-7} % der Erdkruste aus diesem chemischen Element besteht.

Nimmt man die eisfreie Landoberfläche, die man theoretisch abbauen könnte, mit 130 Millionen Quadratkilometern an, und die technisch derzeit tiefste Mine in Südafrika mit ca. 4 km Tiefe, so kommt man auf eine theoretisch minbare Erdkrustenmasse von 1,43 x 10^{18} Tonnen (1,43 mit 18 Nullen am Ende). Da man nun aber weiß, wieviel Prozent dieser unglaublich großen Zahl tatsächlich aus dem Element Gold bestehen (nämlich die oben erwähnten 5×10^{-7} %), so kommt man auf eine theoretische Zahl von 1,57 Milliarden Tonnen Gold, die irgendwo in der Erde schlummern. Wie oben bereits erwähnt, werden derzeit vom USGS 42.000 Tonnen als Reserven deklariert, d.h. 42.000 Tonnen sind wirtschaftlich abbaubar. Dies entspricht im Bezug auf die Gesamtmenge von 1,57 Milliarden Tonnen Gold einem Anteil von 0,02734 Promille.
Anders ausgedrückt: Von den theoretisch 1,57 Milliarden Tonnen können derzeit 0,02734 Promille wirtschaftlich gewonnen werden. Soweit, sogut.
Wenn man diese Promillezahl nun mit denen anderer Edel- und Buntmetalle vergleicht, wie in der folgenden Abbildung dargestellt, so fällt auf, daß Gold eklatant und ohne ersichtlichen Grund höher bewertet ist.

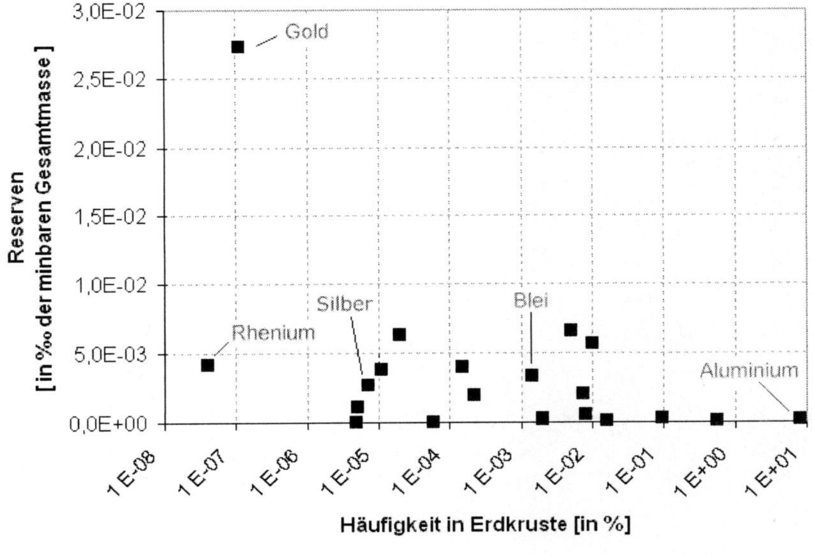

Abbildung 4.9.: Reserven verschiedener Elemente als Promille-Satz von der insgesamt vorhandenen Gesamtmasse [4.46]

Das erstaunliche Ergebnis ist also, daß von alle anderen Metallen wesentlich weniger Promille als Reserven ausgewiesen werden, als für Gold. Untersucht wurden die Metalle Rhenium, Gold, Indium, Selen, Silber, Cadmium, Antimon, Thallium, Molybdän, Zinn, Blei, Cobalt, Lithium, Niob, Kupfer, Zink, Nickel, Chrom, Vanadium, Mangan, Titan und Aluminium, wobei diese Auflistung der steigenden Häufigkeit der Elemente in der Erdkruste entspricht (mit anderen Worten Rhenium ist das seltenste, Aluminium das häufigste Element in dieser Gruppe).
Im Durchschnitt werden 0,00322 Promille der Vorkommen als Reserven deklariert, nur Gold mit 0,02734 Promille weicht von diesem Wert um das 8-fache nach oben ab.
Geht man also vom Durchschnitt aller anderen Metalle aus, müßten die Goldreserven um den Faktor 8 niedriger sein und damit auch die Reserve-Lebensdauern um diesen Wert korrigiert werden. Führt man diese Korrektur durch, kommt man auf eine wahre Lebensdauer der Goldreserven bis zum Jahr 2026, wie in der Abbildung 4.10 dargestellt ist.

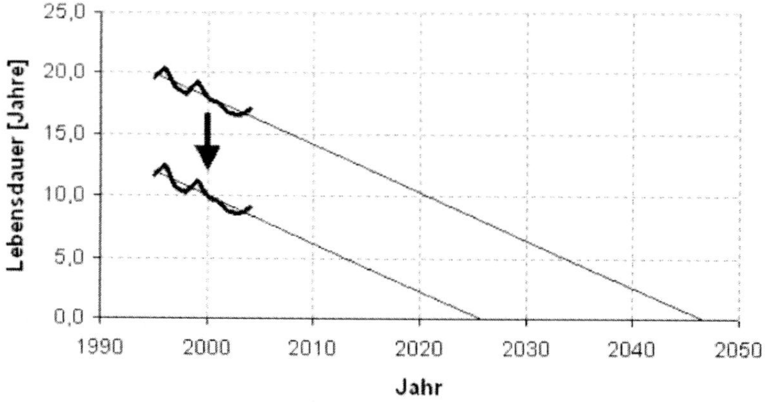

Abbildung 4.10.: Korrigierte Lebensdauer der Goldreserven

Eine weitere Möglichkeit, die Lebensdauer der geologischen Goldvorkommen abzuschätzen, besteht darin, die polynomische Kurve aus Abbildung 4.6. in die Zukunft zu verlängern, d.h. zu ermitteln, wann die Förderkurve gegen null tendieren könnte.

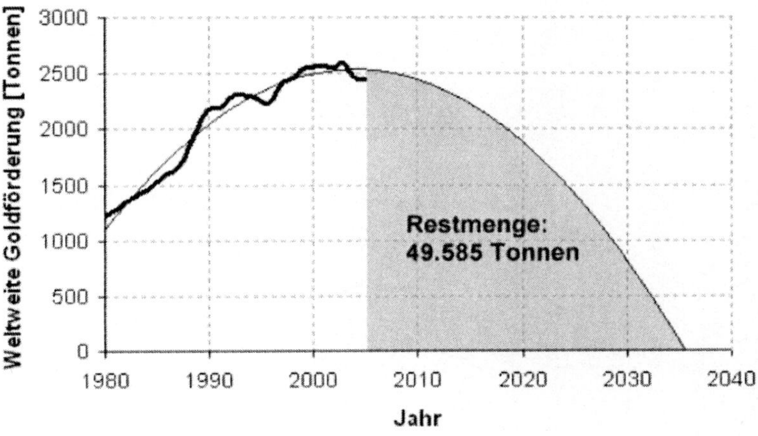

Abbildung 4.11.: Goldförderung 1980 - 2005, sowie möglicher, prognostizierter zukünftiger Verlauf der Kurve. Die Restmenge des weltweit förderbaren Goldes würde demnach noch rund 50.000 Tonnen betragen.

Auf diese Weise erhält man das Jahr 2036 als das "Null-Jahr". Sie sehen, geht man das Problem von verschiedenen Seiten an, erhält man auch verschiedene Ergebnisse.
Der springende Punkt ist allerdings der: Ganz egal ob am Ende das Jahr 2026, 2036 oder 2045 das Ende der weltweiten Goldförderung markieren wird, die Vorkommen gehen definitiv zur Neige. Es wird immer schwieriger, technisch aufwendiger und teuerer werden, neues Gold aus der Erde zu gewinnen. Das geologische Angebot wird unter diesem Gesichtspunkt zwingend zurückgehen müssen.

Ein aktuelles Beispiel, wie sich der Preis eines zu Ende gehenden Rohstoffes entwicklen kann, ist Indium. Dieses Metall ist als Oxidverbindung in der Herstellung von flüssig-kristallinen Digitalanzeigen (d.h. LCDs und Flachbildschirme) aufgrund seiner Lichtdurchlässigkeit notwendig und derzeit technisch nicht ersetzbar. Nach den statistischen Zahlen der USGS wird dieses Metall jedoch geologisch sehr bald zur Neige gehen.

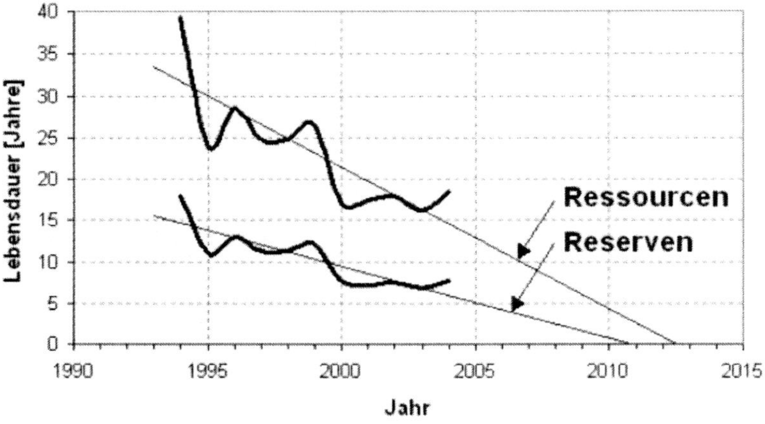

Abbildung 4.12.: Extrapolierte Lebensdauern von Resourcen und Reserven von Indium, (Quelle: USGS, [4.47])

Die extrapolierten Lebensdauern von Reserven und Ressorcen reichen also noch für weniger als 10 Jahre. Die Preisentwicklung, die das Indium in den letzten Jahren genommen hat, spiegelt dies deutlich wider.

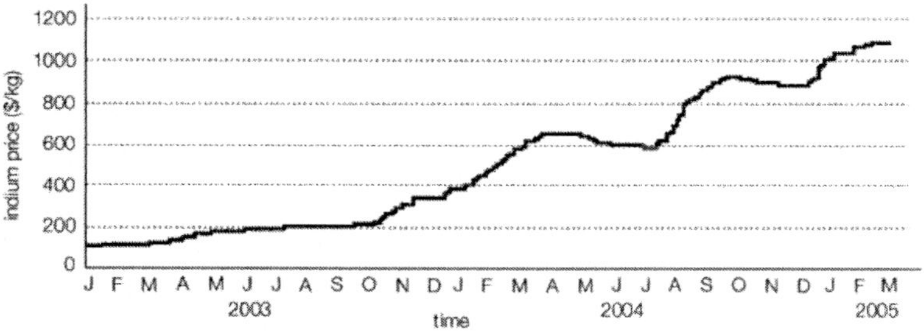

Abbildung 4.13.: Preis-Chart Indium 01/2003 - 05/2005 Quelle: www.compoundsemiconductor.net

Der Preis für 1 Kilogramm Indium stieg innerhalb von 2 1/2 Jahren von ca. 100 Dollar auf ca. 1100 Dollar. Es ist demnach zu prognostizieren und zu erwarten, daß der Goldpreis (wie auch der Preis für Silber, wie wir später noch sehen werden), in ähnlichen Bahnen verlaufen wird, wie es Indium heute bereits vormacht.

Wir wissen vom Öl, daß schon wenige Prozent Angebotsrückgang für ein Vielfaches an Kursgewinn genügen. Wenn also demnach heute Menschen "um die 40", die Generation Gold, in Edelmetall investieren, wird dieses, wenn sie ins Rentenalter kommen, mit an Sicherheit grenzender Wahrscheinlichkeit wesentlich höher bewertet sein. Die geologischen Reserven werden merklich zur Neige gegangen sein und eine noch offensichtlichere Angebotslücke wird im Markt bestehen, als es heute bereits der Fall ist. Ebenso wird den Zentralbanken die Munition für weitere Marktmanipulationen längst ausgegangen sein.

Gold wird nach Ansicht des Autors nicht nur nominal (d.h. in staatlichem Papiergeld ausgedrückt) wertvoller werden, sondern viel wichtiger, auch in der Kaufkraft steigen.

Mit diesem Wissen haben sie bereits einen entscheidenden Vorsprung vor der großen Masse von Investoren, die heute ihr Ruhegeld in Papieranlagen wie Aktien oder Anleihen investieren. Diese können jederzeit und nach Belieben der Regierenden vermehrt werden. Wir haben dies bereits bei dem dramatischen Anstieg der Weltwährungsreserven in Abbildung 4.1 gesehen. Gold auf der anderen Seite ist nicht vermehrbar und wird ein immer knapperes Gut darstellen.

Auch Professor Rudolf Saager von der Eidgenössischen Technischen Hochschule Zürich schätzt, daß mit den heute bekannten technischen Mitteln noch 45.300 Tonnen Gold abgebaut werden können [4.48]. Dies entspricht einer Rest-Lebensdauer der Goldreserven von ca. 30 Jahren, da die in Abbildung 4.11 prognostizierte zukünftige Entwicklung von 2005 bis 2036 ebenfalls einer Restmenge von 49.585 Tonnen entspricht. Die Aussage von Professor Saager bestätigt demnach den prognostizierten Verlauf aus dieser Abbildung.

Der bereits zitierte Professor für Wirtschafts-Geologie, Dr. Thomas Utter, behauptete 2003 sogar, daß die weltweiten Goldreserven nur noch für sechs oder sieben Jahre reichen würden. Dr. Utter berief sich allerdings auf den damaligen Goldpreis von ca. 350 Dollar je Unze. D.h. beim heutigen Stand von 500 Dollar je Unze (Stand: Ende 2005) sind sicherlich einige Ressourcen bereits zu Reserven geworden.

Das Angebot an Gold ist also definitiv rückläufig. Doch wie sieht es mit der Nachfrage im einzelnen aus?

Bei der Diskussion um die Zentralbank-Blöcke haben wir bereits gelernt, daß traditionell die asiatischen und muslimischen Länder Gold sehr hoch einschätzen. Ebenso bauen die Satelliten-Staaten der ehemaligen UdSSR wie Polen, die Ukraine, die baltischen Staaten oder Russland selbst ihre Goldbestände seit Jahren auf bzw. aus. Andere Zentralbanken wie z.B. die Argentiniens sind ebenso auf der Käuferseite zu finden.

China eröffnete im Jahr 2002 die Shanghai Gold Exchange Börse und erlaubte, ja empfahl sogar seinen Bürgern, Gold zu kaufen. Ein großer Goldmarkt ist ebenso in Dubai entstanden. Können sie sich eine Kanzlerin Merkel vorstellen, die uns Bundesbürgern den Kauf von Gold empfiehlt (aus verlässlicher Quelle erfuhr ich in einem persönlichen Gespräch in München, daß hohe Beamte des Finanzministeriums privat physisches Gold kaufen; Anmerkung d. Verf.)?
Der ehemalige Premierminister von Malaysia, Dr. Mahathir Mohamad, plante die Wiedereinführung eines Gold-Dinars als offizielle Währung, ebenso wie die Mexikaner die Wiedereinführung eines Silber-Peso.

Betrachten wir die prognostizierte demographische Entwicklung dieser östlichen Länder. Die Bevölkerung im Nahen Osten (Iran, Saudi-Arabien, Jemen, Irak, Syrien, Jordanien, Oman, Kuweit, Arabische Emirate) wird sich bis zum Jahr 2050 explosionsartig vermehren. Von 156,4 Millionen Menschen im Jahr 2000 wird die Bevölkerung bis auf 375,7 Millionen im Jahr 2050 anwachsen (Quelle: U.S. Census Bureau). Indien wird mit 1,6 Milliarden Einwohnern im Jahre 2050 (Stand 2000: 1,0 Milliarde) China als bevölkerungsreichstes Land abgelöst haben (Quelle: U.S. Census Bureau). Dort zeigt die Ein-Kind-Politik Wirkung, sodaß sich die chinesische Bevölkerung von heute 1,2 auf nur 1,4 Milliarden Menschen vergrößert haben wird. Dennoch sieht man, daß alle Völker, die Gold schon aus ihrer Tradition heraus achten und wahren, im Gegensatz zum aussterbenden Europa, in ihrer Bevölkerung stark wachsen werden. Die Nachfragegleichung aufgrund dieser wirtschaftlich aufstrebenden Nationen läßt sich demnach wie folgt postulieren:

Mehr Menschen, mehr Wohlstand, mehr Gold.

Das Investment-Haus Merrill Lynch veröffentlichte im Juli 2005 eine Prognose, der zufolge die chinesische Nachfrage nach Gold bis 2010 von heute 224 Tonnen pro Jahr auf dann 600 Tonnen pro Jahr steigen wird. Merrill Lynch fragt zurecht, Zitat "wo all das Gold herkommen soll" [4.49].

Weiterhin haben wir im vorigen Abschnitt die Goldleihe-Geschäfte der Zentral- und Geschäftsbanken betrachtet und gesehen, daß bis zu 20.000 Tonnen Gold von den Zentralbanken verliehen sein könnte (acht volle Jahresproduktionen). Nehmen wir an, das weltweite Papiergeld-System würde sichtbar in sich zusammenbrechen, der Dollar immer weiter abgewertet und der Goldpreis immer weiter steigen. Was würden sie als Zentralbanker tun?
Sie würden vermutlich auch beginnen, ihren dann einzig verbliebenen wahren Wert, nämlich das verliehene Gold, von den Geschäftsbanken zurück zu fordern. Es käme zu einem so genannten "Short Squeeze" da alle Leerverkäufer beginnen müßten das Gold, das sie ja niemals wirklich besessen haben, am Markt zurück zu kaufen. Doch wo sollen 20.000 Tonnen Gold herkommen?
Ebenso verstärkt sich in den letzten Jahren der Trend, daß Minengesellschaften, die Gold auf Termin verkauft haben, dieses nun wieder zurückkaufen. Im letzten Jahr waren dies mit 442 Tonnen immerhin rund 18% der gesamten Neuproduktion.

Würde dies als Pulverfass nicht schon ausreichen, kommen noch die enorm hohen Devisenbestände der Asiaten hinzu. Wie gesehen besitzen Japan und China alleine ca. 1,5 Billionen Dollar an Devisenreserven. Eine Umschichtung von nur 15% dieser Währungsreserven würde eine Goldnachfrage von 14.400 Tonnen bedeuten (sechs Jahresproduktionen).

All diese Zahlen zeigen, wie absurd und hemmungslos die Papierwährungen, allen voran der Dollar, ohne jegliche verbliebene Bindung zur realen Wirtschaft vermehrt wurden. Wird das Papiergeld-System sichtbar erodieren, wird von allen Seiten der Run auf Edelmetalle einsetzen. Investoren, Geschäfts- und Zentralbanken werden alle als Käufer am Markt auftreten.

Daß private Investoren schon heute diesen seit 2001 anfahrenden Zug mehr und mehr besteigen, bezeugen die Zahlen der so genannten Exchange Traded Funds, abgekürzt ETFs. Diese Papiere können wie Aktien an der Börse ge- und verkauft werden und sind zu 100% mit physischem Gold hinterlegt. Dies bedeutet, daß die Mittelzuflüsse solcher Fonds unmittelbar in einer steigende Goldnachfrage münden.

Laut neuesten Zahlen des World Gold Councils entwickelte sich die Goldnachfrage dieser ETFs in den vergangenen Jahren wie folgt:

2001:	0 Tonnen	
2002:	3 Tonnen	
2003:	39 Tonnen	
2004:	133 Tonnen	
2005:	174 Tonnen	(hochgerechnet)

D.h. diese in 2002 gegründeten ETFs erfreuen sich immer größerer Beliebtheit, sodaß im Jahr 2005 bereits ca. 7% der Jahresproduktion in diese Nachfragequelle fließen wird, Tendenz klar steigend.
Ebenso steigt die Goldnachfrage in Form von Münzen und Medaillen. Lag diese in den Jahren 2001 bis 2004 relativ konstant bei ca. 27 Tonnen pro Jahr, stieg ihre Nachfrage im Jahr 2005 auf ca. 42 Tonnen an.
Zu guter Letzt steigt auch die Nachfrage der Schmuckindustrie seit 2003 wieder kräftig an:

2003:	2.481 Tonnen	
2004:	2.611 Tonnen	
2005:	2.822 Tonnen	(hochgerechnet)

Klaus Martini, oberster Privatkunden-Anlagestratege der Deutschen Bank vertrat in einem Interview im Oktober 2005 folgende Meinung zur Frage, wer den Goldpreis nach oben treiben würde:

> "In erster Linie die Schmuckindustrie und die Hortung, das heißt, die private Nachfrage nach physischem Gold. Darüber hinaus Finanzmarktprodukte auf Gold, zum Beispiel ETFs, also börsengehandelte Fonds. Auf der Angebotsseite gibt es keine größeren Veränderungen. Die Minen holen Gold im Rahmen des so genannten Dehedging vom Markt zurück, was sich zusätzlich positiv auf den Preis auswirkt." [4.50]

Wir können den Abschnitt "Angebot und Nachfrage" daher wie folgt und in aller Kürze zusammenfassen: Die Nachfrage nach Gold wird steigen, das Angebot von Gold wird sinken. Kann es eine bessere und aussichtsreichere Konstellation geben?

4.3. Geringe Kapitalisierung des Goldmarktes

"Falls nur ein einziges Prozent der Kapitalisierung der Aktien- und Bondmärkte der Welt in den Goldmarkt flöße, der Unzenpreis würde sofort auf mehrere 1.000 Dollar (Schätzungen schwanken zwischen 3.000 und 12.000 US$) in die Höhe schießen."

Prof. Hans J. Bocker [4.51]

Die Marktkapitalisierung einer Aktiengesellschaft errechnet sich ganz einfach aus der Anzahl der ausgegebenen Aktien mal deren Kurswert. Hat die Beispiel AG also 1 Millionen Aktien ausgegeben, die an der Börse mit 10 Euro pro Aktie gehandelt werden, so ist die Marktkapitalisierung (oder auch der Börsenwert) der Beispiel AG 10 Millionen Euro.
Spricht man von der Marktkapitalisierung eines ganzen Börsenindexes, z.B. des deutschen DAX, so wird die Marktkapitalisierung aller im Index enthaltenen Unternehmen einfach aufaddiert. Für den amerikanischen S&P 500 Index ergibt sich somit eine Kapitalisierung von ca. 10.000 Milliarden US-Dollar. Der deutsche Aktienindex DAX besitzt eine Marktkapitalisierung von 735 Milliarden US-Dollar. Die jährliche Goldproduktion von ca. 2450 Tonnen hingegen hat bei einem Unzenpreis von 500 Dollar einen Wert von lediglich ca. 40 Milliarden Dollar. Optisch kann man diese Größen wie folgt veranschaulichen:

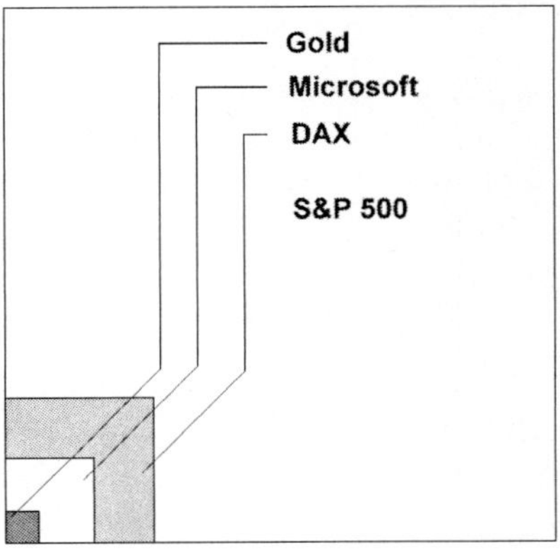

Abbildung 4.14.: Größenvergleich der Marktkapitalisierung von S&P500, Dax, Microsoft und jährlicher Goldförderung

Das große Quadrat entspricht der Marktkapitalisierung des S&P 500 Indexes, das kleine Quadrat links unten repräsentiert die Größe des Goldmarktes im maßstäblichen Vergleich. Leidglich 0,37% des S&P Indexes könnten demnach die gesamte Goldproduktion eines Jahres aufkaufen. Oder anders ausgedrückt: Sollten nur 0,37% der Besitzer von S&P Aktien sich entschließen, ihr Kapital in Gold umzuschichten, wäre eine ganze Jahresproduktion vom Markt verschwunden.

Werden in Zukunft die Papierwährungen versagen oder durch die hohe Inflation weiter entwertet, so ist in der Tat davon auszugehen, daß immer mehr Investoren ihr Kapital in den sichern Hafen Gold umschichten werden. Welch enormen Druck dies auf den kleinen Goldmarkt haben wird, können sie aus obiger Darstellung ermessen. Sollten z.B. 50% des Kapitals des S&P und des DAX Indexes in Gold wechseln wollen, so müßte der Unzenpreis auf rund 68.000 Dollar steigen.

Man spricht daher von einer Marktenge der Edelmetalle. Je mehr Kapital in diesen kleinen Markt fließt, umso höher wird der Preis steigen. Dies war auch ein entscheidender Grund für die Regierungen, Gold in der Öffentlichkeit permanent schlecht zu reden. Würden zu viele Menschen in Gold investieren, könnte der Preis nicht mehr kontrolliert werden.

4.4. Goldene Versicherung gegen Inflation

"Sie haben die Wahl zwischen der natürlichen Stabilität des Goldes und der Ehrlichkeit und Intelligenz der Politiker. Und mit dem Respekt für diese Herren, rate ich Ihnen solange das kapitalistische System besteht, das Gold zu wählen."

George Bernard Shaw, Dramatiker 1856-1950

Nachdem wir nun die grundlegenden Marktgegebenheiten für das Gold kennengelernt haben (Manipulationen, Angebot & Nachfrage, Marktenge), kommen wir nun zu historischen Betrachtungen. Wie verhielt sich der Goldpreis in der Vergangenheit im Bezug auf andere Rohstoffe wie Öl oder im Bezug zu Aktien? Wie verhielt sich Gold in Zeiten steigender Inflation und negativer Realverzinsung (Inflation höher als Zinsen)?

Abbildung 4.15. stellt die Realverzinsung, also die Zinsen abzüglich der Inflation, für den Zeitraum 1970 bis 2004 dar.

Man erkennt deutlich, daß der Goldpreis immer dann anstieg, wenn die Realverzinsung negativ war (70er Jahre), oder sich auch nur dem Nullpunkt näherte wie z.B. im Jahr 1993 oder seit 2001.

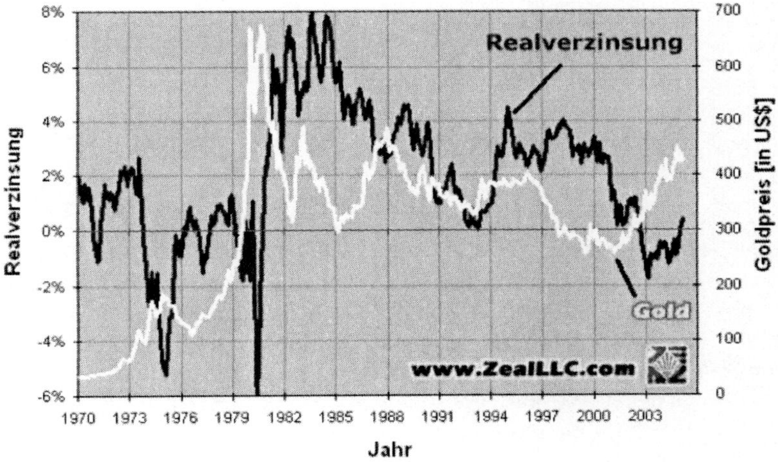

Abbildung 4.15.: Realverzinsung und Goldpreis für den Zeitraum 1970 - 2004; Quelle: Adam Hamilton, Zealllc.com

Historisch betrachtet kann man also festhalten, daß Gold stets eine Versicherung gegen die Inflation war. Dies bestätigte auch die Studie von Stephen Harmston, die im Auftrage des World Gold Councils durchgeführt wurde [4.52] und im zweiten Kapitel bereits kurz vorgestellt wurde.

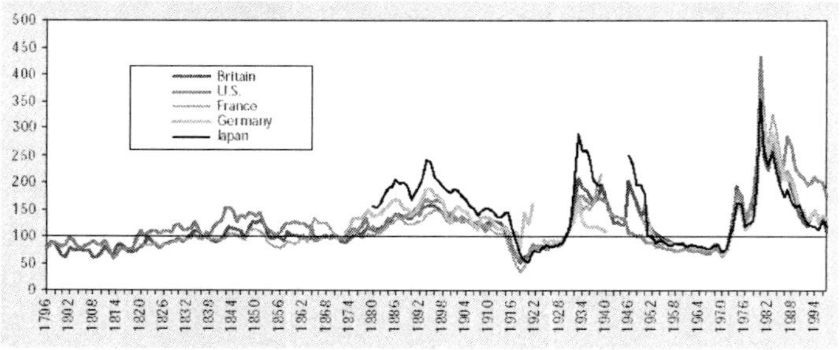

Abbildung 4.16.: Indizierte Kaufkraft des Goldes 1796-1997 für England, USA, Frankreich, Deutschland und Japan (1930 = 100). Quelle: World Gold Council [4.52]

Diese Abbildung zeigt, daß die Kaufkraft des Goldes über 200 Jahre lang konstant blieb und in Krisenzeiten eher nach oben, als nach unten ausschlug. So erkennt man zur Zeit der Weltwirtschaftskrise, Ende der 20er Anfang der 30er Jahre des vorigen Jahrhunderts, einen Anstieg der Kaufkraft auf über 200 Indexpunkte. Ebenso stieg die Kaufkraft des Goldes in der Folge des 2. Weltkrieges, sowie in den 70er Jahren, als der Ölschock und steigende Inflation die Wirtschaft schwächten.

Wir haben bereits im 3. Kapitel gesehen, daß wir im Augenblick, wie nie zuvor in der monetären Geschichte, von einer Inflation bedroht sind, da die Banken seit dem Ende des Bretton-Wood-Systems Geld in ungeahnten Mengen aus dem Nichts schöpfen. Geld, dem keine Waren oder Dienstleistungen gegenüberstehen.

4.5. Das Gold-Öl-Verhältnis

Öl ist der Schmierstoff unserer Wirtschaft, ja unseres ganzen Lebens. Steigt die Inflation, steigt der Ölpreis und die Wirtschaft kommt in Schwierigkeiten. Die Bilder der autofreien Sonntage und leeren Autobahnen sind uns wohl allen noch in Erinnerung. Genauso wichtig wie Öl für die Wirtschaft, ist wie gesehen das Gold für das Geldsystem. Setzt man die Preise zueinander in Relation, erhielt man in der Vergangenheit stets korrekte Zeitpunkte, bei denen man besser in Öl, oder besser in Gold investiert gewesen wäre.

Man errechnet die Relation, indem man den Goldpreis pro Unze durch den Ölpreis pro Barrel teilt. Kostet die Goldunze also z.B. 400 Dollar und das Barrel Öl 50 Dollar, so erhält man ein Gold-Öl-Verhältnis von 8. Der langfristige Mittelwert dieses Verhältnisses liegt seit 1965 bei ca. 15, d.h. für eine Unze Gold bekam man im Schnitt 15 Barrel Öl.

Abbildung 4.17.: Verhältnis Gold zu Öl 1965 - 2005,
Quelle: Adam Hamilton, www.zeallc.com

Zum Zeitpunkt als dieses Buch geschrieben wurde, lag der Goldpreis bei ca. 500 Dollar und der Ölpreis bei 60 Dollar, d.h. die Ratio lag bei 8,3. Für eine Unze Gold bekam man also nur rund halb so viel Öl als normalerweise dies der Fall ist.
Entweder ist also das Öl spekulativ extrem überbewertet, oder Gold unterbewertet. Da wir jedoch bereits wissen, daß der Goldpreis künstlich unterdrückt wird, kann man davon ausgehen, daß das Gold unterbewertet ist. Das langfristige Gold-Öl-Verhältnis bestätigt demnach lediglich die Manipulationen und zeigt auf der anderen Seite an, daß diese extremen Unterbewertungen des Goldes stets wieder aufgehoben wurden, sprich der Goldpreis stieg.

In Abbildung 4.17. sind ebenfalls die mathematischen Standardabweichungen eingezeichnet. Diese liegen derzeit bei rund 20, 25 bzw. 30 für eine, zwei und drei Standardabweichungen.

Nimmt man den Ölpreis mit 60 Dollar als konstant an, so errechnen sich für den Goldpreis die folgenden Preisziele:

Gold/Öl-Ratio	*Goldpreis*	
15	900 Dollar	(Durchschnitt)
20	1200 Dollar	(1 Stand.-Abweichung)
25	1500 Dollar	(2 Stand.-Abweichungen)
30	1800 Dollar	(3 Stand.-Abweichungen)

4.6. Das Dow-Gold-Verhältnis

Ein weitere Verhältnis, welches gerne zu Rate gezogen wird, ist das so genannte Dow-Gold-Verhältnis.

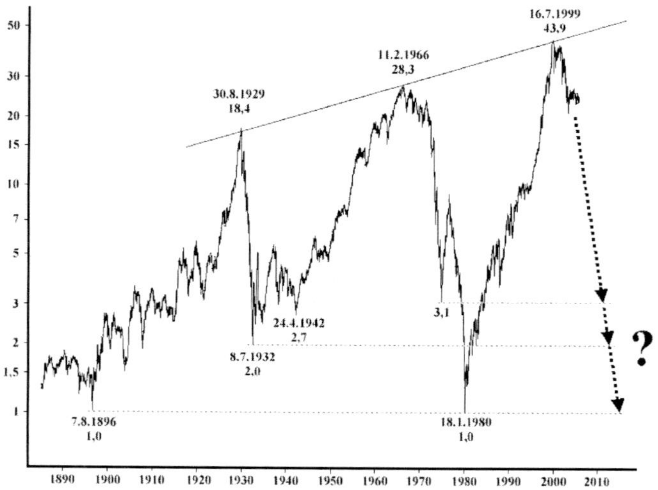

Abbildung 4.18.: Verhältnis Dow-Jones Aktienindex zu Gold 1895-2005 (logarithmische Darstellung)

Indem man den Goldpreis zum Aktienindex Dow-Jones ins Verhältnis setzt, erkennt man, wie teuer oder billig Gold im Vergleich zu den Aktienbewertungen ist. Steht der Dow-Jones-Index wie beim Schreiben dieses Buches z.B. bei 10.800 Punkten und das Gold bei 500 Dollar je Unze, ergibt sich ein Dow-Gold-Verhältnis von 21,6 (10.800 geteilt durch 500). Wie in Abbildung 4.18 zu sehen ist, bewegt sich dieses Verhältnis bereits seit einiger Zeit in dieser Größenordnung.

Aus der Abbildung läßt sich jedoch auch ersehen, daß in der Geschichte das Verhältnis immer wieder auf einen Wert von bis zu 1,0 zurückkam, d.h. daß Aktien im Augenblick gemessen in Gold zu hoch bewertet sind (oder Gold zu niedrig, wie man es nimmt).

Prof. Robert J. Shiller von der Yale-Universität veröffentlichte im Frühjahr 2000 sein Buch "Irrational Exubarence", in dem er vor einem Aktiencrash warnte. Er machte diese These an der exorbitanten Überbewertung des fundamentalen Kurs-Gewinn-Verhältnisses (KGV) der Aktien von seinerzeit knapp 45 fest.
Das KGV errechnet sich, indem man den Aktienkurs durch den Gewinn des Unternehmens je Aktie teilt. Wird also unsere Beispiel AG mit 300,- Euro je Aktie an der Börse gehandelt und erwirtschaftet einen Gewinn von 15,- Euro je Aktie, so ist das KGV 20. Je niedriger das KGV ist, um so billiger ist die Aktie, da sozusagen der "Preis pro Gewinn" sinkt.
Historisch betrachtet waren Aktien bei KGVs von unter 10 unter-, über 20 jedoch überbewertet.
Nach dem Aktiencrash im Jahr 2000 sank das KGV amerikanischer Aktien von 45 auf ca. 22, was also im historischen Masstab immer noch eine Überbewertung bedeutete. Aktuell ist der Wert sogar wieder auf ca. 27 angestiegen, d.h. Aktien sind nach wie vor sehr teuer. Kritische Aktienkenner sprechen in diesem Zusammenhang von einer Echo-Blase, die jederzeit wieder platzen könnte.
Claus Vogt, Research-Leiter der Berliner Effektenbank und Co-Autor des sehr zu empfehlenden Buches "Das Greenspan-Dossier" hierzu im Januar 2005:

> "Die fundamentale Bewertung des US-Aktienmarkts befindet sich weiterhin auf einem extrem hohen Niveau. Kurs-Gewinn-Verhältnis, Kurs-Cashflow-Verhältnis, Kurs-Umsatz-Verhältnis, Kurs-Buchwert-Verhältnis und die Dividendenrendite liefern ohne Wenn und Aber dieses Ergebnis. Damit sind sämtliche klassischen Maßzahlen der Unternehmensbewertung in Übereinstimmung und

zeigen eine krass überbewertete Börse an. Aus fundamentalen Überlegungen heraus gibt es also keinen Grund US-Aktien zu besitzen." [4.53]

Wie hoch der amerikanische Aktienmarkt derzeit noch immer gepreist ist, erkennt man aus den Langzeit-Charts der zwei wichtigsten Aktienindices.

Abbildung 4.19.: Historischer Dow-Jones Aktienindex 1800-2003 (logarithmische Darstellung)

Für den Dow-Jones Aktienindex läßt sich ein Trendkanal einzeichnen, der über 180 Jahre Bestand hatte. Mitte der 80er Jahre erfolgte der Ausbruch nach oben. Wie bekannt, folgte die größte Börsenblase, die Anfang 2000 zu ihrem vorläufigen Ende kam. Der kurzzeitige Rücksetzer wurde jedoch in der Folge sehr schnell wieder ausgeglichen, sodaß der Dow-Jones auch aktuell noch weiter über diesem historischen Trendkanal liegt.
Wie marginal der Kursrückgang Anfang 2000 war, erkennt man zudem, wenn man den Kursverfall Anfang der 1930er Jahre zu Zeiten der Weltwirtschaftskrise betrachtet, der den Index von der oberen zur unteren Begrenzung des Trendkanals führte.

Im breiteren Index S&P 500 war der Kursanstieg seit Beginn der 80er Jahre nicht so stark wie beim Dow-Jones. Jedoch kann man auch hier einen historischen Trendkanal einzeichnen, dessen Ober- und Unterkante fast

genau dem S&P Höchststand vor der Wirtschaftskrise 1929, bzw. dem Tiefststand aus dem Jahr 1932 entsprechen.
Im Jahr 2000 prallte der Index genau an dieser Oberkante wieder ab und konsolidierte bis auf die mittlere Trendlinie des Kanals, um von dort jedoch wieder nach oben zu steigen (vom historischen Hoch bei rund 1550 Punkten, sind wir Ende 2005 wieder nur ca. 16% entfernt).

Abbildung 4.20.: Historischer S&P 500
Aktienindex 1920-2005 (logarithmische Darstellung)

Zieht man wieder die historische Parallele zum Beginn der 30er Jahre, müßte also auch der S&P 500 in der Zukunft nochmals stark konsolidieren.

Was bedeutet dies für das derzeitig sehr hohe Dow-Gold-Verhältnis? Um wieder auf ein Niveau von 1 bis 3 zu kommen (wie immer in der Geschichte), müßte das Gold also entweder steigen, oder die Aktien fallen. Wie wir oben gesehen haben, sind Aktien nach wie vor überbewertet und bieten derzeit keine attraktive Anlagemöglichkeit, während Gold seit 2001 wieder steigt. Die Wahrheit wird also wie so oft irgendwo in der Mitte liegen. Um auf ein Dow-Gold-Verhältnis von 1 oder 3 zu kommen wird das Gold weiter steigen müssen und die Aktien wieder fallen.

Wenn man den Dow-Jones-Index mit 5000 oder 3000 Punkten annimmt (damit der historische Trendkanal wieder erreicht werden würde), sind die Preisziele für ein solches Szenario wie folgt:

Dow-Gold-Verh.	*Dow-Jones*	*Gold*
3	3000	1000 $
3	5000	1667 $
1	3000	3000 $
1	5000	5000 $

4.7. Wiedereinführung eines Goldstandards?

Um die Relationen aus Abbildung 4.1. (Weltwährungsreserven) besser verstehen zu können, hilft es auch auszurechnen, wieviel eine Goldunze theoretisch wert sein müßte, um den alten, klassischen Goldstandard wieder herstellen zu können. Unter diesem Standard waren 35% der ausgegebenen Dollarnoten mit Gold gedeckt.

Im November 2005 betrug die ausgegebene M3-Geldmenge der amerikanischen Zentralbank 10.099,0 Milliarden Dollar [4.54]. Die offiziellen Goldreserven der FED betrugen 261,6 Millionen Unzen.
Bei einer 35%-Deckung müssten also die offiziell ausgewiesenen 261,6 Millionen Unzen einen Wert von 3534,65 Milliarden Dollar haben. Dies würde einem Unzenpreis von 13.512,- Dollar entsprechen, Tendenz steigend.

Auch aus dieser Zahl können sie ersehen, wie enorm die Papiergeldmenge seit 1971 ausgeweitet wurde, bzw. wie tief das Gold in Papiergeld derzeit gehandelt wird. Wie jedoch zuvor besprochen, kann stark angezweifelt werden, daß die Amerikaner überhaupt noch so viel Gold besitzen. D.h. je weniger die Notenbanken an Goldreserven besitzen, um so höher müßte dessen Wert steigen, um wieder eine goldgedeckte Währung einführen zu können. Wie sagte noch Alan Greenspan 1966? "Ohne Goldstandard gibt es keine Möglichkeit, Ersparnisse vor der Konfiszierung durch Inflation zu schützen".

4.8. Eeden-Müller-Goldpreistheorie

"Es gibt nichts Praktischeres als eine gute Theorie."

Immanuel Kant, Philosoph 1724-1804

Zuletzt möchte ich Ihnen eine Preistheorie präsentieren, die auf einer mathematischen Formel von Paul van Eeden beruht, der eine wöchentliche Kolumne für die Internetseite www.kitco.com schreibt.
Diese Formel berechnet den theoretischen Preis für Gold in Relation zum Geldmengenwachstum des Dollars und zur weltweit vorhandenen Goldmenge. Mit ihr ist es möglich den zukünftigen theoretischen Goldpreis für zwei mögliche Szenarien zu berechnen: a) einer linear steigenden Geldmenge oder b) einer exponentiell wachsenden Geldmenge M3 des Dollars.
Im Internet wurden diese Berechnungen von Paul van Eeden erstmals im April 2003 veröffentlicht [4.55]. Im Oktober 2005 nahm er in einer Kolumne nochmals Bezug auf diese Artikel und aktualisierte die Zahlen von 2003 [4.56]. Der Autor vermied es jedoch auf Grundlage seiner Formel Vorhersagen für die Zukunft zu treffen. Mit der prognostizierten Goldförderung aus Abbildung 4.11 erscheint es jedoch möglich, sinnvoll und interessant, zu berechnen, wohin der Goldpreis aufgrund dieser Preistheorie gehen könnte.

Die Formel von van Eeden ist im Grunde sehr simpel. Sie geht davon aus, daß alles Gold, das jemals gefördert wurde, auch heute noch in irgendeiner Form vorhanden ist. Dies trifft zwar nicht ganz zu, da in der Industrie teilweise auch Gold unwiderbringlich verbraucht wird, stellt jedoch eine gute und konservative Näherung dar. Die jährliche Neuproduktion von Gold stellt demnach eine Inflation (Aufblähung) der bestehenden Goldbestände dar, Zitat:

> "Der Betrag des jährlich geförderten Goldes ist nichts anderes als die Inflation der bisherigen Goldbestände." [4.55]

Demzufolge verringert also die gesteigerte Goldmenge deren Wert pro Mengeneinheit.
Weiterhin geht der Autor von einer fixen Kaufkraft des Goldes aus (siehe Abbildung 4.16). D.h. eine Geldmengenausweitung des Dollars (dessen Inflation bzw. Kaufkraftverringerung) bewirkt ein Steigen des Goldpreises.

Der Goldpreis steigt also mit steigender Geldmenge und sinkt mit steigender Goldmenge. Mathematisch sieht die Formel wie folgt aus:

$$Au(t) = Au(t-1) \bullet \frac{M3(t)}{M3(t-1)} \bullet \frac{GP(t-1)}{GP(t)}$$

wobei Au(t) der Goldpreis zum Zeitpunkt t, M3 die Geldmenge des US-Dollar und GP die kumulierte, historische Goldproduktion darstellt, jeweils zum Zeitpunkt t.

Unter den anzunehmenden Voraussetzungen, daß sowohl die Geldmenge, als auch die Goldmenge steigt, wird der erste Geld-Term stets größer als 1, der zweite Gold-Term stets kleiner als 1. Kommt die Goldproduktion zum Erliegen, d.h. wird den bestehenden Beständen kein neues Gold mehr hinzugeführt, wird der 2. Term gleich eins, d.h. er wirkt sich nicht mehr auf den theoretischen Goldpreis aus.
Geht man von einer bis heute kumulierten Goldförderung von 130.000 Tonnen [4.57], sowie davon aus, daß der Goldpreis im Jahr 1947 den wahren inneren Wert von 35 Dollar besaß [4.55], so berechnet sich der theoretische Goldpreis bis heute folgendermaßen:

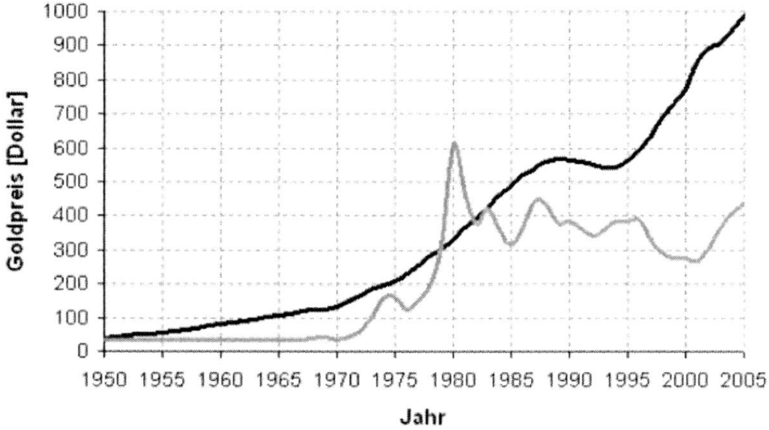

Abbildung 4.21.: Theoretischer Goldpreis nach van Eeden (schwarze Kurve) sowie tatsächliche Goldpreise (graue Kurve, jährliche Mittelwerte, Quelle: www.kitco.com)

Der Autor Paul van Eeden kommt in seiner Publikation [4.55] auf niedrigere Werte für den theoretischen Goldpreis, was wohl daran liegt, daß die historische Goldförderung niedriger als 130.000 Tonnen angesetzt wurde. Da die Statistik der Dollar Geldmenge M3 nur bis 1959 zurückreicht [4.54], wurden die Werte für 1946 bis 1958 polynomisch in die Vergangenheit extrapoliert.

Man erkennt in Abbildung 4.21, daß Gold im Jahr 1971, nachdem der Preis freigegeben worden war, ungefähr um das 3-fache zu niedrig bewertet war und folgerichtig in den Jahren bis 1975 fast bis zum theoretischen Wert von 200 Dollar aufschließen konnte. In der Hysterie Ende der 70er, Anfang der 80er Jahre schoss das Gold über seinen theoretischen Wert hinaus und kam daher im Preis wieder zurück. In den 80er und 90er Jahren öffnete sich durch die Marktmanipulationen der Geschäfts- und Zentralbanken die Schere zwischen theoretischem und realen Goldpreis immer weiter, verstärkt seit 1996, sodaß zum Beginn des neuen Jahrtausends der Druck des Marktes wohl so groß geworden war, daß der reale Goldpreis wieder zu steigen beginnen mußte. Der aktuelle theoretische Goldpreis liegt für Ende 2005 bei ca. 1000 Dollar je Unze, d.h. 100% über dem derzeitigen Marktniveau.

Interessant wird es nun, wenn man diese Werte in die Zukunft extrapoliert, d.h. die Zahlenreihen sozusagen aufgrund ihres bisherigen mathematischen Verlaufes in die Zukunft verlängert. Zum einen können hierfür die zukünftigen Goldförderdaten verwendet werden, die in Abbildung 4.11 hergeleitet wurden.

Für das Wachstum der M3-Geldmenge des Dollars bieten sich die zwei bereits genannten Szenarien (lineares und exponentielles Wachstum) an.

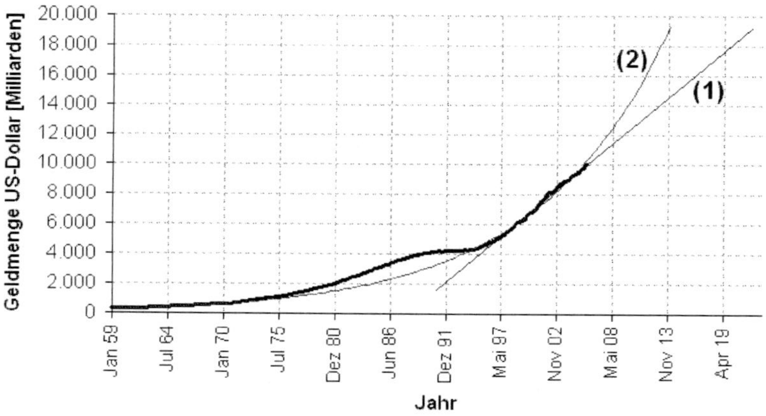

Abbildung 4.22.: M3-Geldmenge US-Dollar 1959-2005, sowie dessen möglicher zukünftiger Verlauf: (1) linear, (2) exponentiell

Das Ergebnis unter diesen Annahmen sieht wie folgt aus:

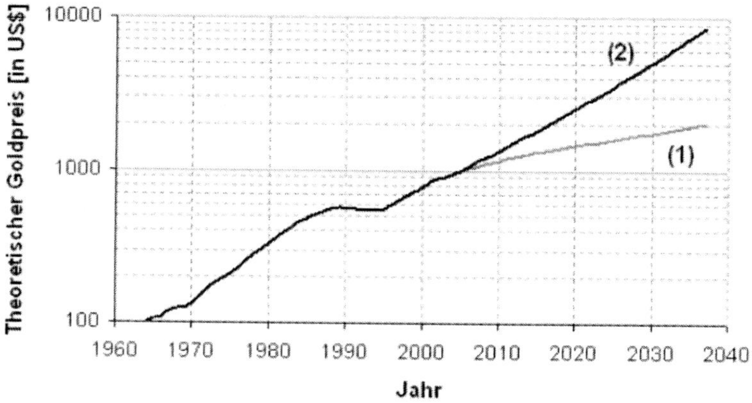

Abbildung 4.23.: Zukünftiger theoretischer Goldpreis für die Szenarien 1 (lineares M3-Wachstum) und Szenario 2 (exponentielles M3-Wachstum). Logarithmische Darstellung.

Nimmt man einen exponentiellen Verlauf des M3-Geldmengenwachstums an, so steigt auch der theoretische Goldpreis exponentiell an (durch die logarithmische Darstellung in Abbildung 4.23 eine Gerade), sodaß man für das Jahr 2040 auf einen theoretischen Goldpreis von rund 10.000 Dollar pro Unze kommt. Unter Annahme eines linearen M3-Wachstums liegt der theoretische Goldpreis zwischen 2000 und 2100 Dollar je Unze.

Bei diesen hohen Zahlen kommt wohl bei dem ein oder anderen nun ein Glitzern in die Augen. Deswegen hierzu noch einige Anmerkungen.

Wir müssen uns davon gedanklich lösen, diese Zahlen mit der heutigen noch verbliebenen Restkaufkraft des Dollars in Übereinstimmung bringen zu wollen. Der Dollar im Jahr 2040, wenn er dann noch existieren sollte, wird weitaus weniger Kaufkraft besitzen als der heutige Dollar. Zuwächse an Kaufkraft entstehen nur dadurch und dann, wenn in Krisenzeiten mehr Menschen Gold (und Silber) nachfragen, als der Markt anbieten kann. D.h. die Menschen messen dann den Edelmetallen mehr Wert bei und werden bereit sein, im Austausch dafür mehr Waren herzugeben.

Der Kern dieses theoretischen Preismodelles bleibt jedoch der, daß Gold heute beim Preis von rund 500 Dollar immer noch um ca. 100% unterbewertet ist!

Machen sie sich diesen Umstand zu Nutze und freuen sie sich, daß die Zentralbanker rund um diesen Globus diese Chance mit ihren Preismanipulationen überhaupt erst geschaffen haben.
Vielleicht werden ihre Edelmetall-Reserven, neben ihren Immobilien, die einzigen noch werthaltigen Anlageklassen (Neudeutsch "Assets") sein, mit denen sie ihr Leben bestreiten werden können.
Die große Thematik Umweltverschmutzung, Terror- und Kriegsgefahr, Verfall von Familien und Gesellschaft, Kampf um die verbliebenen Ressourcen etc. soll im Rahmen dieses Buches nicht erörtert werden.

4.9. Zusammenfassung des vierten Kapitels

Das Bretton-Woods-System schuf nach dem zweiten Weltkrieg ein System, in dem der US-Dollar als einzige Devisenwährung an das Gold gebunden war. Alle anderen wichtigen Währungen waren an den Dollar gebunden und damit indirekt an das Gold. Durch das "Aufkaufen-Müssen" von Dollars, exportierten die USA ihre Inflation in alle Mitgliedsstaaten des Systems.

Als die USA im Zuge des Vietnam-Krieges immer schneller inflationierten, und als Frankreich 1971 die Konvertierung seiner Dollarbestände in Gold einforderte, schloss Präsident Nixon das Goldfenster einseitig, d.h. die USA weigerten sich, weiterhin Gold für ihre Papierdollars auszuzahlen. Seit dieser Bankrott-Erklärung wachsen die Papiergeldmengen immer schneller und immer höher an, was anhand der Weltdevisenreserven ersehen werden kann.

Der Gold-Pool von sieben wichtigen Zentralbanken vermochte es in den sechziger Jahren nicht, den Goldpreis auf dem Kurs von 35,20 Dollar zu halten. Die siebziger Jahre waren geprägt durch den Ölschock und durch steigende Inflation, sodaß der Goldpreis - trotz weiterhin andauernden Goldverkäufen der Zentralbanken - bis auf 850 Dollar je Unze stieg.

Die Methoden der Drückung des Goldpreises wurden immer vielfältiger. Die Papiergold-Geschäfte mit Derivaten in den siebziger Jahren, sowie die Goldleihe und Gold-Carry-Trades führten zu einem stetigen Angebot an physischem Gold, sodaß der Preis nicht steigen konnte.

Es scheint seit dem neuen Jahrtausend jedoch so, daß den Zentralbanken ihre goldene Munition ausgeht, sodaß man sich verständigen mußte, den Goldpreis um 20 Dollar pro Jahr moderat steigen zu lassen.

Während die europäischen Zentralbanken und die des USA-Blocks in den vergangenen 25 Jahren massive Goldverluste hinnehmen mußten, steigen die Reserven der Zentralbanken des Mittleren und Fernen Ostens an. Die Schweiz, mit ihrem rießigen Goldschatz, verblieb als einziges westliches Land, um dem Markt neues physisches Gold liefern zu können und wurde wahrscheinlich genötigt, dies schlußendlich auch zu tun.

Die Nachfrage nach Gold ist klar steigend, das Angebot klar fallend, da die geologischen Reserven zur Neige gehen. Das mögliche Ende der Goldförderung liegt ca. zwischen 2026 und 2045. Das Beispiel des stark steigenden Indiums zeigt, was mit dem Preis eines Rohstoffes geschieht, wenn dieser geologisch zur Neige geht. Die präsentierte Prognose des zukünftigen Verlaufes der Goldförderung deckt sich mit der Aussage von Professor Saager (förderbare Restmenge liegt zwischen 45.000 und 50.000 Tonnen).

Die Kapitalisierung des Goldmarktes ist derart gering, daß nur wenige Prozent an Mittelzuflüssen aus den Aktienmärkten reichen wird, um den Preis stark steigen zu lassen.

Gold ist eine Versicherung gegen die steigende Inflation und behielt nachweislich seit Jahrhunderten seine Kaufkraft.

Im Vergleich zum Öl oder zu Aktien ist Gold nach wie vor billig bewertet. Die aus diesen Verhältnissen ableitbaren Preise für eine Unze Gold reichen von 900 bis 5000 Dollar. Würden die USA 35% ihrer ausgegebenen Dollars wie beim klassischen Goldstandard wieder mit Gold hinterlegen wollen, so müsste der Unzenpreis derzeit bei 13.500,- Papierdollar festgelegt werden.

Das Eeden-Müller-Modell des theoretischen Goldpreises zeigt, daß die heutige Bewertung des Goldes um rund die Hälfte zu niedrig ist. Je nachdem wie die M3-Geldmengenausweitung in der Zukunft weitergeführt wird, läßt sich für das Jahr 2040 ein theoretischer Goldpreis von bis zu 10.000 Dollar errechnen.

Die gezeigten Fakten lassen das Edelmetall als das sicherste Medium zum Aufbau einer Altersvorsorge für die Generation Gold erscheinen.

5. Kapitel: Silber

5.1. Mehr Gold als Silber?

"In den vergangenen Jahren zeigten öffentliche Berichte, daß die Lagerbestände an Barren, aufgrund einer die Minenproduktion übersteigenden Verbraucher-Nachfrage, stark gesunken sind. Daher schlossen Mr. Buffett und Mr. Munger (...), daß das Gleichgewicht zwischen Angebot und Nachfrage nur bei einem höheren Preis wieder hergestellt werden kann."

Pressemitteilung Berkshire Hathaway von 1998 [5.1]

Zwischen Juli 1997 und Januar 1998 kaufte Warren Buffett rund 130 Millionen Unzen physisches Silber, also rund 4000 Tonnen [5.1]. Der Grund für ihn ist, wie wir in der Pressemitteilung erfahren haben, recht einfach. Angebot und Nachfrage sind beim derzeitigen Preisniveau nicht im Gleichgewicht und selbiges wiederherzustellen bedarf eines höheren Preises.
Weiterhin gingen die offiziellen Lagerbestände von Silber seit dem Ende des 2. Weltkrieges derart zurück, daß wir uns in der folgenden paradoxen Situation befinden:

Obwohl eine Unze Gold derzeit 60 Mal mehr kostet als eine Unze Silber, gibt es 43 Mal mehr Gold auf der Welt als Silber.

Ich denke, sie sollten sich diesen Satz nochmals durchlesen, um die Tragweite zu erkennen. Es gibt 43 Mal mehr Gold auf der Welt und doch kostet dieses 60 Mal mehr als das wesentlich seltenere Silber.
Der Grund hierfür ist einsichtig: Gold war schon immer ein Mittel zur Wertaufbewahrung und wurde in dieser Eigenschaft kaum verbraucht. Dies bedeutet, daß fast alles Gold, welches seit ca. 5000 Jahren aus der Erde ausgegraben wurde, auch heute noch in irgendeiner Form existiert (Schmuck, Münzen, Barren etc.).
Dies steht fundamental im Widerspruch zu Silber, welches heutzutage hauptsächlich aufgrund seiner herausragenden physikalischen Eigenschaften in verschiedenen Industrien als Rohstoff unwiederbringlich verbraucht wird. Daher wird sich auch in Zukunft die physische Verteilung von Gold und Silber weiter zuungunsten des Silbers verschieben. Die ca.

50.000 Tonnen Gold, die uns die Erde – wie im letzten Kapitel erörtert – noch schenken wird, werden zu den bereits bestehenden Beständen hinzukommen, während das geförderte Silber weiterhin sofort verbraucht wird.
Hans-Jörg Müllenmeister drückte dies im Aktienbrief "Sicheres Geld" vom Oktober 2005 wie folgt aus:

> "Interessant für den Investor ist die Tatsache, daß die geschätzten Weltlagerbestände von 1987 bis 2002 gewaltig abnahmen, nämlich von 2.400 Millionen Unzen oder 74.600 t auf 100 Millionen Unzen oder 3.100 t. Das ist ein kläglicher Silberwürfel von 6,6 m Kantenlänge. (...) Der Weltbestand des 60 Mal teureren Goldes lässt sich theoretisch durch einen Kubus von 19 m darstellen. Das wäre das 43-fache Gewicht gegenüber dem Silbervorrat." [5.2]

Grafisch erkennt man die Größen-Relation der Bestände noch besser:

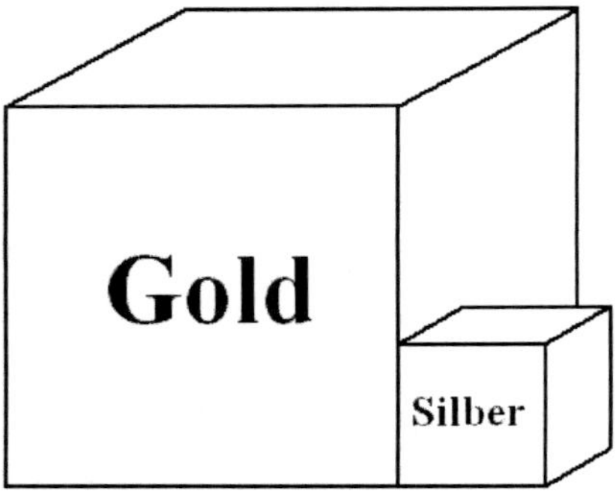

Abbildung 5.1.: Größenrelation der weltweit vorhandenen Gold- und Silberbestände: Gold: 130.000 Tonnen, Silber 3.000 Tonnen

Man muß hierbei jedoch noch anmerken, daß die Dichte des Goldes mit 19,3 g/cm^3 ungefähr doppelt so groß ist wie die von Silber mit 10,5 g/cm^3. Das heißt, hätte Silber die gleiche Dichte, würde der Silberwürfel nur noch 5,4 Meter in der Kantenlänge messen, also in der Grafik noch kleiner erscheinen.
Monetär betrachtet wird das Missverhältnis noch interessanter. Wird der vorhandene Goldwürfel derzeit mit ungefähr 2.000 Milliarden Dollar bewertet, so kostet der Silberwürfel hingegen nur geringe 0,8 Milliarden

Dollar. Mit anderen Worten: Das 43 Mal häufigere Gold kostet 2500 Mal mehr als Silber. Sollte nicht eigentlich das seltenere Edelmetall einen höheren Wert und damit Preis haben?

Genug der Gedankenspielerei. Ich denke der springende Punkt ist klar, nämlich, daß es in Zukunft immer weniger Silber und immer mehr Gold auf der Welt geben wird. Der große weise Mann des Silbers, Theodore 'Ted' Butler, der seit 2000 eine wöchentlich erscheinende Kolumne über Silber kostenlos im Internet publiziert [5.3], schrieb zu diesem Thema am 12. Juli 2005:

> "Es wurde uns beigebracht (...), daß etwas Selteneres mehr kosten muß, als das weniger Seltene. Das ist bei Gold und Silber nicht der Fall. Darüber hinaus ist das seltenere Silber eine Lebensnotwendigkeit für unser modernes Leben, während das häufigere Gold grundsätzlich nur Luxus ist. Daß das seltenere, dringend gebrauchte und ausgehende Material nicht korrekt bewertet ist, stellt eine einmalige Chance in ihrem Leben dar." [5.4]

Mit der "Lebensnotwendigkeit für unser modernes Leben" spricht Ted Butler die Verwendung von Silber in nahezu allen technischen Geräten an: Vom Handy, über den Computer bis zum Kühlschrank. Doch davon später mehr.

5.2. Manipulationen des Silberpreises

"Die Tage, an denen die COMEX die globalen Silberpreise bestimmt, sind gezählt."

Rusty McDougal [5.6]

Unter 4.1. haben wir bereits erörtert, wie die Zentralbanken den Goldpreis unter Kontrolle halten. Sie können sich denken, daß es (bisher) beim Silberpreis ähnlich funktioniert hat, mit dem Unterschied, daß die Silberlager der Zentralbanken in diesem Spiel nicht mehr die entscheidende Rolle spielen können.

Vor 60 Jahren wiesen die weltweiten Silberlager noch rund 10 Milliarden Unzen auf [5.5], wobei die amerikanische FED mit 5 Milliarden Unzen den größten Anteil inne hielt [5.6]. Diese Lager entsprachen seinerzeit dem Fünfzig-fachen der Weltproduktion an Silber von 200 Millionen Unzen und dem Zehnfachen des damals vorhandenen Goldbestandes von rund einer Milliarde Unzen [5.5].
Seit dieser Zeit jedoch wurden diese Lager nahezu vollständig durch die Verwendung in der Industrie geleert. Durch diese Regierungsverkäufe konnte die primäre Angebotslücke immer wieder geschlossen und der Preis niedrig gehalten werden.
Daß das Lager des größten Lieferanten, nämlich das der USA, leer sein muß, zeigt alleine die Tatsache, daß zur Prägung der populären [5.57], seit 1986 jährlich erscheinenden 'Silver Eagle' Münze, das US-Schatzamt seit einigen Jahren Silber am Markt hinzukaufen muß [5.7]. Würde das Schatzamt dies tun, wenn es noch eigenes Silber im Keller hätte?
Ein anderer, bisher großer Lieferant, war China. Dietmar Siebholz schreibt:

> "China hat in den letzten Jahren geschätzt ca. 300 Mio. Unzen am Weltmarkt veräußert; nach Schätzungen von Fachleuten z.B. von Ross Beaty, früherer Präsident des Silver-Institutes, wird China seine bisherigen Überschüsse nahezu verkauft haben, und Restbestände werden in der eigenen Industrie verwendet werden." [5.7]

Auch aus dieser Quelle sind also in Zukunft keine weiteren nennenswerten Verkäufe mehr zu erwarten. Im Gegenteil: China verwandelt sich in großem Stil vom Exporteur zum Importeur für Rohstoffe, neben Silber z.B. auch für Zink [5.8] und viele andere Rohstoffe.

Die aktuellen Lagerbestände der COMEX (Commodity Exchange, Rohstoffbörse) in New York sind auf 119 Millionen Unzen gesunken (Stand Ende Dezember 2005) [5.9], wobei dieses Silber teilweise nicht zum Verkauf steht, da es dort von Investoren eingelagert wurde. Weitere Kommentatoren sprechen von verbliebenen Silber-Restbeständen von weltweit nicht mehr als 300 Millionen Unzen. Dies entspricht nur rund einem Drittel eines Jahresbedarfs. Wieviel Silberbestände "über" der Erde genau existieren, kann jedoch niemand exakt sagen.

In diesem Zusammenhang scheint es jedoch wichtig, kurz auf die Silberspekulation der Gebrüder Nelson Bunker und Herbert Hunt in den siebziger Jahren einzugehen.

Die Hunts waren Ölmilliardäre aus Texas und begannen 1970 physikalisches Silber zu kaufen, da der private Besitz von Gold seinerzeit in den USA noch verboten war. Ende der siebziger Jahre hatten sie 200 Millionen Unzen aufgekauft (zumeist auf Kredit, was ihnen am Ende zum Verhängnis wurde) und dadurch den Preis von 3 Dollar auf bis zu 50 Dollar je Unze im Jahr 1980 steigen lassen.
Um den drohenden Kollaps des gesamten Marktes zu vermeiden und die beteiligten Banken (die auf der Short-Seite standen, d.h. Silber leer verkauft hatten) vor dem Konkurs zu retten, änderte die COMEX am Ende einfach die Börsenregeln.
Zunächst wurde das Umsatzvolumen pro Marktteilnehmer je Monat begrenzt und große Geschäfte mußten vorab angemeldet werden. Als der Preis dennoch weiter stieg, verbot die COMEX schlicht und ergreifend den weiteren Kauf von Silber. Dieses durfte fortan nur noch an Marktteilnehmer verkauft werden, die Lieferverpflichtungen eingegangen waren, sprich Silber leer verkauft hatten.
Der Preis fiel und die Hunts mußten am Ende ihr Silber genau an die Marktteilnehmer verkaufen, die ohne die Änderung der Regeln wohl bankrott gegangen wären. Am Ende waren die Hunts die Bankrotteure und wurden überdies (vermutlich als Warnung für zukünftige Spekulanten) mit Schadensersatzklagen überhäuft (weitere Quellen im Internet z.B. [5.10]).

Im Bezug auf die heutigen Silberbestände war diese Zeit insofern wichtig und interessant, als daß viele private Gegenstände aus Silber damals veräußert, eingeschmolzen und unwiderbringlich zu Geld gemacht wurden. Hubert Ross schreibt in seinem Buch "Big Silver" diesbezüglich:

> Löffel, Gabel, Buttermesser - alles kam in den Schmelzofen. Als der Silberpreis Anfang 1980 dabei war, seine Höchststände zu erklimmen, gab es kein Halten mehr. Ob es einmal Hochzeitsgeschenk oder Geburtstagspräsente waren, spielte keine Rolle. Bei einem Silberpreis von über 40 Dollar pro Unze, Tendenz steigend, wurden silberne Teelöffel mit über 100 Dollar gehandelt, ein Eßbesteck kam auf über 1.000 Dollar." [5.11]

Selbst die Süddeutsche Zeitung titelte am 29.7.2005 "Silbervorräte werden knapp" [5.12]. Wo also kommen die Silberbestände her, die notwendig sind um den Preis weiterhin manipulieren zu können? Die USA sind selbst auf die Käuferseite gewechselt, China gibt von seinen Restbeständen nichts mehr her und die privaten Gegenstände wurden bereits in den 70er und 80er Jahren verkauft und eingeschmolzen.

Die Antwort ist aus dieser Sicht logisch: Silber wird ausschließlich durch Papier-Kontrakte am Future-Markt manipuliert, wie soll es auch sonst anders gehen, wenn kein Silber mehr da ist und die neu geförderten Unzen sofort wieder in der Industrie verbraucht werden?

Allein die Umsatzvolumina des reelen Marktes auf der einen, und des virtuellen Papiersilbermarktes auf der anderen Seite, sprechen für diese These.

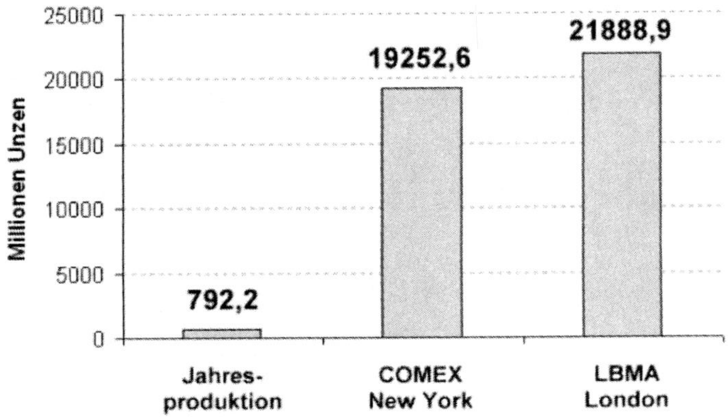

Bild 5.2.: Silber-Handelsvolumen im Jahr 2002 an der Comex New York und an der LBMA in London im Vergleich zum physischen Markt [5.13]

Das Papiersilber übertraf in 2002 mit 41.142 Millionen Unzen den physischen, reellen Markt mit 792,2 Millionen Unzen um den Faktor 52.
Wie beim Gold erörtert, werden auch bei Silber große Mengen leer verkauft. Kommerzielle Marktteilnehmer verkaufen Silber, welches sie gar nicht besitzen, zumeist an Hedge-Fonds, die es physisch auch gar nicht besitzen möchten.
Um diese Geschäfte überhaupt eingehen zu können, leihen sich die so genannten "Commercials" die erforderlichen Mengen bei der COMEX gegen eine geringe Gebühr aus.
Die Frage ist nun aber, wie die COMEX z.B. im Jahr 2002 über 40.000 Millionen Unzen ausleihen konnte, wenn sie doch nur noch rund 100 Millionen Unzen in ihren Lagerhäusern hatte? Die Antwort: Ein und dieselbe Unze wurde theoretisch bis zu 400 Mal ausgeliehen.

Die COMEX steckt also, indem sie diese extrem hohen Shortpositionen überhaupt zuläßt, mit den kommerziellen Händlern unter einer Decke, den Silberpreis niedrig zu halten.
Die offenen Verkaufskontrakte kommen fast nie physisch zur Auslieferung, sondern werden monetär geschlossen. Wie sollte man auch etwas ausliefern können, das in diesem Umfang gar nicht existiert?

Auch die Regeln der COMEX für die kommerziellen Händler lassen auf eine geplante Zusammenarbeit schliessen. Dietmar Siebholz dazu:

> "Die Commercials zahlen für ihre Terminverkäufe wesentlich geringere Einschüsse pro Kontrakt, sie können im bestimmten Fällen nicht zur Lieferung von physischem Silber an 'Großkäufer' gezwungen werden." [5.14]

Bei den Einschüssen (auch "Margins" genannt) handelt es sich um eine Garantiezahlung, eine Gebühr, welche die Bereitschaft des Investors dokumentieren soll, daß dieser sich an die eingegangene Verpflichtung halten wird. In der Regel beträgt diese Kontraktgebühr nur zwischen 5 und 10% des Wertes des Kontraktes, was eine große Hebelwirkung hervorruft.

Die COMEX hat sich bezüglich dieser Margins noch eine weitere Waffe geschaffen, indem sie nämlich diese mehr oder minder beliebig erhöhen kann. Wenn also z.B. der Markt nach oben auszubrechen droht, kann die COMEX einfach die Einschüsse erhöhen und damit von kleineren, weniger liquiden Marktteilnehmern Geld für bestehende Kaufkontrakte nachfordern. Wenn diese neuen 'Margin Calls' nicht erfüllt werden können, darf die Bank den Kontrakt verkaufen bzw. schließen, womit der Druck auf die Leerverkäufer abnimmt (so geschehen bei der Hunt-Spekulation).

Im ersten Quartal 2004 wurde genau dieses Instrument ebenfalls zweimal angewandt. Dietmar Siebholz:

> "Die COMEX hat im Zusammenhang mit den starken Preissteigerungen im ersten Quartal 2004 die Einschüsse zweimal erhöht, wohl offensichtlich, um den Druck auf die Kleinanleger zu erhöhen und die Short-Positionen (d.h. die Leerverkäufe; d. Verf.) der Commercials zu entlasten." [5.14]

Insgesamt betrachtet, fürchten die Regierenden das Element Silber wohl genauso wie Gold als einen fundamentalen Gegner des ungedeckten Papiergeldsystems, welches der weiteren staatlichen Verschuldungsorgie entgegensteht. Wie beim Gold ist es also eine Notwendigkeit, auch den Silberpreis niedrig zu halten, um das Vertrauen der Bevölkerung in die ungedeckte Papierwährung nicht zu gefährden.

In der Tat ist es so, daß die kommerziellen Händler, die - wie gesehen - mit der COMEX unter einem Hut zu stecken scheinen, per saldo noch nie auf der Käuferseite standen. Dies zeigen die Daten des so genannten "Commitment of Traders Report", abgekürzt CoT. In diesem Report werden jeden Freitag die Positionierungen der einzelnen Marktteilnehmer kostenlos veröffentlicht [5.15]. Abbildung 5.3 illustiert, daß die kommerziellen Marktteilnehmer (in den CoT-Reporten "Commercials" genannt), wenn immer der Preis nach oben auszubrechen drohte, massiv Kontrakte leer verkaufen, um damit den Preis wieder unter Kontrolle zu bringen. Die Gegenspieler der kommerziellen Händler sind dabei Hedge-Fonds und Kleinanleger (die Anzahl der Verkaufskontrakte entspricht immer genau der Anzahl der Kaufkontrakte).
Daß die Kleinanleger durch höhere Margin Calls zur Räson gebracht werden können, haben wir bereits zuvor gehört. Wie steht es aber mit den Hedge-Fonds?

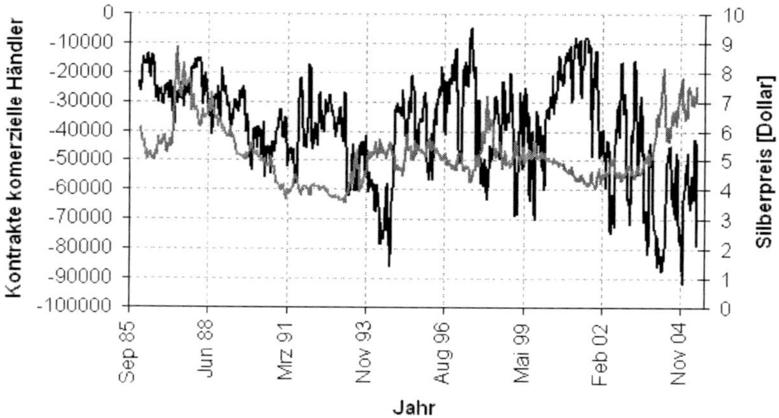

Bild 5.3. CoT-Daten für Silber 1986 - 2005. Schwarze Linie: Verkaufskontrakte der kommerziellen Händler (linke Skala). Helle Linie: Silberpreis in Dollar (rechte Skala) [5.15]

Diese Hedge-Fonds sind grundsätzlich nur auf schnellen Gewinn bedacht, d.h. sie agieren zumeist aus charttechnischen Gesichtspunkten und oftmals mit automatisierten Computerprogrammen. Wird eine bestimmte Unterstützungslinie nach unten durchbrochen, liquidieren sie automatisch ihre Positionen, um Verluste zu begrenzen. Die Kurse sinken dadurch weiter, sodaß u.U. weitere Unterstützungslinien fallen und weitere Verkäufe in den Markt kommen. Die Leerverkäufer können so ihre Kontrakte mit Gewinn wieder schließen. Die kommerziellen Händler müssen also nur insoweit aktiv am Markt agieren, als daß die von Ted Butler immer wieder als "hirntot" bezeichneten Hedge-Fonds den Rest der Arbeit selbst übernehmen. Diese sind es also, die zum größten Teil die Gewinne der Kommerziellen immer wieder willig bereitstellten.

Wer aber sind diese großen kommerziellen Händler, die Ted Butler als die "Silber-Manager" oder das "Wolfsrudel" bezeichnet?

> "Wer sind die Silber Manager und warum managen sie den Silbermarkt? Das 'wer' ist offensichtlich - es sind die großen Finanzinstitute, die jede Facette des Silbermarktes dominieren, den physischen und den Papierderivate-Markt, ebenso wie alle Aspekte der Finanzierung. Dies schließt AIG Trading, Bank of Nova Scotia (Mocatta), HSBC und die Morgans (JP und Stanley) und andere ein. Diese sind die großen Jungs in der Silberwelt. Sie stehen an der Spitze der Nahrungskette." [5.16]

Er nennt zudem drei Gründe, warum diese großen Institute den Silbermarkt regulieren können.

Erstens: Die Erlaubnis und finanzielle Potenz, in unbegrenzten Beträgen spekulieren zu können.

Dies ist auch der Grund, warum der Derivatemarkt den physischen Markt um ein Vielfaches übersteigt, egal wie unsinnig dies in der Realität auch sein mag. Ted Butler macht zudem klar, daß dies eindeutig gegen geltendes Recht verstößt.

> "Was verblüffend ist, daß diese wichtigste Waffe der Silber-Manager klar gegen das Gesetz der Rohstoffbörse verstößt. Würde die CFTC (Erklärung nachfolgend; d. Verf.) das bestehende Gesetz beachten und befolgen und auf die Begrenzung der spekulativen

> Positionen (...) beharren, die Manipulation würde sofort beendet sein." [5.16]

Die 'Commodity Futures Trading Commission' (CFTC) ist nach eigenen Angaben eine unabhängige Agentur der US Regierung, deren Mission es ist, die Marktteilnehmer und die Öffentlichkeit vor Betrug, Manipulation und missbräuchlichen Praktiken in den Rohstoff- und Finanzmärkten zu schützen [5.17].

Zweitens: Dominierung des physischen Silbermarktes und der Silber-Leihgeschäfte.

Zwei der Silber-Manager, nämlich HSBC und Scotia-Mocatta, unterhalten selbst die beiden größten Silber-Lagerhäuser der COMEX in New York. Sie sind die Erfinder und Ausführer der Gold- und Silberleihgeschäfte, die wir schon im vorigen Gold-Kapitel kennengelernt haben.

Drittens: Ihr Ansehen in der Finanzwelt.

Butler beschuldigt die Silber-Manager, Täter und Aufseher in einer Person zu sein.

> "Zusätzlich zur Dominierung des physischen- und des Papiermarktes durch die Silber-Manager, wurden dieselben Silber-Manager delegiert, sich selbst zu regulieren. Ich nehme sie nicht auf den Arm - die Silber-Manager sind ihre eigenen Polizisten und Richter." [5.16]

Ted Butler schrieb über diese Abläufe im September 2003 einen Brief an den New Yorker Generalstaatsanwalt Eliot Spitzer, der bereits in der Fondsbranche die so genannten "Market Timing Strategien" der Hedge Fonds aufgedeckt, angeklagt und sich damit mutig auf die Seite der kleinen Anleger gestellt hatte.
Er unterrichtete Herrn Spitzer über die kriminellen Machenschaften der COMEX, die in Verbindung mit den Silber-Managern seit 1983 kontinuierlich mehr Silber verliehen, als überhaupt in ihren Lagerhäusern vorhanden war (und ist). In seinem Brief bezog er sich auf die damalig aktuelle Situation, daß 900 Millionen Unzen leer verkauft waren. Die Jahresproduktion und die bestehenden Lager machten jedoch zusammen nur 750 Millionen Unzen aus. Hören wir diesbezüglich nochmals den Silber-Analysten Dietmar Siebholz:

> "Obwohl als Anstandsregel (...) definiert ist, daß Vorausverkäufe der Produzenten nur bis zur Höhe einer eigenen Jahresproduktion zugelassen sein sollten, und die Vorausverkäufe (= Leerverkäufe) nur von Produzenten vorgenommen werden sollten, gibt es eine Gruppe von Investmentbanken einschließlich des größten Sachversicherers in den USA (AIG), die von ihren Gegnern intern als 'Gruppe der Sieben' oder 'Wolfsrudel' bezeichnet werden. Diese Gruppe arbeitet koordiniert, d.h. stimmt ihre Aktionen zur Erhaltung ihrer Vorteile aus den Vorwärtsverkäufen stets miteinander ab. Allein dieses Verhalten entspricht nicht den Bedingungen eines freien Marktes." [5.14]

Ted Butler spekulierte in einem späteren Wochenkommentar darüber, daß die hauptsächliche Motivation der Silber-Manager heute nicht mehr das Verdienen von Geld ist, sondern die Angst vor einer Verurteilung.
Wenn der Silberpreis plötzlich nach oben schießen würde, würden öffentliche Untersuchungen stattfinden, da die Marktmanipulation der vergangenen Jahre dann offensichtlich sein würden. Der einzige Ausweg wäre, den Preis langsam und kontrolliert steigen zu lassen, um damit das Angebot der primären Silberproduktion steigen zu lassen (schlaue Minenbetreiber wie Silver Standard oder Avino Silver haben ihre Minen eingemottet bzw. noch gar nicht eröffnet, sondern warten geduldig auf höhere Silberpreise). Ist es genau das, was wir seit einigen Jahren erleben?
Es scheint plausibel, daß die Preise von Gold und Silber seit einigen Jahren wieder steigen dürfen, weil die Manipulatoren einen Ausstieg auf leisen Sohlen durchführen wollen oder - aufgrund ausgehender Munition - müssen.
Einen Ausstieg auf nicht ganz so leisen Sohlen mußte bereits der amerikanische Versicherer AIG (Abkürzung für "American International Group") vollziehen, der bis dahin als das führende Mitglied der Silber-Manager angesehen wurde.
Zunächste wurde am 1. Juni 2004 von der Nachrichtenagentur Reuters offiziell verkündet, daß sich AIG als "Market Maker" vom Londoner Gold- und Silbermarkt zurückziehen würde. Mitte Juli 2004 berichtete dann Butler, daß AIG seit Monaten auch nicht mehr in eine Auslieferung an der New Yorker COMEX involviert war. Am 15. März 2005 kam schließlich die Nachricht, daß es wieder Eliot Spitzer war, der den langjährigen Chef von AIG, Maurice Greenberg, zum Rücktritt gezwungen hatte. Die New York Times titelte an diesem Tag: "Zusammenstoß der Titanen, Chef von AIG traf Seinesgleichen" (im englischen Orginal: "In Clash of Titans, Chief of AIG Met His Match"). Ted Butlers selbstloser Kommentar:

> "Aber wie ich wiederholt geschrieben habe: Daß AIG das Silber-Geschäft offensichtlich verlassen hat, liegt nur an Spitzers Einflußnahme hinter den Kulissen. Man geht nicht den Weg von der dominierenden Kraft zum Flüchtling, ohne einen driftigen Grund dafür zu haben." [5.18]

Der große Unterschied zwischen der Hunt-Spekulation in den siebziger und beginnenden achtziger Jahren, sowie der aktuellen, preisdrückenden Manipulation der Silber-Manager ist jedoch der, daß es zu Hunts Zeiten noch große Silbervorräte gab, die in den Markt gegeben werden konnten.
Heute sind die Vorräte nahezu bei Null angekommen, sodaß das Ungleichgewicht von physischem Angebot und physischer Nachfrage von Silber nicht mehr lange bei dem aktuell niedrigen Preis bestehen bleiben kann.
Die industriellen Nutzer des Silbers, von denen wir gleich anschließend noch lesen werden, werden irgendwann jeden Preis für Silberbarren zahlen, nur um ihre Produktion nicht ins Stocken geraten zu lassen.
Die Frage wird nur sein, wer sein gehortetes Silber für welchen Preis herzugeben bereit sein wird. Wenn der physische Markt weiter aus dem Gleichgewicht kommt, werden auch die Papier-Manipulationen der Silber-Manager offensichtlich werden und zu Ende gehen müssen. Der bis dato größte Silber-Manager AIG ging bereits von Bord. Wann werden die anderen folgen?

Zwei simple Indizien, daß der Silberpreis in der Tat nach unten manipuliert wird, ergeben sich durch den Vergleich von Silber zu Kupfer hinsichtlich natürlichem Vorkommen und jährlicher Produktion. Beide Verhältnisse weisen ungefähr den gleichen Faktor 700 auf. Konkret: Das natürliche geologische Vorkommen von Kupfer ist ca. 714 mal größer als das von Silber [5.19] und die Kupferproduktion in 2004 war um den Faktor 744 größer als die von Silber (14,5 Millionen Tonnen Kupfer zu 19.500 Tonnen Silber [5.20]).
Wir sollten also annehmen, daß auch das Preisverhältnis den Faktor 700 ergibt, was bei weitem nicht der Fall ist. Bei einem Kupferpreis von rund 4650 Dollar pro Tonne und einem Silberpreis von 9 Dollar je Unze (Stand: Ende 2005), ergab sich lediglich ein Verhältnis von 62 (1 Tonne sind rund 32.150 Unzen). Geht man also davon aus, daß der Kupfermarkt nicht manipuliert wird, müßte Silber aufgrund des Vorkommens und der jährlichen Förderung 11 mal höher bewertet sein, d.h. bei rund 100 Dollar je Unze!

Dieses Kapitel stützt sich, wie sie sicherlich bemerkt haben, fast ausschließlich auf die Publikationen von Ted Butler. Die Silber-Gemeinde verdankt diesem Mann viele Einblicke und Einsichten in die Manipulationen der Silber-Manager. Mit der wiederholten Referenzierung seiner Aussagen möchte der Autor diese Arbeiten explizit würdigen.
Ted Butler nennt wiederholt seinen Freund Izzy Friedman als seinen "Godfather of Silver". Sein folgendes, eindrucksvolles Zitat soll diesen Abschnitt beschließen:

> "Meiner Meinung nach müssen sie keine großen Mengen an Silber kaufen, um eines Tages wohlhabend zu werden. Wenn sie nur limitierte Ressourcen haben, kaufen sie Silber nur mit Geld, das sie übrig haben. (...) Silberkäufe sind langfristig zu halten. Der Preis von Silber sollte für immer höher gehen, nur unterbrochen von einigen Ruheperioden. Keiner von ihnen kann intellektuell den zukünftigen Preis von Silber erfassen. Jeder Preis, an den sie denken, wird hinter dem wirklichen Preis zurückfallen. Was ich sage ist solange wahr, solange Silber nicht künstlich hergestellt werden kann." [5.21]

D.h. auch die Kaufkraft von Silber sollte nach allem menschlichen Ermessen beständig steigen und damit als ein ideales Medium für eine sichere Altersvorsorge der Generation Gold dienen. In den nachfolgenden Abschnitten werden sie sehen, daß, wie bei Gold, auch die Nachfrage nach Silber beständig steigen, das geologische Angebot jedoch zunehmend abnehmen wird.

5.3. Verwendung von Silber in der Industrie

Wie zuvor gehört, wird Silber zum überwiegenden Teil in verschiedenen Industriezweigen ge- und unwiderbringlich verbraucht, im Jahr 2004 waren dies 90% der Gesamtnachfrage. Nur 10% des Silbers wurden als Wertanlage in Form von Münzen, Medallien und Barren gehortet [5.22].
Die Gründe des hohen Verbrauches von Silber in der Industrie, sind die einzigartigen physikalischen, chemischen und biologischen Eigenschaften, die Silber in sich vereint und auf die wir im folgenden eingehen wollen.

5.3.1. Elektrische Leitfähigkeit

Silber ist bei Raumtemperatur der beste elektrische Leiter, den wir kennen. Mit einem Leitwert von 61,7 x 10^6 Siemens pro Meter, ist es rund 6,4% leitfähiger als Kupfer (58 x 10^6 Siemens pro Meter), 30% leitfähiger als Gold (47,6 x 10^6 Siemens pro Meter) und 63% leitfähiger als Aluminium (37,8 x 10^6 Siemens pro Meter) [5.23].
Die herausragende chemische Eigenschaft von Silber in diesem Zusammenhang ist jedoch die, daß es nicht wie Kupfer oder Aluminium mit dem Sauerstoff aus der Luft reagiert und oxidiert. Bauteile aus Silber sind daher wesentlich langlebiger und zuverlässiger.

Für die Zukunft wird diese Eigenschaft des Silbers im Hinblick auf die Hochtemperatur-Supraleiter große Bedeutung finden. Supraleiter sind Stromleiter, die dem Stromfluss nahezu keinen elektrischen Widerstand entgegen setzen, sprich den Strom ohne Verluste leiten können. In der Praxis sieht dieser 'Superleiter' so aus, daß eine Wismut-Strontium-Kalzium-Kupferoxid-Verbindung ('BSCCO' genannt) auf ein Silbersubstrat aufgebracht oder in ein Silberrohr gepresst wird [5.24].

Nachfolgend einige Beispiele für Erprobung und Anwendungen von Hochtemperatur-Supraleitern (HTS):

- Seit Ende 2001 in Detroit/USA Testbetrieb eines elektrischen Superhighways, wobei 30.000 Haushalte mit drei supraleitenden Kabeln von jeweils 120 Metern Länge an das Umspannwerk angeschlossen sind [5.25]. Wogen die alten Kupferkabel noch 11 Tonnen, so sind die 3 Supraleiter insgesamt nur noch 400 kg schwer.
- Die amerikanischen Firmen American Superconductor Corporation und Northrop Grumman Marine Systems arbeiten an einem 36 Megawatt Schiffsantrieb, der auf der Grundlage von Supraleitern basiert [5.26]. Diese erlauben ein kompakteres Design, sind geräuscharm und haben einen höheren Wirkungsgrad als herkömmliche Motoren. Sie sind deshalb ideal geeignet für Unterwasserantriebe [5.27].
- Entwicklung der neuen Magentschwebebahn "Supratrans" der Dresdner Firma Elbas GmbH [5.28].
- Transformatoren auf HTS-Basis: Bis zu 50% geringeres Gewicht, geringeres Volumen, besserer Wirkungsgrad, kein Öl als Kühl-

mittel und Dielektrikum notwendig (Feuergefahr, Umweltbelastung) [5.29].

Die Abschätzungen für den Verbrauch von Silber für diese Anwendung schwanken von 50 bis 80 Millionen Unzen in den kommenden Jahren, wenn diese Technologie zur Marktreife gekommen ist [5.27].

Weiterhin wird Silber aufgrund seiner hohen elektrischen Leitfähigkeit in vielen elektrischen und elektronischen Bauteilen verwendet, wie z.B. in Kondensatoren, Platinen, Schaltern, Kontakten, Sicherungen, etc.

Samuel Morse, Erfinder der elektrischen Telegraphie und des Morse-Codes, berichtete, daß die Kontaktpunkte seines ersten Telegraphen 1844 aus Silber sein mußten, da nur das korrosionsbeständige Silber die hohen Amperezahlen leiten konnte.

Auch die gewöhnlichen elektrischen Wandschalter in unseren Haushalten müssen zuverlässig hohe elektrische Ströme leiten. Korrodierende Kontakte würden hier zu einer Überhitzung und zu Brandgefahr führen. Weniger gut leitende Metalle könnten sich ebenfalls zu stark erhitzen und einen Brand auslösen. Aus sicherheitsrelevanten Aspekten heraus können also die Anforderungen dieser Anwendung nur von Silber dauerhaft erfüllt werden. Jedes neu gebaute Haus in China, Indien oder sonstwo in der Welt, erhöht also den Verbrauch von Silber.
Das Silver Institute, eine internationale Vereinigung von Minenbetreibern, Anwendern und Verkäufern von Silber und Silberprodukten, schreibt auf seiner Homepage:

> "Von Anbeginn der Elektrizität war Silber wegen seines niedrigen Kontaktwiderstandes, seiner hohen thermischen Leitfähigkeit, seines Widerstandes gegen mechanischen Verschleiß, seiner chemischen Stabilität (es korrodiert nicht), der niedrige Polymer-Bildung (Anhäufung eines isolierenden Carbon-Polymer-Plastik Filmes über dem Kontakt als Folge des Funkenüberschlages) und seiner Kosteneffektivität (längste Funktions-Lebensdauer) das Material der Wahl für Schalter." [5.30]

Silberkontakte werden verwendet um Ströme von 5 Volt bis 75.000 Volt (Hochspannungsleitungen) und von wenigen Milliampere bis zu einer 600 Ampere Last bei Motoren, die für Ölbohrungen verwendet werden, zu schalten.

Eine typische Waschmaschine enthält 16 Kontakte, um Motor, Pumpe und Kupplungen zu schalten. Ein Auto enthält über 40 Schalter, z.B. um den Motor zu starten, für die Servolenkung, Bremsen, Fensterheber, Spiegel, Zentralverriegelung, etc.

Weitere Beispiele für den Ge- und Verbrauch von Silber als elektrischem Leiter sind Silberkeramik-Leiter in Rückscheibenheizungen von Autos oder als Lötmaterial um z.B. elektronische Komponenten auf Schaltkreise aufzulöten.

Grundsätzlich besteht unser gesamtes technisiertes Leben darin, elektrische Ströme zu kontrollieren und zu schalten. Jeder Schalter enthält Silber. Jeder Fernseher in China und jeder Staubsauger in Indien erhöht daher den Bedarf an Silber. Laut den Vereinten Nationen wächst die Weltbevölkerung von derzeit rund 6,5 Milliarden Menschen auf knapp 9,1 Milliarden im Jahr 2050, d.h. um 40 Prozent an [5.31].
Allein diese Zahl zeigt, daß immer mehr Menschen, immer mehr Stromkreise schalten werden. In Indien und China, den aufwachenden wirtschaftlichen Riesen des 21. Jahrhunderts, werden bis zum Jahr 2050 ca. 570 Millionen mehr Menschen leben, die alle nach westlichem Wohlstand und damit elektrischen Geräten jedwelcher Art streben.

5.3.2. Wärmeleitfähigkeit

Nach der Faustregel "was Strom gut leitet, leitet auch Wärme gut" ist Silber mit einer Wärmeleitzahl von 429 Watt pro Millikelvin der beste metallische Wärmeleiter. Es folgen Kupfer, Gold und Aluminium mit 380, 310 und 209 Watt pro Millikelvin. Diese Eigenschaft ist, wie zuvor erörtert, auch ein Grund, Silber als Kontaktmaterial in Schaltern jeglicher Art zu verwenden.

5.3.3. Reflexionsvermögen

Von Reflexion (lat. reflectere: zurückbeugen, drehen) spricht man, wenn ein Lichtstrahl, eine elektromagnetische Welle, oder ganz allgemein, eine Welle (zum Beispiel Schall) von einer Oberfläche zurückgeworfen wird [5.32].
Silber besitzt für Lichtwellenlängen von 400 bis 500 Nanometer einen Reflexionsgrad von größer als 90%, ab 500 Nanometer bis 12 Mikrometer einen Reflexionsgrad von größer 96%. Damit deckt Silber das größte Spektrum mit den größten Reflexionsgraden ab.

Zum Vergleich: Aluminium hat typische Reflexionsgrade von kleiner 90% und dies auch nur über sehr begrenzte Sprektralbereiche [5.33].

Anwendung findet Silber aufgrund dieser Eigenschaft in vielen Produkten. Die klassischste dieser Anwendungen stellt der Haushaltsspiegel dar, bei dem es sich um eine Glasscheibe handelt, dessen Rückseite mit einer Silberschicht versehen ist.
Thermoskannen sind innen zumeist mit einer Silberschicht bedampft, sodaß die Wärmestrahlung des Getränkes wieder in das Innere der Kanne zurück reflektiert wird.
Die Automobilbranche verwendet zum Teil dünne, durchsichtige Silberschichten als Wärmeschutzschicht auf ihren Autoscheiben, um einfallende Sonnenstrahlung zu reflektieren und dadurch die übermäßige Aufheizung des Wageninneren zu vermeiden und die Belastungen für Klimaanlagen zu reduzieren.
Auch in der Architektur werden Glasscheiben mit Silberschutzschichten zur Wärmedämmung verwendet. Diese Funktionsgläser lassen Sonnenwärme zur passiven Raumheizung in das Innere eines Hauses durch, verhindern jedoch durch die Reflektierung der Wärmestrahlung deren Entweichen nach außen. Die österreichische Zeitschrift "Dein Wohnen" schreibt:

> "Mit Hilfe von innovativer Glasbeschichtungstechnik erreicht modernes Glas einen Wirkungsgrad in der Wärmedämmung, der an denjenigen einer gedämmten Mauer heranreicht. Hauchdünne Silber- und Metalloxidbeschichtungen auf die Glasoberfläche aufgebracht verleihen ihr wirkungsvolle Reflektionseigenschaften, die langwellige Wärmestrahlen im Rauminnern halten." [5.34]

In Sonnenbrillen sorgen Silberkristalle, die in die Brillengläser eingegossen sind, für eine Änderung der Lichtdurchlässigkeit von 96% auf 22% in weniger als 60 Sekunden und halten zu 97% die gefährliche ultraviolette Strahlung vom Auge ab [5.35].
In den letzten Jahren hat die Silberrückseitenbeschichtung auf beschreibbaren Compact Disc's (CD-R) ebenfalls eine neue Anwendung gefunden [5.36].

Die bedeutetenste Anwendung für Silber in diesem Bereich ist jedoch die Solarenergie. Nach Gold ist Silber der beste Reflektor für Wärmestrahlung. In der kalifornischen Mojave Wüste stehen neun Solarkraftwerke. Die Anlage "Solar 2" steht in der Nähe von Barstow und besteht aus 1926 silberbeschichteten Spiegeln, die alle auf einen ca. 100 Meter hohen Turm

ausgerichtet sind. In diesem wird eine Salznitrat-Lösung auf über 550 Grad Celsius erhitzt und mit diesem anschließend Wasser verdampft. In einem letzten Schritt werden durch den Wasserdampf Generatoren angetrieben, die elektrische Energie erzeugen. Die kalifornische Energiekomission schätzt, daß bis zum Jahr 2010 5.000 Megawatt an Energie auf diese Weise erzeugt werden können [5.37].
Die elektrischen Kontakte auf Silizium-Solarzellen bestehen ebenfalls aus Silber. Auf der Forderseite werden schmale Streifen im Siebdruckverfahren aufgebracht, der Rückseitenkontakt besteht ebenfalls aus einer Silberschicht [5.38].
Der gesamte Markt der Photovoltaik ist heute unbestritten dank staatlichem Stromeinspeisegesetz einer der letzten großen Wachstumsmärkte. In den vergangenen Jahren wuchs der Solarstrommarkt um 36% pro Jahr und die Ausgabe der Q-Cells Aktien Anfang Oktober 2005 erinnerte an die besten Zeiten des 'Neuen Marktes'. Mehr Solarzellen, höherer Silberverbrauch.

5.3.4. Lichtempfindlichkeit

Die gesamte klassiche Fotografie basiert auf Silberhalogenen, die, auf einen Film aufgebracht, einer Belichtung ausgesetzt werden. Mit einer Unze Silber (31,1g) können rund 5.000 Bilder aufgenommen werden, d.h. in einem Film mit 36 Aufnahmen stecken ungefähr 0,2 Gramm Silber [5.39]. Im Jahr 2003 wurden rund 196 Millionen Unzen Silber "verschossen", im Jahr 2004 waren es 181 Millionen Unzen (5630 Tonnen).

Wilhelm Conrad Röntgens Entdeckung der nach ihm benannten Röntgenstrahlung im Jahr 1895, erbrachte ebenfalls neue Anwendungen in der medizinischen Diagnosetechnik und der zerstörungsfreien Materialprüfung. Auch Röntgenfilme enthalten Silber, sodaß im Jahr 2002 hierfür 90 Millionen Unzen Silber verbraucht wurden.

Immer wieder ist von Silbergegnern das Argument zu hören, daß die moderne digitale Fotografie zu einem Einbruch in der Silbernachfrage führen würde. Dies ist jedoch aus drei logischen Gründen nicht, oder nur in sehr begrenztem Ausmaß, der Fall.

Erstens werden auch digital aufgenommene Bilder auf Fotopapier ausgedruckt, welches wiederum Silber enthält. Man trägt schließlich nicht immer seinen Laptop mit sich herum, nur um Bilder zeigen zu können.

Zweitens: In den letzten Jahren wurden insgesamt rund 190 Millionen Unzen durch Recycling zurückgewonnen, was ca. 20% des gesamten jährlichen Angebotes entsprach und damit einen wichtigen Faktor in der Silberversorgung darstellt [5.40].
Aus fotografischen Chemikalien, Filmen und Papieren werden pro Jahr ca. 160 Millionen Unzen Silber recycelt, d.h. grob 80% des in der Fotografie verbrauchten Silbers kann wieder zurückgewonnen werden [5.41]. Geht nun also der Silberverbrauch um X Tonnen aufgrund der digitalen Fotografie zurück, so geht auch das Angebot um "0,8 mal X Tonnen" zurück.

Drittens: Es ist nicht davon auszugehen, daß sich die Menschen der aufstrebenden Nationen z.B. Asiens sofort eine digitale Kamera, einen Computer und einen Drucker kaufen werden, sondern den Einstieg in die wesentlich billigere klassiche Fotografie vollziehen werden.

5.3.5. Biologische Eigenschaften

Schon die phönizischen Seefahrer verwendeten Silberbehälter, um das kostbare Naß während langer Seereisen keimfrei zu halten. Der Vatikan ordnete im Mittelalter an, daß nur Messkelche aus Silber verwendet werden durften, um das Ausbreiten von Krankheiten zu verhindern. Amerikanische Pioniere warfen auf ihrem Weg in den wilden Westen Silbermünzen in ihre Wasserfässer.
Das Naturmagazin Enveda schreibt auf seiner Homepage:

> "Erst zu Anfang des letzten Jahrhunderts wurde Silber durch Antibiotika der pharmazeutischen Industrie vom Markt verdrängt und geriet in Vergessenheit. Das Gros der Öffentlichkeit weiß heute nichts mehr über die antibakteriellen und antimikrobiellen Eigenschaften des Silbers." [5.42]

Man weiß heute jedoch, daß Bakterien in der Lage sind, gegen Antibiotika Resistenzen zu entwicklen und so zu Superbakterien mutieren können. Die drei führenden Fachgesellschaften Deutschlands auf dem Gebiet der Infektiologie schreiben auf der Startseite ihrer Homepage "zuendstoff-antibiotika-resistenz.de":

> "Das Thema Antibiotika-Resistenz ist mittlerweile ein weltweites Problem. Entgegen allen Erwartungen, Infektionskrankheiten mit Hilfe von Antibiotika für immer und ewig besiegt zu haben, stellen

> sie nach wie vor eine Bedrohung für die Gesundheit und das Leben der Menschen dar. Gerade in Industrienationen nehmen bakterielle Infektionserkrankungen wieder zu, weil viele Erreger Resistenzen gegen Antibiotika entwickelt haben.
> Auch in Deutschland wurden durch die Medien in den letzten Jahren immer mehr Fälle publiziert, in denen das verschriebene Antibiotikum keine Wirkung hatte." [5.43]

Doch die natürliche antibakterielle Wirkung des Silbers wird anscheinend wiederentdeckt, nun da die mächtige Pharmaindustrie zusehens Probleme mit mutierenden Bakterienstämmen bekommt. Dietmar Siebholz schrieb Anfang 2005 auf www.goldseiten.de:

> "Die Universität von Peking hat in Zusammenarbeit mit einem schwedischen Unternehmen ein Silber-Kolloid gegen Viren, hier speziell gegen die SARS-Viren getestet. In der Pharmazie wird seit geraumer Zeit bemängelt, daß sich die Viren immer mehr den Einflüssen der herkömmlichen pharmazeutischen Mittel entziehen." [5.7]

Auch in den heute gebräuchlichen Haushalts-Wasserfiltern, z.B. der Marke Brita, ist Silber enthalten. Auf ihrer Homepage schreibt die Firma zum Stichwort 'Silberung':

> "Aufbringen von Silber auf ein Trägermaterial. In der Trinkwassernachaufbereitung eingesetzt. Mit Silber imprägnierte Aktivkohle hemmt ein Keimwachstum." [5.44]

Grundsätzlich wird Silber in Zukunft wahrscheinlich eine globale Bedeutung in der Wasseraufbereitung erlangen. Zwar besteht unser Planet zu 3/4 aus Wasser, jedoch sind nur 4 Prozent davon Süßwasser, und Experten prognostizieren, daß in den kommenden 30 Jahren etwa 40% der Menschheit in Ländern leben wird, in denen ständiger Wassermangel herrscht [5.45]. Der Bedarf an sauberem Wasser wird immer größer, alleine seit 1950 stieg er um das Dreifache an. Schon heute wird Krieg um und mit Wasser geführt. Klaus Töpfer, Direktor des Umweltprogramms der Vereinten Nationen (UNEP) schreibt:

> "Im Irak zum Beispiel ließ Saddam Hussein das mesopotamische Marschland, ein einmaliges Wasserreservoir von der Größe Hessens, durch Dämme trockenlegen, um die dort lebenden

> Marsch-Araber zu vertreiben. Was ihm beides weitgehend gelang: Der einstige Garten Eden ist heute zu 90 Prozent eine Salzwüste. Über 200.000 Menschen verloren ihre Heimat." [5.46]

Nur ein Beispiel aus vielen. Auch im Nahen Osten geht es nicht immer nur um Öl, sondern auch um das knapper werdende Wasser, z.B. im Konflikt zwischen Israel und Palästina. Umweltverschmutzung, Erwärmung der Erdatmosphäre, die dadurch zunehmende Verwüstung der Erde und die einsetzenden Völkerwanderungen, leisten ein Übriges.

Immer mehr überschuldete Staaten privatisieren ihre Wasserversorgung um ihre Haushaltslöcher noch einmal stopfen zu können. In der Folge steigen die Wasserpreise, sodaß sich soziale Spannungen bilden. Bereits heute können sich in einigen Regionen der Welt nur noch die Reichen sauberes Wasser leisten.

Um den kommenden globalen Auseinandersetzungen zwischen Arm und Reich, Süden und Norden, um sauberes Wasser entgehen zu können, müssen neue Quellen erschlossen werden, z.B. Meerwasser-Entsalzungsanlagen oder eben die Wasseraufbereitung mittels Silber im großen Stil. Selbst in der Filmindustrie wurde die Apokalypse der letzten trinkbaren Wasserresourcen bereits mehrfach thematisiert (z.B. in den "Mad Max" Filmen mit Mel Gibson, oder in "Waterworld" mit Kevin Costner).

Die Firma Bosch verwendet silberhaltiges Beschichtungsmaterial des Herstellers AgION Technologies für die Innenauskleidung von Kühlschränken, um Bakterien abzutöten. In der Homepage des Herstellers wird diese "AnitBacteria" genannte Silberbeschichtung wie folgt erläutert:

> "Die Wirkungsweise von AntiBacteria beruht auf der natürlichen antibakteriellen Wirkung von Silber. Schon die alten Ägypter kannten diese spezielle Eigenschaft des Edelmetalls: Sie verwendeten silberbesetzte Gefäße für die nahezu keimfreie Aufbewahrung ihrer Wasservorräte.
> Damit ihre Lebensmittel unter perfekten hygienischen Bedingungen lagern, hat Bosch seine Kühlgeräte mit AnitBacteria von AgION™ ausgestattet. Einer auf natürlichem Silber basierenden Substanz, die an den Innenwänden und Türinnenseiten einen dauerhaften Abwehrschild gegen Bakterien aufbaut. (...)
> Die Wirkung von AntiBacteria beruht allein auf der speziellen Eigenschaft von Silber und kommt gänzlich ohne den Einsatz von

> aggressiven, chemischen Substanzen aus. Die Silberionen bekämpfen Bakterien auf drei Arten: Sie zerstören die Zellwand, behindern die Zellatmung und stoppen die Vermehrung der schädlichen Bakterien. Die Nahrungsmittel im Kühlschrank bleiben von diesem Vorgang völlig unberührt. Die Silberbeschichtung verhindert lediglich, daß Bakterien von der Kühlschrankwand auf die Lebensmittel übertragen werden." [5.47]

Der amerikanische Hersteller AgION Technologies gibt auf seiner Homepage weitere Anwendungsgebiete im Bereich Medizin und Nahrungsmittelverpackung an.

> "AgION Technologies Inc. arbeitet heute mit bedeutenden Unternehmen in den Bereichen medizinische Kunststoffe, Katheter, enternale Ernährungssonden und Wundverbände. Die antimikrobiellen Eigenschaften von AgION™ sind im Labor gegen ein breites Spektrum von (...) Bakterien, Hefen, Pilzen und Algen getestet worden (...).
> Die Anwendungsmöglichkeiten in medizinischen Applikationen umfassen u.a. Wundbehandlungsprodukte (Verbände und Adhasive), Katheter aller Arten, (...), Herzklappen, Schrittmacher, Nahtringe, Schläuche für die künstliche Ernährung, orthopädische Implantate und Gelenkimplantate. Laborversuche haben gezeigt, daß mit AgION™ behandelte, medizinische Produkte auf ihrer Oberfläche eine Bakterienreduktion von 99,99% aufweisen.
> AgION™ hat erfolgreich alle Tests absolviert, die von der FDA (Food and Drug Administration, US-amerikanische Arzneimittelzulassungsbehörde; d. Verf.) für die Zulassung von 'Anwendungen im Zusammenhang mit Nahrungsmitteln' gefordert wird; wie zum Beispiel Vorratsbehälter, Pappkartons, Lebensmittelverpackungen aus Plastik und Papier oder Milchbehälter." [5.48]

Der koreanische Elektronik-Riese Samsung ließ in einer Pressemitteilung am 22.09.2005 wissen, daß das neue Silver Nano Health System™ in Waschmaschinen, Kühlschränken und sogar beim SGH-E 620 Handy eingesetzt wird [5.49]. Im Falle von Waschmaschinen bekämpfen die im Wasser gelösten Silber-Ionen die geruchsbildenden Bakterien und helfen überdies noch Energie sparen, da das Silver Nano Health System™ schon bei Kalt-, 30°C- und 40°C-Wäsche die gleiche desinfizierende Wirkung hat wie bei einem Kochwaschgang bei 95°C [5.50]. Weitere Anwendungsgebiete sieht Samsung bei Klimaanlagen, Luftreinigungsanlagen und Staubsaugern:

> "Mit dem Silver Nano Health System™ erzeugt Samsung eine Schutzzone für die Gesundheit und das Wohlbefinden der Kunden." [5.51]

Brandverletzungen werden ebenfalls mit silberhaltigen Verbänden behandelt. Diese töten die Bakterien in den Wunden ab und erlauben dem Körper die Regeneration auf natürlichem Wege. Kleidungsstücke werden mit Silber ausgestattet, um Bakterienbildung am Körper zu verhindern und die Körpertemperatur zu stabilisieren [5.52].

Die steigende Weltbevölkerung läßt auch durch diese medizinischen Anwendungsgebiete eine erhöhte Silbernachfrage erwarten, zumal die Menschen in den westlichen Wohlfahrtsstaaten immer mehr überaltern und daher die Nachfrage nach Herzklappen, Schrittmacher, Gelenkimplantaten oder ähnlichen Produkten weiter zunehmen wird.

Die Holzkonservierung wird in Zukunft ebenfalls einen komplett neuen Markt für Silber eröffnen. Bisher wurde Bauholz mit chrom- und arsenhaltigen Einlassmitteln behandelt, die nachweislich schädlich für Mensch und Umwelt sind. In den USA sind diese giftigen Mittel seit diesem Jahr verboten, sodaß eine Alternative neue Konservierungsstoffe mit Silberionen sind. Allein in den USA rechnet man ab 2007 mit einem Verbrauch von 75 Millionen Unzen jährlich [5.14].

In einer globalisierten Welt mit weltweitem Waren- und Menschenverkehr wird die Verbreitung von Bakterien und Viren immer mehr zum Problem. Zum Zeitpunkt des Schreibens dieses Buches (Herbst 2005) grasierte z.B. die Vogelgrippe, breitete sich durch Zugvögel über alle Kontinente aus und dokumentierte damit erneut diese Gefahr.
Die natürliche keimtötende Wirkung des Silbers sollte daher in Zukunft wieder aus der Versenkung auferstehen, auch wenn sie den wirtschaftlichen Bedürfnissen der Pharmakonzerne entgegensteht, die natürlich weiterhin ihre Medikamente verkaufen wollen.

5.3.6. Dehnbarkeit

Augrund seiner geringen Härte läßt sich Silber zu Folien von 0,002 mm Stärke schlagen, rund 250 mal dünner als ein menschliches Haar. Aus einem Gramm Silber erhält man einen Draht von 2 km Länge (so genannte Filigrandrähte, zumeist in der Schmuckindustrie z.B. für Verzierungen verwendet).

In Zukunft könnte diese physikalische Eigenschaft des Silbers zu einem sehr großen neuen Anwendungsfeld führen, nämlich dem der so genannten RFID-Chips (Radio-Frequenz Identifikation, oder kürzer Funk-Erkennung). Dabei handelt es sich um kleine elektronische Speicherbauteile, von denen berührungslos die auf ihnen gespeicherte Daten abgerufen oder neue Daten gespeichert werden können. Die Datenübertragung zwischen dem Chip und der Sende-Empfangs-Einheit (auch Reader genannt, engl. to read, lesen) erfolgt mittels elektromagnetischer Wellen. Die Antennen dieser Chips bestehen aus Silber, da nur dieses Material die Anforderungen hinsichtlich Formbarkeit und Leitfähigkeit für Strom und Wärme erfüllen kann.

Die grundlegende Technik wurde bereits in den 70er Jahren entwickelt und diente zunächst als elektronisches Warensicherungssystem. Durch Prüfung der Markierung (vorhanden/fehlt) sollte Diebstahl reduziert werden [5.53]. Heutige Anwendungen umfassen Straßen-Mautsysteme, Wegfahrsperren für Automobile, Tieridentifikation, Zutrittskontrollen, Zeiterfassungssysteme, Bestandskontrollen innerhalb von Warenwirtschaftssystemen oder Positionsbestimmungen.

Abbildung 5.4.: RFID-Chip der Firma Infineon.
Quelle: [5.54]; Foto: Infineon.

Seit wenigen Jahren wird auch die Sicherung von Banknoten mit RFID-Chips diskutiert. Heise Online meldete z.B. im Mai 2003, daß die EZB mit Hitachi verhandelt, Euro-Banknoten mit Bauelementen von nur 0,4 mm Kantenlänge auszurüsten [5.55]. Diese sollen die Fälschungssicherheit durch eine gespeicherte 38stellige Schlüsselsequenz erhöhen.
Den größten Vorschub erlebt RFID jedoch zur Zeit durch Großhandelsketten wie Metro, Wal-Mart, Rewe und Tesco, die die bestehenden Barcodes durch diese neue Technologie ersetzen möchten. Durch RFID-Chips auf den Waren würden auf einen Schlag Diebstahlsicherung, Positionsortung, Lager-wirtschaft und berührungsfreie Warenerfassung an den Kassen realisiert werden. Der gesamte Warenfluß könnte in Echtzeit abgebildet werden und dadurch zu enormen Einsparungen führen.
Wie solch ein Einkaufsmarkt der Zukunft aussehen könnte, testet Metro bereits mit seinem Future-Store in Rheinberg in NRW. Informationen findet man im Internet unter der Adresse www.future-store.org.

Man sollte allerdings auch die Nachteile dieser Technik erwähnen. Kritiker sehen durch RFID das Orwell'sche 1984 näher rücken, da Personen oder Gegenstände ungewollt zu Sendern von Informationen werden könnten. Ein Auto mit entsprechendem Chip könnte z.B. deutschlandweit georten und verfolgt werden. Der Einsatz von RFIDs kann also auch große datenschutzrechtliche Probleme aufwerfen. Weiterhin ist die Entsorgung dieser Chips als Elektronikschrott mit Problemen behaftet. Verpackungen mit dem Grünen Punkt könnten nicht mehr ohne weiteres wiederverwertet werden, da alle Chips erst manuell entfernt werden müßten.

5.3.7. Weitere Anwendungen

In Batterien werden Silberverbindungen als Kathoden verwendet, z.B. bei Knopfzellen. Sie weisen im Vergleich zu herkömmlichen Batteriearten ein wesentlich besseres Verhältnis von Gewicht zu Leistung auf. Silberoxid-Zink Batterien erreichen eine höhere Spannung bei längerer Lebensdauer und werden daher in Kameras, Uhren usw. eingesetzt.

Es wird spekuliert, daß Warren Buffett deswegen 130 Millionen Unzen Silber gekauft hat, weil er über Gillett auch an deren Tochter, dem Batteriehersteller Duracell, beteiligt ist.

In Düsentriebwerken von Flugzeugen müssen silberbeschichtete Rollenlager verwendet werden, da nur sie die Zuverlässigkeit im Betrieb sicherstellen und die Anforderungen der Luftfahrt-Zulassungsbehörden erfüllen können. Als Lötmaterial wird Silber deswegen häufig verwendet, weil die Verbindungsstellen dauerhaft und korrosionsbeständig sind. Weiterhin findet Silber als chemischer Katalysator z.B. in der Kunststoffindustrie Verwendung [5.56].

Die vorangegangene Aufzählung von den Anwendungsgebieten des Silbers stellt eines ohne Frage klar: Bei einer steigenden Weltbevölkerung und der immer weitergehenden Technisierung unserer Welt, muß die Nachfrage nach Silber in Zukunft zwangsläufig tendenziell immer weiter steigen.
In jedem Endprodukt stecken nur wenige Gramm oder Teile eines Grammes an Silber, sodaß das Silber auf den Endpreis des Produktes so gut wie keinen Einfluss hat. Man spricht daher auch von der Unelastizität der Silbernachfrage: Selbst wenn der Preis des Silbers steigen wird, wird die Nachfrage aus der Industrie nicht oder nur unmerklich nachgeben. Es gibt schlicht kein anderes Metall oder Material, welches die Funktionen von Silber adequat zu Übernehmen im Stande ist.

Im nächsten Abschnitt wollen wir die absoluten Zahlen von Angebot und Nachfrage näher beleuchten und werden sehen, daß das geologische Angebot an Silber aller Voraussicht nach nur noch für wenige Jahre reichen wird. Wie beim Gold, wird also auch bei Silber ein fallendes Angebot einer steigenden Nachfrage gegenüberstehen.

5.4. Angebot von und Nachfrage nach Silber

"Es scheint, als ob unsere Zeit den Eingeweiden der Erde ihre silbernen Schätze zu schnell und vor der Zeit entrissen hätte, Schätze, welche, obwohl jetzt unverwertet, wahrscheinlich der Menschheit zu späterem Gebrauche aufbewahrt werden müssen. Denn ein Bergwerk ist nicht unerschöpflich, und die Natur hat der Gewinnung der Metalle Grenzen gesteckt, welche wohl nie zu überschreiten sein werden."

Joseph E. Fränkel, 1894

Die folgenden Daten entstammen den jährlichen World Silver Surveys der britschen Analysefirma Gold Field Mineral Services, kurz GFMS.

Zuvor wurden die vielfältigen Anwendungen des Silbers in der Industrie diskutiert. Der Verbrauch von Silber in diesen Industriezweigen (ausgeschlossen der fotografischen Industrie) ist demzufolge kontinuierlich ansteigend.

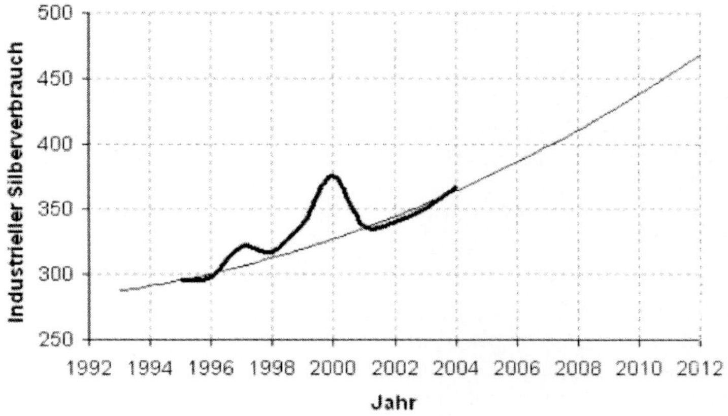

Abbildung 5.5.: Industrieller Silberverbrauch in Millionen Unzen (ohne Fotografie). Quelle: GFMS

Aus den Zahlen der vergangenen 10 Jahre läßt sich demnach eine Nachfrage im Jahr 2010 von bis zu 440 Millionen Unzen herleiten, was einer Zunahme um 20% oder 73 Tonnen zum heutigen Stand entsprechen würde. Die extrem starke Steigerung in den Jahren 1998 bis 2000 läßt sich auf die Aktienblase der "New Economy" zurückführen, darf also nicht überbewertet werden. Der Verbrauch in der Fotografie hingegen ist seit 1999/2000 klar abnehmend.

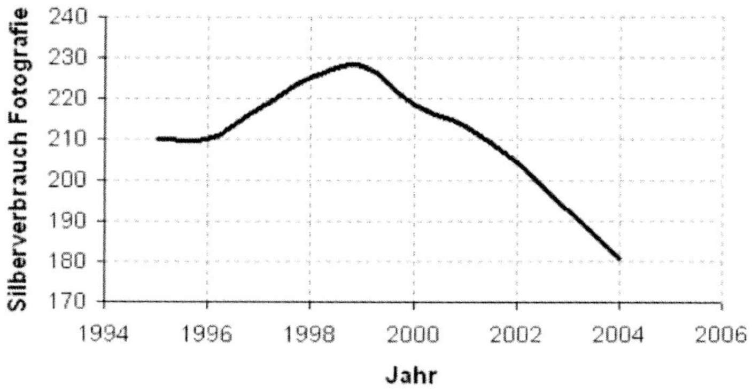

Abbildung 5.6.: Silberverbrauch in der Fotografie in Millionen Unzen. Quelle: GFMS

Daß dieser Markt auf einem bestimmten Niveau in eine Sättigung gehen sollte, wurde durch die drei zuvor beschriebenen Gegenargumente bereits beleuchtet. Auf welchem absoluten Niveau dies sein wird, wird die Zukunft zeigen. Das Silver Institute weist darauf hin, daß einzelne Marktsegmente sogar einen steigenden Verbrauch meldeten. Z.B. stieg der Verbrauch aufgrund traditioneller Fotografie in China in 2004 um 6 Prozent.

Die Nachfrage nach Silberschmuck und sonstigen Silberwaren wie z.B. Bestecken oder Kunstgegenständen blieb, mit gewissen Schwankungen, nahezu konstant. Wurden 1995 hierfür 237 Millionen Unzen verbraucht, waren es im Jahr 2004 247,5 Millionen Unzen, wobei im Jahr 2001 mit 287 Millionen Unzen bereits ein wesentlich höherer Verbrauch gemeldet wurde.

Was ebenfalls heraussticht, ist die Nachfrage nach Silber als Investment, d.h. in Münzen- oder Barrenform. Diese stieg von einer Sockelnachfrage von rund 25 Millionen Unzen auf über 80 Millionen Unzen im Jahr 2004.

Interessant an diesen Zahlen der GFMS ist auch, daß das weithin bekannte Investment von Warren Buffett in den Jahren 1997 und 1998 von insgesamt 130 Millionen Unzen, sich nicht widerspiegelt. Auch aufgrund dieser Tatsache sind die Zahlen der GFMS mit einer berechtigten Portion Vorsicht und Zweifel zu geniessen.

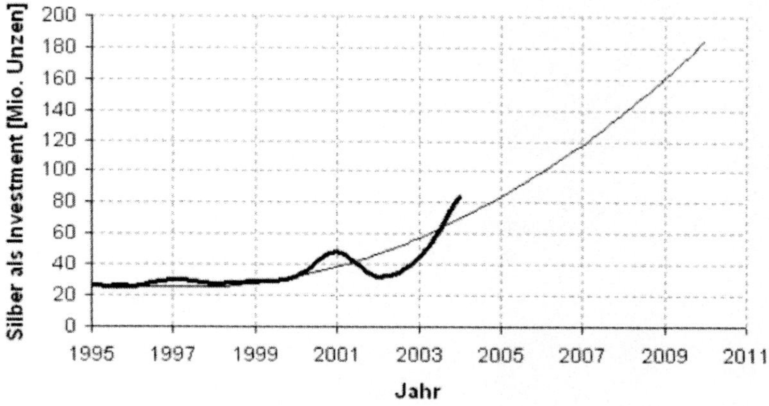

Abbildung 5.7.: Silbernachfrage für Barren und Münzen in Millionen Unzen. Quelle: GFMS

Die Kurve läßt sich, wie dargestellt, (konservativ) in die Zukunft verlängern, sodaß im Jahr 2010 mit einer Investmentnachfrage von 180 Millionen Unzen zu rechnen wäre.

Welche Explosionskraft in der Nachfrage nach Silver als Investment steckt, läßt sich jedoch besser erahnen, wenn man die Punkte der letzten drei Jahre, in denen das Anlegerpublikum mehr und mehr auf Silber aufmerksam wurde, mittels einer polynomischen Ausgleichsgeraden in die Zukunft prognostiziert.

Wir erkennen in der folgenden Abbildung 5.8, daß innerhalb weniger Jahre der Investmentbedarf die jährliche Minenproduktion von derzeit rund 635 Millionen Unzen theoretisch komplett aufbrauchen könnte.

Da dies aufgrund der manigfaltigen industriellen Anwendungen nie geschehen darf, gab es bisher für die Regierungen nur den Weg, bestehende Lager zu verkaufen, um die Nachfrage decken zu können und gleichzeitig die Edelmetalle an allen Fronten verbal und mit Papierderivaten zu bekämpfen.

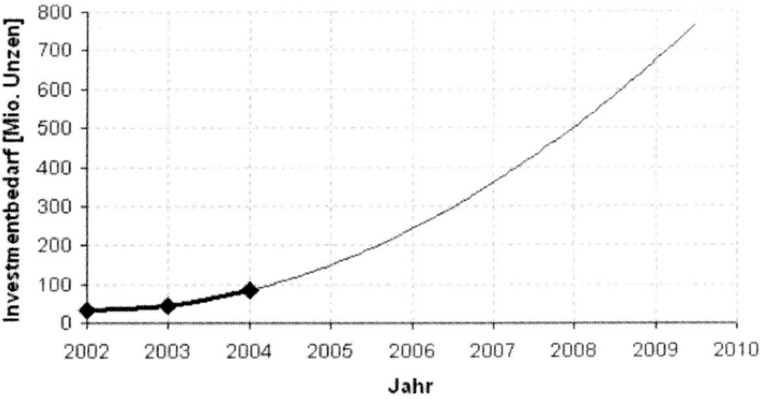

Abbildung 5.8.: Prognostizierte Silber-Investmentnachfrage anhand der Zahlen der letzten drei Jahre. Quelle: GFMS

Dem gegenüber muß die Strategie der Zukunft jedoch lauten, die Investment-Nachfrage durch stark steigende Preise zu dämpfen, um die Industrie vor dem kommenden Silber-Kollaps zu bewahren.
Im Abschnitt 4.2. wurden die Exchange Traded Funds (ETFs) bei Gold und deren positive Auswirkungen bereits angesprochen. Am 17. Juni 2005 reichte eine Tochter der britischen Barclays Bank einen Antrag bei der Securities and Exchange Commission in Washington (SEC) zur Gründung des ersten Silber-ETFs ein [5.68]. Im Zuge der Genehmigung dieses ETFs müßte Barclays 130 Millionen Unzen Silber kaufen, d.h. rund 20% einer kompletten Jahresproduktion.
Die Silver Users Association (SUA), eine Vereinigung von Silberverbrauchern in der Industrie, sprach sich mehrfach klar gegen die Zulassung dieses Silber-ETFs aus, da dieser einen Silberengpass erzeugen würde [5.69]. Mit dieser Stellungnahme wurde also implizit bestätigt, wie eng und angespannt der Silbermarkt heute bereits ist. Ted Butler kommentierte dies im Oktober 2005 wie folgt:

> "Ich sage Ihnen, was ich in über 20 Jahren über sie (die SUA; d. Verf.) gelernt habe: Bis zu diesem ETF-Artikel habe ich sie noch niemals etwas positives über Silber sagen hören. Es war immer

dasselbe: Es gibt viel Silber, der Preis sollte fallen, es wird immer ein schlechtes Investment sein, yada, yada, yada. Sie haben niemals ein positives Wort über Silber als Investment herausgeben. Das ist das besondere an ihrem ETF-Artikel. Er ist rundum positiv: Nicht genug Silber für einen ETF, Silber ist billig, der ETF wird eine Knappheit erzeugen, es bewegt sich schneller als Gold, der ETF wird Produzenten begünstigen, der ETF wird die selben Auswirkungen haben wie Warren Buffet hatte. Alles was ich sagen kann ist 'huh?'." [5.70]

Beim Schreiben dieses Buches stand noch nicht fest, ob der ETF zugelassen wird oder nicht. Wie immer die Entscheidung der SEC ausfallen wird, der Aufschrei der SUA zeigte deutlich, wohin die Reise in der Zukunft gehen wird.

Doch kommen wir zurück zu den Statistiken für das Jahr 2004. In Tonnen und Millionen Unzen ausgedrückt ergab sich die Angebots- und Nachfragesituation wie folgt:

Angebot:		
Minen-Neuproduktion:	19.730 t	(634,3 Mil. Unzen)
Silber-Recycling:	5.630 t	(181,0 Mil. Unzen)
Verkäufe der Zentralbanken:	1.920 t	(61,7 Mil. Unzen)
	======	
	27.280 t	(877,0 Mil. Unzen)
Nachfrage:		
Industrie:	11.418 t	(367,1 Mil. Unzen)
Schmuckindustrie:	7.700 t	(247,6 Mil. Unzen)
Fotografie:	5.630 t	(181,0 Mil. Unzen)
Wertanlage:	2.600 t	(83,6 Mil. Unzen)
	======	
	27.348 t	(879,3 Mil. Unzen)

Rechnet man die Verkäufe der Zentralbanken heraus, ergab sich ein strukturelles Defizit von 7,3% oder 1988 Tonnen. Solch ein strukturelles Defizit besteht bereits seit 1990 und summierte sich über die Jahre aufaddiert zu rund 52.000 Tonnen, die aus dem Abbau bestehender Lager gedeckt werden mußten [5.58].

Erinnern wir uns nochmals an den Faktor 10, um den der Ölpreis nach den Hurrikans Katharina und Rita stieg, so hätte der Silberpreis also aufgrund des Marktdefizites in 2004 um 73% steigen können (zur Erinnerung: bei Gold war das strukturelle Defizit 15%, d.h. rund doppelt so hoch).

Wie sieht die Angebotsseite aus? Silber kommt hauptsächlich aus drei Quellen: Der Minenproduktion, dem Recycling und von den Zentralbanken. Daß die Lager der zuletzt genannten Zentralbanken leer sind (USA), bzw. noch vorhandene Lager nicht mehr ohne weiteres aufgelöst werden (China), hatten wir bereits erörtert. Das Angebot aus recyceltem Silber ist mit 180 bis 190 Millionen Unzen seit Jahren sehr konstant.
Doch wie sehen die geologischen Statistiken des U.S. Geological Survey für Silber aus? In den Abbildungen 4.8. und 4.10. haben wir gesehen, daß sich eine dynamische Lebensdauer der Goldreserven von 41 bzw. korrigiert 21 Jahren anhand dieser Statistiken ergaben. Für die Reserven und Ressourcen von Silber sieht die Grafik der dynamischen Rest-Lebensdauer wie folgt aus:

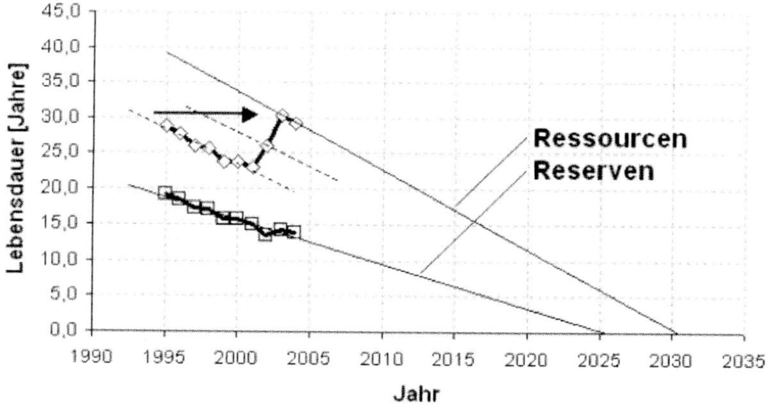

Abbildung 5.9.: Lebensdauer der Reserven und Ressourcen von Silber. Quelle: U.S. Geological Survey [5.59]

Für die Reserven ergibt sich eine restliche Lebensdauer von 21 Jahren bis ins Jahr 2026, für die Ressourcen eine Lebensdauer bis 2031 [5.60].

Es gilt jedoch auch hier das gleiche wie für Gold. Die absolute Zahl ist nicht das Maß der Dinge, sondern die Größenordnung und deren Bedeutung für

Investoren. Die heute lebende Generation, quasi die Generation Gold und Silber, wird die merkliche Verknappung des Rohstoffes Silber miterleben und spätestens die kommende Generation dessen Ende! Ich bin zutiefst überzeugt, daß die allerwenigsten Menschen heute begreifen, welche Auswirkungen dies in der Zukunft auf den Preis von Silber haben wird.

Ein weiteres Teil im Silber-Puzzle ist die Art, wie Silber bergbaulich gewonnen wird. Im Jahr 2004 wurde Silber nur zu 30% aus so genannten Primärminen gewonnen, d.h. Minen, deren Hauptziel die Förderung von Silber ist. Zumeist kommt Silber in der Natur in Verbindung mit Kupfer, Blei, Zink oder Gold vor, sodaß Silber dann nur ein Nebenprodukt ist, welches als willkommenes Zubrot für die Minenbetreiber angesehen wird, welches lediglich die Produktionskosten des Hauptproduktes verbilligt.
Das Silver Institute berichtet, daß im Jahr 2004 bei der Blei- und Zinkförderung 32% der Silber-Jahresproduktion anfielen, 26% bei der Kupferförderung und 12% bei der Gewinnung von Gold [5.61].

Dies bedeutet, daß selbst bei stark steigenden Silberpreisen das Angebot nicht ohne weiteres ausgebaut werden könnte. Die 70% Weltsilberproduktion, die beim Abbau von anderen Rohstoffen gewonnen werden, fallen bei einem Silberpreis von acht Dollar pro Unze genauso wie bei einem Preis von 25 Dollar die Unze an. Unter den Top-10 Silberproduzenten sagt in der Tat auch nur der amerikanische Bergbauer Coeur d'Alene Mines (mit 14,1 Millionen Unzen auf Platz 9 der Rangliste des Jahres 2004), daß er ein primärer Silberförderer wäre. Alle anderen wie z.B. BHP Billiton mit 49,7 Millionen Unzen auf Platz 1, fördern Silber nur als Beiprodukt.

Auch die geologische Verteilung von Silber in der Erdkruste weist eine interessante geologische Eigenheit auf, die klar für Silber als Investment spricht. Stephan Bogner:

> "Je tiefer man bohrt, desto höher ist der Goldanteil im Boden. Bei Silber ist es genau umgekehrt: Das meiste Silber wird kurz unterhalb der Erdoberfläche gefunden! Somit neigt sich Silber auch in der Erdkruste dem Ende entgegen!" [5.62]

Daraus läßt sich also schließen, daß im Laufe der historischen Silbergewinnung die größten Lagerstätten bereits ausgebeutet wurden und es in Zukunft geologisch immer schwieriger werden sollte, neue Silberlagerstätten zu finden.

Reinhard Deutsch schrieb in seinem Buch "Die Geldfalle" dazu folgendes:

> "Da seit mehreren tausend Jahren Silber an der Erdoberfläche von Menschen abgeräumt wird, ist die Wahrscheinlichkeit neuer großer Funde sehr gering, selbst wenn man aufgrund gestiegener Preise mal wieder anfangen sollte, zu suchen." [5.63]

Im Rahmen dieser einführenden Abhandlung sollten hiermit im Bezug auf Angebot und Nachfrage von Silber die wichtigsten Fakten erwäht worden sein. Noch mehr als bei Gold, wird die Nachfrage nach dem Edel- und Industriemetall Silber in Zukunft steigen und das geologische Angebot sinken. Das steigende strukturelle Defizit, das bereits seit 15 Jahren besteht und zum Abbau nahezu aller bekannter Lagerstätten führte, wird sich nur über einen spürbar höheren Silberpreis ausgleichen lassen.

5.5. Preisprognosen

"Die großartige Neuigkeit ist, daß nichts schlimmes passieren muß, daß Silber die 200, 500 oder 1000 Dollar erreichen wird."

Ted Butler [5.67]

In diesem Kapitel wurden bereits verschiedentlich Zahlen in den Raum gestellt, die sich jedoch auch logisch und einsichtig herleiten lassen.
Sprechen wir vom Silberpreis, gilt im Prinzip das gleiche wie für Gold. Auch Silber ist eine Versicherung gegen die Entwertung von staatlichem Papiergeld und stellt als Wertspeicher die höchste Form der Liquidität dar. Der Silbermarkt insgesamt ist monetär betrachtet noch enger als der von Gold. Die jährliche Neuproduktion der Minen hat einen Wert von lediglich rund 4,2 Milliarden Dollar.
Man hört in diesem Zusammenhang dann gerne den Satz, daß Bill Gates leicht eine Jahresproduktion aus der Microsoft-Portokasse zahlen könnte. Theoretisch könnte er dies sicherlich auch tun, doch die Käufe von Warren Buffett in 1997 und 1998 zeigten, daß dies in der Praxis schlicht unmöglich ist. Buffett mußte Monate warten, bis sein Silber geliefert werden konnte, und mit Bedacht hat er wohl über mehrere Monate hinweg "nur" insgesamt 130 Millionen Unzen gekauft. Nicht, daß der Preis wegen ihm in den

Himmel schießen würde und er einer Spekulation bezichtigt worden wäre, wie seinerzeit die Hunt-Brüder, die am Ende in den Bankrott geklagt wurden. Buffett sah es sicherlich mit Freude und Erleichterung, daß sich der Preis nach seinen Käufen wieder beruhigte und nach unten ging. Riet er seinem Freund Gates deswegen auch zum Kauf einer Silberminen-Beteiligung (Bill Gates gehören 10% von Pan American Silver, dem 14. größten Produzenten in 2004)?

In diesem Zusammenhang ist es sehr wichtig festzuhalten, daß die steigende Nachfrage nach Silber als Investment der ausschlaggebende Faktor für eine sich selbst erfüllende Prophezeihung darstellen wird. Der konzentrierte Versuch der beiden "Goliate" Nelson Bunker und Herbert Hunt schlug fehl, weil man die Verursacher der Silberknappheit genau kannte und so gezielt gegen sie vorgehen konnte. Ergo: Es braucht viele kleine, unangreifbare "Davids", die den physischen Markt Stück für Stück und kontinuierlich aufkaufen. Steigt das Interesse der Silberanleger, wird die physische Knappheit des Rohstoffes Silber immer offensichtlicher werden. Durch die menschliche Gier und die Angst, den Aufsprung auf einen profitablen Zug zu verpassen, werden bei weiter steigenden Notierungen immer mehr Investoren den Silbermarkt für sich entdecken und dadurch die Preise weiter antreiben. Bedenken sie bitte, daß im Jahr 2004 nur 9% des Silbers als Investment in Tresoren verschwand.

Wie unterbewertet Silber ist, zeigt eindrucksvoll ein Langzeitchart über 600 Jahre. Mir ist zwar etwas unklar, aus welchen Quellen sich diese lange Zeitreihe ergibt, inhaltlich ist sie meiner Ansicht nach jedoch völlig logisch und stringent.

Silber erreichte sein Allzeithoch 1477 mit inflationsbereinigt über 1000 Dollar je Unze. Als die Entdecker im 15. Jahrhundert schließlich in die neue Welt aufbrachen, brachten sie große Mengen an Gold und Silber mit nach Europa, sodaß der Preis über die Jahrhunderte kontinuierlich bis auf rund 100 Dollar je Unze fiel. Ende des 19. Jahrhunderts wurden im Westen der USA neue großer Silberlagerstätten entdeckt, sodaß der Preis weiter auf ca. 20 Dollar je Unze abfiel. Nach dem letzten spekulativen Hoch im Jahr 1980 sank der Preis auf das uns heute bekannte Niveau um die 6 bis 8 Dollar je Unze.

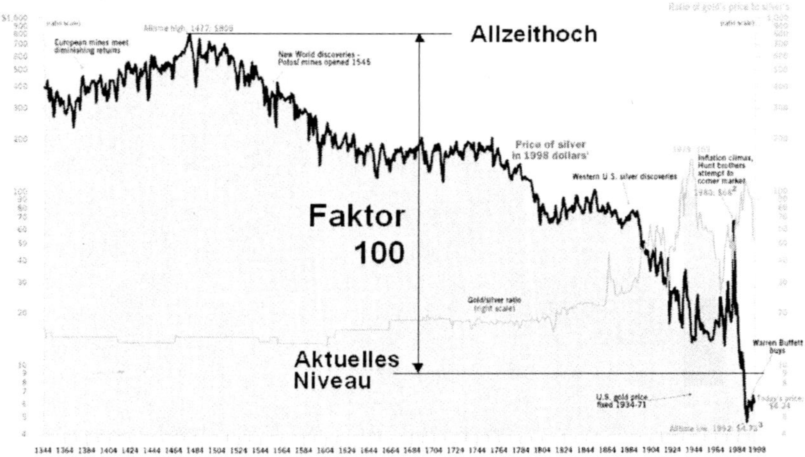

Abbildung 5.10.: Inflationsbereinigter Silber-Langzeitchart von 1344-1998 Quelle: goldinfo.net [5.64]

Allein dieser Chart sollte eindrucksvoll zeigen, welches Potential das geologisch zur Neige gehende Silber in Zukunft für seine Investoren bereithalten wird. Zwischen aktuellem Kursniveau und dem inflationsbereinigten Allzeithoch, liegt ein Faktor größer 100.

Weithin beachtet wird die Gold-Silber-Relation. Man teilt den Goldpreis durch den Silberpreis und kommt derzeit auf einen Wert von rund 55 (Stand: Ende 2005). Seit der Demonetarisierung von Silber schwankte diese Ratio zwischen 30 und 100 (abgesehen von der Hunt-Spekulation, bei der das Verhältnis kurzzeitig bei 1:17 stand – Gold 850 und Silber 50 Dollar je Unze).
Zuvor, als Gold und Silber noch Währungsmetalle waren, lag die Ratio je nach Region zwischen 1:12 und 1:17. In Europa lag der Wert bei 1:15, in Mexiko und Südamerika, wo große Silbervorkommen ausgebeutet wurden, lag die Ratio bei 1:17 etwas höher und in Asien, wo Silber traditionell höher eingeschätzt wurde, lag sie bei 1:12 bis 1:13.
Geht man also von einer Ratio von 1:17 aus, müßte der Silberpreis heute bei 27 Dollar liegen.

Das natürliche Verhältnis des geologischen Vorkommens liegt bei 20, d.h. *in der Erdkruste* (nicht in Lagern über der Erde) gibt es 20 Mal mehr Silber

als Gold [5.19]. Diese Ratio würde demnach einen Silberpreis von 23 Dollar implizieren.
Das Silber-Öl-Preisverhältnis befindet sich derzeit sogar auf einem historischen Tiefpunkt bei rund 0,15. Der Durchschnittswert seit 1980 liegt jedoch bei 0,26 [5.65], sodaß der Silberpreis aufgrund dieses Vergleiches bei 15,60 Dollar liegen müßte.

Wie sie sehen, "paßt" der derzeitige Silberpreis in keinen historischen Vergleich zu einem anderen Rohstoff. Im Vergleich zu Kupfer müßte Silber sogar bei 100 Dollar je Unze notieren.

Eine lesenswerte Studie der BW-Bank vom Juni 2004 nennt Kursziele bis Ende 2006 von 15 bis 20 Dollar je Unze [5.66].

Im Jahr 1913 (also zur Gründung der Dollar-wertsichernden FED) kostete eine Unze Silber 1,29 Dollar. Würde man diesen Preis nur um die Inflation bereinigen, käme man auf einen heutigen Preis von über 25 Dollar [3.37]. D.h. Silber ist heute rund 3x so billig wie im Jahr 1913.

Ted Butler schrieb im Juni 2004:

> "Die großartige Neuigkeit ist, daß nichts schlimmes passieren muß, daß Silber die 200, 500 oder 1000 Dollar erreichen wird." [5.67]

Zum Abschluß dieses Kapitels über Silber möchte ich nochmals das Zitat von Izzy Friedman auf sie wirken lassen:

> "Keiner von ihnen kann intellektuell den zukünftigen Preis von Silber erfassen. Jeder Preis, an den sie denken, wird hinter dem wirklichen Preis zurückfallen. Was ich sage ist solange wahr, solange Silber nicht künstlich hergestellt werden kann." [5.21]

Wie Gold, ist Silber ein Investment, welches nach allem menschlichen Ermessen nie auf den Wert Null fallen kann. Seit Tausenden von Jahren bewahrte es seinen Wert. Edelmetalle sind diskret, sie tauchen auf keiner Kontoabrechnung auf und können von Generation zu Generation vererbt werden (wahrscheinlich auch ein Grund, warum Staaten Edelmetalle nicht schätzen und sie daher ihren Bürgen auszureden versuchen). Mehr noch: Wie gesehen, gehen Edelmetalle geologisch zur Neige. Unsere Generation, die ich deswegen "Generation Gold und Silber" nenne, wird zumindest die spürbare Verknappung der Ressourcen zu Lebzeiten noch miterleben.

Spätestens unsere Kinder jedoch werden sehen, daß es kein Gold und Silber mehr gibt, welches wirtschaftlich aus der Erde gewonnen werden kann.

Welche Folgen dies für die Preise haben wird, ist intellektuell in der Tat heute noch nicht zu fassen. In jedem Falle erscheinen Edelmetalle als *das* Medium für eine gesicherte, private und eigenverantwortliche Altersvorsorge.

5.6. Zusammenfassung des fünften Kapitels

Obwohl es wesentlich mehr Gold als Silber auf der Welt gibt, kostet Gold wesentlich mehr als das seltenere Silber. Während Gold einen entbehrbaren Luxus darstellt, ist Silber aufgrund seiner Eigenschaften als industrieller Rohstoff zwingend erforderlich.
Der Preis des Silbers wurde über Jahre hinweg durch den Derivate-Markt an der COMEX in New York nach unten manipuliert.
Silber vereint einzigartige physikalische, chemische und biologische Eigenschaften in sich und wird daher von der Industrie immer stärker nachgefragt. Silber weist die höchste elektrische Leitfähigkeit, Witterungsbeständigkeit, Wärmeleitfähigkeit und das höchste Reflexionsermögen über ein sehr weites Wellenlängenspektrum auf. Aufgrund seiner Lichtempfindlichkeit ist es für die konventionelle und digitale Fotografie unentbehrlich.
Aufgrund seiner biologisch desinfizierenden Eigenschaften wird Silber in zunehmenden Maße z.B. bei der Aufbereitung von Wasser, der Behandlung von Krankheiten und in der Lebensmittel- und Holzschutzindustrie verwendet.
Da Silber eine hohe Dehnbarkeit aufweist, kann es sehr dünn gezogen oder ausgewalzt werden, was Anwendungen in der Mikroelektronik erlaubt, z.B. bei der neuen RFID-Technologie oder der Solartechnik.

Obwohl die Nachfrage im Bereich konventionelle Fotografie seit einigen Jahren zurückgeht, steigt der Bedarf an Silber insgesamt kontinuierlich an. Die Verbräuche in der Industrie, sowie zum Zwecke des Investments weisen nahezu exponentielle Verläufe auf. Speziell der Mitte 2005 von der Barclays Bank beantragte Silber-ETF, liese einen weiteren Nachfragesprung erwarten.

Wie beim Gold konnte das Defizit zwischen Angebot und Nachfrage bisher durch die Verkäufe von Zentralbanken nahezu ausgeglichen werden.

Die geologischen Reserven des Silbers gehen in absehbarer Zukunft zur Neige. Die Zahlen des US Geological Survey lassen auf ein Ende zwischen 2026 und 2031 schließen. Für das Angebot weiterhin belastend ist die geologische Tatsache, daß Silber vermehrt an der Erdoberfläche vorkommt und in tieferen Regionen in der Konzentration abnimmt. Da jedoch bereits seit Tausenden von Jahren Silber gefördert wird, ist die Wahrscheinlichkeit neuer großer Funde sehr gering.

Da Silber zu 70% als Nebenprodukt bei der Gewinnung von Kupfer, Blei, Zink oder Gold anfällt, kann die Förderung selbst bei anziehenden Preisen nicht sofort gesteigert werden.

Die Preisprognosen für Silber reichen bis zu 1000 Dollar je Unze, dem inflationsbereinigten Allzeithoch aus dem 15. Jahrhundert, bevor die Seefahrer große Mengen an Gold und Silber aus der neuen Welt in die Alte brachten. Izzy Friedman, der "Godfather of Silver" für Ted Butler vertritt die Meinung, daß Silber immer weiter steigen wird, solange es nicht künstlich hergestellt werden kann.

6. Kapitel: Empfehlungen

6.1. Der Blick zurück

"Die Ausnahmejahre ohne große Verpflichtung für unsere Vorfahren bei gleichzeitiger Selbstentpflichtung für unsere Nachfahren haben uns ein Leben in materiellem Luxus des Hier und Jetzt ermöglicht. Doch es gibt kein Weiter-so."

Roland und Andrea Tichy [6.1]

David Marsh zitierte 1992 in seinem Buch "Die Bundesbank: Geschäfte mit der Macht" über die Währungsreform von 1948 aus einem Bericht der Rheinprovinz-Sparkasse:

> "Eine Witwe (..) verkaufte 1920 ihr Besitztum und legte das Geld bei uns an. Durch die erste Inflation gingen 3/4 verloren. Bei unserer Sparkasse verblieben rd. RM 15.000, die vor der Geldneuordnung lange gereicht hätten. Es sind rd. DM 1.000 verblieben ... Nach dem 20. Juni (1948; d. Verf.) mußte sie zur Wohlfahrt gehen." [6.2]

Bei der letzten Währungsreform von 1948 (man nennt es immer Reform, nicht Betrug) wurden die Sparguthaben zum Kurs 6,50 DM für 100 Reichsmark umgerechnet, d.h. einen Faktor von rund 15 weniger. Die Gefahr, daß es irgendwann in der Zukunft wieder zu solch einem Horrorszenario für Sparer in Papierwerten (Aktien, Staatsanleihen, Rentenversicherungen, Bausparkassen, etc.) kommen wird, ist nicht zu übersehen.
Schon heute ist die wahre Inflation um ein Vielfaches höher als der offizielle Wert, sodaß reell viele Investoren bereits auf der Verliererseite stehen, ohne dies überhaupt zu wissen oder zu ahnen. Erst vor kurzem gab die amerikanische Zentralbank bekannt, daß die M3-Geldmenge des Dollars (dessen Wachstum exponentiell verläuft) ab März 2006 schlicht nicht mehr publiziert wird. Die Kommentatoren dieser Nachricht sind sich einig, daß damit nur die kommende Inflationierungsrunde des Dollars verschleihert werden soll.
Doch kommen wir wieder darauf zurück, welche Auswirkungen dies für die Altersvorsorge der "Generation Gold" haben wird.

Wir sehen noch alle Norbert Blüm vor unserem geistigen Auge, wie er dem deutschen Volk versprach, daß die Renten absolut sicher seien. Unter Kanzler Schröder näherte sich Walter Riester schon eher der Wahrheit, indem er sagte, daß die gesetzliche Rente in Zukunft nurmehr den Charakter einer Grundversorgung haben könne und jeder Versicherte in seinem Arbeitsleben selbst für die Schließung der entstehenden Versorgungslücke Sorge tragen müsse. Es entstand die staatlich geförderte, kapitalgedeckte Form der Altersvorsorge, die offiziell "zusätzliche kapitalgedeckte Altersvorsorge" heißt, im Volksmund jedoch unter "Riester-Rente" bekannt ist.

Roland und Andrea Tichy merken in ihrem Buch "Die Pyramide steht Kopf" dazu folgendes kritisch an.

> "Es ist geradezu ein Treppenwitz, daß neuerdings private Anlageformen wie Aktien die bisherige gesetzliche Rentenversicherung ergänzen sollen, um die demographische Versorgungslücke durch Kapitalerträge zu ergänzen: Wenn die heute in Aktien, Lebensversicherungen und Immobilien angesparten Beträge von ihren Eigentümern zur Finanzierung des Alters aufgelöst werden, wird es zu einem massiven Preis- und Kursverfall kommen, denn auch zukünftige Nachfolge-Investoren werden fehlen." [6.1, Seite 12].

Was ist damit gemeint? Bei Wertpapieren gilt grundsätzlich das Prinzip von Angebot und Nachfrage, d.h. der Kurs eines Wertpapieres steigt nur dann, wenn irgendjemand bereit ist, mehr Geld dafür zu bezahlen, als den augenblicklichen Kurswert. Im Umkehrschluß bedeutet dies natürlich, daß die Kurse fallen, wenn keine Käufer da sind. Und genau dies wird aufgrund der demographischen Entwicklung, wie wir sie in Kapitel 1 kennengelernt haben, in fast allen westlichen Ländern der Fall sein.

Wenn die immer größer werdende Masse der Rentner ihre Wertpapiere auf den Markt bringen wird, werden die Preise aufgrund fehlender Nachfrage sinken. Die für einen Zeitraum von mehreren Jahrzehnten unkalkulierbare Inflation wird ein Übriges tun, daß am Ende sehr wahrscheinlich eine Minusrendite zu Buche stehen wird und die gutgläubigen Bürger wieder um ihre Ersparnisse gebracht sein werden.

Allein aus diesen Gründen sind meiner Ansicht nach lang laufende Verträge wie Kapitallebensversicherungen, Riester-Renten etc. mit sehr viel Vorsicht zu genießen. Sie suggerieren Sicherheit, die in Wahrheit nicht vorhanden ist, nicht vorhanden sein kann. Wie können die Anbieter dieser Verträge wirtschaftliche oder gesamtstaatliche Vorgänge über Jahrzehnte hinaus

voraussehen und einkalkulieren? So liegt z.B. einem typischen Angebot für einen Riester-Rentenvertrag eine Inflation von plus/minus 1,5% pro Jahr zugrunde, die natürlich in Wahrheit um ein Vielfaches höher ist. Das Hauptargument beim Verkauf ist zudem oft, daß man sich die staatlichen Zuschüsse nicht entgehen lassen sollte.
Ein weiteres Beispiel der heutigen Mitnahmementalität ist zum Zeitpunkt des Verfassens dieses Buches die Werbung der BHW: "Eigenheimalarm - jetzt zu BHW und 22.800 Euro retten". Ein Investment in langlaufende Lebensversicherungen oder sonstige Sparpläne setzt jedoch eine Stabilität der Institute, der Währungen und der Staaten an sich voraus. Aus den gezeigten Gründen wird dies leider nicht der Fall sein.

6.2. Theorien der Zyklen und Wellen

In diesem Zusammenhang ist das Buch "The Fourth Turning" von William Strauss und Neil Howe sehr interessant. Leider liegt dieses Mitte der 90er Jahre erschienene Buch nur in Englischer Sprache vor. Die Autoren fanden heraus, daß genau wie ein Kalenderjahr durch die vier Jahreszeiten geprägt ist, auch die Geschichte der westlichen Welt im wiederkehrenden Zyklus von vier Generationen beeinflußt wird.
Die Autoren grenzen die Generationen in Zeiträumen von 20 Jahren voneinander ab und fanden, bezogen auf die USA, heraus, daß sich dieser ca. 80 Jahre andauernde Zyklus bereits mehrfach abgespielt hat. Die folgenden Darstellungen wurden einem Artikel von Matthias Lorch entnommen, der am 11.11.2005 auf goldseiten.de publiziert wurde [6.3]. Der Autor beleuchtet dabei den aktuell laufenden Zyklus, der nach dem 2. Weltkrieg begann.

a) Frühling - Das Hoch: Nach Krise, Depression oder Krieg
Im aktuellen Zyklus läßt sich diese Phase in die Jahre 1945 - 1965 legen. Die Menschen erholen sich vom Krieg und wollen mit ihrem neuen Leben beginnen, man sehnt sich nach Stabilität, Konformismus, Familie und öffentlicher Ordnung. Das Tun aller Überlebenden richten sich auf den Wiederaufbau des Staates und dem Gemeinwohl, es werden viele Kinder geboren.

b) Sommer - Das Erwachen (1965 - 1985)

Die jungen Erwachsenen, die die Dinge vorantreiben wollen, kennen aus eigener Erfahrung nur noch das Hoch, nicht aber die Krise. Sie greifen die geltenden Werte an (Beispiel 68er-Bewegung: "Wer zweimal mit derselben pennt, gehört schon zum Establishment"), Wohlstand und Sicherheit gelten als selbstverständlich. Der Glaube, daß weiterer Wohlstand auch ohne Disziplin erreicht werden kann, breitet sich aus.

c) Herbst - Das Enträtseln (1985 - 2005)

Die Tendenz zum Ausnutzen oder Ablehnen der sozialen Errungenschaften nimmt zu (Mitnahmementalität). Die Menschen neigen dazu, über ihren Verhältnissen zu leben. Um das wirkliche Gemeinwohl kümmert sich niemand mehr. Da die wirkliche Krise jedoch noch nicht in Sicht ist, können die Menschen ihr persönliches Leben in vollem Maße ausleben. Die Ich-Gesellschaft entsteht.

d) Winter - Die Krise (2005 - 2025)

Ein Ereignis, ein Katalysator läßt das Gefühl einer Krise aufkommen. Solche Ereignisse gibt es zu allen Zeiten, aber nur im herrschenden Winter wird dadurch eine neue Dynamik gestartet, die einer Schneelawine gleicht. Plötzliche Bedrohungen, die lange ignoriert wurden, werden nun für jeden sichtbar. Gesetze werden verabschiedet, die früher noch undenkbar waren. Neue erbitterte Kriege werden geführt, die die Menschen schlußendlich, nach der völligen Erschöpfung, wieder nach dem Guten und Einfachen sehnen lassen. Ein neuer Glaube an die Gemeinschaft und die Autoritäten reißen die Menschen mit.

Die Autoren belegen, daß sich dieses viergeteilte Schema in der amerikanischen Geschichte seit Jahrhunderten regelmäßig wiederholt. Auch der damit verbundene Kriegszyklus von ca. 80 Jahren ist dadurch erklärbar:

- Amerikanischer Befreiungskrieg (Höhepunkt 1781)
- Amerikanischer Bürgerkrieg (Höhepunkt 1863)
- Depression und Zweiter Weltkrieg (Höhepunkt 1942)

Auch wenn dieses Schema mit dem Hintergrundwissen zweier Amerikaner entwickelt wurde, erscheint es einleuchtend und logisch, daß jede Generation in ihrem Ablauf und Umfeld quasi gefangen ist. Keine Generation macht die gleichen Erfahrungen wie die Vorangegangene, beginnt jedoch aus deren Erfahrungen und Werten eine Weiterentwicklung, die immer wieder in einer sinnsuchenden Ich-Gesellschaft, wie wir sie auch heute wieder erleben, endet. Erinnern wir uns nicht alle an die Kriegserzählungen unserer Eltern oder Großeltern, die uns mitunter zutiefst langweilten?

Die vier großen Probleme Demographie, Staatsverschuldung, Sozialsysteme und Bürokratie (zu ergänzen um das Problem der Umweltzerstörung) aller westlicher Wohlfahrtsstaaten lassen nach meiner Ansicht keinen anderen Schluß zu, als daß wir heute wieder am Beginn eines neuen Winters stehen.

Dies deckt sich ebenso mit der Zyklentheorie nach Kondratieff, nach der sich die Weltwirtschaft in 40-60 jährigen Zyklen auf- und abbewegt. Dabei erzeugen Basisinnovationen stets einen neuen wirtschaftlichen Aufschwung.

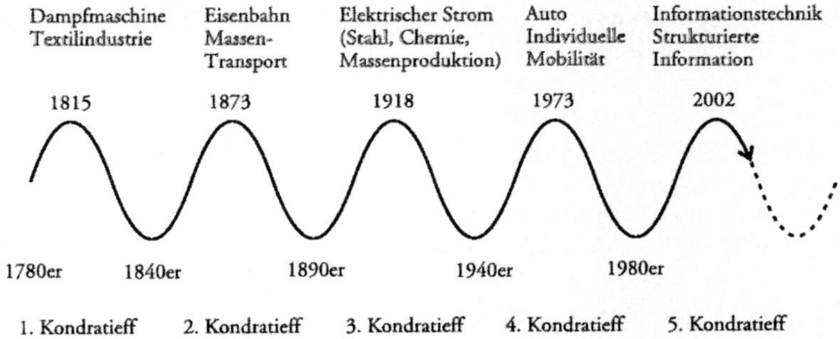

Abbildung 6.1.: Zeitliche Einteilung der Kondratieff-Wellen, sowie deren treibende Basisinnovationen, Quelle: Erik Händeler [6.4]

Die Basisinnovationen des aktuellen Kondratieff-Zykluses waren die Mikroelektronik, der Computer sowie Informationstechnologien und das Internet. Nachdem diese Innovationen Wirtschaft und Gesellschaft durchdrungen haben, bieten sie nun aktuell immer weniger zusätzlichen Nutzen (Beispiele hierfür: UMTS-Handys oder immer schnellere PCs, welchen Nutzen haben sie wirklich?).
Grundsätzlich ist jede Welle in vier Einheiten unterteilt, die wie im Buch "The Fourth Turning" von Strauss und Howe, in Jahreszeiten angebenen werden:

- Frühling: Erholung
- Sommer: Aufschwung
- Herbst: Abschwung
- Winter: Flaute

Wie in Abbildung 6.1. ersichtlich befinden wir uns derzeit im geschichtlichen Kontext also in einer Phase wirtschaftlichen Abschwungs, wobei der Winter erst noch vor uns liegt. Die Börsenzusammenbrüche 1873, 1929, sowie der erste Minichrash Anfang 2000 erfolgten alle in Kondratieff-Hochpunkten oder Abschwüngen.
Wir bereits geschildert, verschiebt sich das Verhältnis von Arbeitnehmern zu Rentnern zu immer mehr zu ungunsten der Arbeitnehmer, sprich immer weniger Arbeitnehmer müssen für einen Rentner aufkommen.
Es scheint offensichtlich, daß dieses wachsende Mißverhältnis irgendwann so offensichtlich sein wird, daß sich die arbeitende Bevölkerung dagegen wehren wird, dieses Auslaufmodell mit ihren hart verdienten Einkünften weiterhin zwangsweise am Leben zu erhalten. Wie das in Deutschland geschehen wird, wäre zum heutigen Zeitpunkt betrachtet eine reine Spekulation. Die Streiks in anderen Ländern wie z.B. Italien oder Frankreich zeigen jedoch, wie ein ganzes Land zum Stillstand gebracht werden kann, wenn die Arbeiter in einen Generalstreik treten.
Aus staatlicher Sicht ist es zudem notwendig, daß so wenig Menschen wie möglich von der Arbeiterklasse zur Kapitalklasse wechseln können. Die Zwangssozialsysteme bzw. die Kapitalbesteuerung insgesamt scheint genau auf diesen Punkt abzuzielen. Wie gesehen, könnte in unserem Zinssystem theoretisch jeder Durchschnittsverdiener im Laufe seines Arbeitslebens zum Millionär aufsteigen (8. Weltwunder Zinseszins). Dies hätte zur Folge, daß er oder spätestens seine Erben gar keiner geregelten Arbeit mehr nachgehen müßten und so zum Erarbeiten des Sozialproduktes keinen Beitrag mehr leisten würden. Gesamtstaatlich gesehen ist dies zu verhindern, denn wo soll die Wirtschaftsleistung herkommen, wenn niemand mehr arbeiten, sondern alle bloß noch von ihren Zinsen leben würden?

Eine Absicherung in werthaltigen Sachwerten, die keinen Versprechungen von Instituten oder Staaten unterworfen sind, ist unumgänglich. Ich lege ihnen daher dringend ans Herz, bis zu 1/3 ihres Papier-Vermögens in werthaltige Sachwerte wie Gold und Silber umzutauschen. Nicht umsonst lautet eine heute vergessene Wallstreet-Weisheit, daß man 10% seines Vermögens in Gold investieren sollte und dabei zu hoffen, daß man es nie braucht. In dieselbe Kerbe schlägt auch ein alter Börsianerwitz, der ungefähr wie folgt lautet:

> "Unterhält sich ein Anlageberater mit seinem Kunden. Der Kunde schnauzt ihn an: Geld, Geld, Geld. Könnt ihr Berater immer nur vom Geld reden?. Schnauzt der Berater zurück: Sei froh, daß ich nicht von Gold, Gold, Gold rede."

Eine kleine Beispielrechnung aus der Zeit der Weltwirtschaftskrise von 1929 bis 1935 soll ihnen den Vorteil einer Absicherung in Gold darstellen.

Investition	*Wert Oktober 1929*	*Wert Dez. 1935*
Dow Jones Aktien	9.000 USD	3.250 USD
Homestake Mining	1.000 USD	6.250 USD
	==============	=============
	10.000 USD	9.500 USD

Wurden also 1929 10% des Kapitals in die Goldaktie Homestake Mining investiert, konnte man nominal sein Vermögen sichern (das Unternehmen zahlte in diesem Zeitraum an seine Aktionäre sogar eine Dividende von 128 USD pro Anteil aus). Hätte man in den inflationären 70er Jahren die 10%-Regel beachtet, hätte man wie folgt abgeschnitten:

Investition	*Wert Jan. 1971*	*Wert Dez. 1980*
Dow Jones Aktien	9.000 USD	10.300 USD
Goldbarren	1.000 USD	15.680 USD
	==============	=============
	10.000 USD	25.980 USD

6.3. Der Drittelmix

Eine immer wieder gestellte Frage lautet, welche grundsätzliche Aufteilung ein Edelmetall-Portfolio aufweisen sollte. Wie zuvor gehört, schlägt die vergessene Wallstreet-Weisheit ein Minimum von 10% des Vermögens vor. Je nach persönlichem Empfinden, Bedürfnis und Einschätzung der zukünftigen Lage, kann dieser Wert jedoch durchaus auch bis zu 1/3 des Vermögens betragen, was auch der alten Dreispeichenregel entsprechen würde. Diese Regel wird seit Hunderten von Jahren sehr erfolgreich z.B. von den Juden praktiziert und lautet wie folgt.

Stellen wir uns ein Rad mit drei Speichen vor. Die Speichen repräsentieren die Anlageklassen

a) Immobilien
b) Wertpapiere aller Art und
c) Edelmetalle.

Das Rad der Geschichte dreht sich genauso wie das Rad unserer Speichenregel, sodaß eine Klasse immer oben, die andere immer unten und die Dritte irgendwo dazwischen steht.

Anfang 2000 standen die Wertpapiere oben (d.h. waren stark gesteigen und damit teuer), das Gold unten (=billig) und die Immobilien irgendwo in der Mitte. Die Regel besagt nun ganz einfach: Verkaufe immer die Klasse, die oben im Rad ist, und kaufe die, die unten steht.

Wie in Kapitel 4 und 5 erörtert, gehören Gold und Silber sowieso zu den sichersten Investments, die es gibt und geben wird. Man kann quasi (fast) nichts falsch machen, wenn man in physische Edelmetalle investiert. Die Schere zwischen Angebot und Nachfrage wird sich in Zukunft immer weiter öffnen und ihren Ausgleich nur in steigenden Preisen finden können.

Im folgenden soll ein so genannter Drittelmix erörtert werden, der für den Edelmetall-Anteil in einem Depot empfohlen werden kann. Er beinhaltet die Komponenten Versicherung, Investment und Spekulation und teilt dadurch das Risiko auf.

Abbildung 6.2.: Drittelmix eines Edelmetall-Portfolios

Das Fundament der Pyramide stellen kleine Gold- und Silbermünzen dar, die sie unbedingt in ihrem unmittelbaren Zugriff aufbewahren sollten. Diese Münzen stellen ihre Versicherung für den absoluten Notfall dar, nämlich dem, daß staatliches Papiergeld im täglichen Zahlungsverkehr nicht mehr angenommen wird und sie zur Deckung ihrer existentiellen menschlichen Grundbedürfnisse diese Münzen benötigen.

Einige von Ihnen werden bei diesen Zeilen vielleicht ungläubig Schmunzeln. Ich möchte ihnen mit einem Zitat von Stefan Zweig aus seinem autobiographischen Werk "Die Welt von Gestern" antworten, in dem er sich auf die Situation in Österreich in der Zeit der galoppierenden Inflation Anfang der 20er Jahre bezieht.

> "Die Städter schleppten zu den Bauern hinaus, was sie entbehren konnten, chinesische Porzellanvasen und Teppiche, Säbel und Flinten, photographische Apparate und Bücher, Lampen und Zierrat; so konnte man, wenn man in einen Salzburger Bauernhof trat, zu seiner Überraschung einen indischen Buddha einen anstarren sehen oder einen Rokokobücherschrank mit französischen Lederbänden aufgestellt finden, auf den die neuen Eigner mit besonderem Stolz sich viel zugute taten. (..) Substanz, nur kein Geld, das wurde die Parole. Manche mußten sich den Ehering vom Finger und den Lederriemen vom Leibe ziehen, nur um den Leib zu nähren." [6.5]

In Deutschland wurden am Ende der Inflation Geldscheine zum Heizen verwendet, da ihr innerer Heizwert höher war als die Kohlen, die man sich dafür hätte kaufen können (so man überhaupt jemanden fand, der Kohlen für staatliches Papiergeld hergab).

Über dem Fundament der Versicherung kommt die Ebene des Investments in Edelmetallen. Hierfür eigenen sich besonders physische Barren in möglichst großen Einheiten (Goldbarren ab 100g, Silberbarren ab 1kg), da für diese das so genannte Aufgeld relativ gering ist (Aufgeld: Kosten, die über den eigentlichen Wert des Materials hinausgehen, z.B. Formkosten für den Barren, Handelsaufschläge, Lagerkosten etc.). Ein Weg für diese Ebene des sicheren Investments ist die Einkaufsgemeinschaft für Gold und Silber GbR, die ich Mitte 2005 gegründet habe und die nachfolgend vorgestellt wird.
Die Spitze des Berges können spekulative Investments in Aktien von Minenbetreibern oder Derivate darstellen.
Welche prozentuale Aufteilung sie persönlich für diese drei Stufen präferieren, hängt von ihren persönlichen Umständen, ihren Neigungen und Erfahrungen ab. Das Risiko der Anlage steigt jedoch vom Fundament zur Spitze der Pyramide an. Der sprichwörtliche Spatz in der Hand ist in diesem Zusammenhang allemal besser, als die Taube auf dem Dach. Will heißen, Barren in der Hand ist definitiv goldenes Pfand.

6.4. Wieviel Gold / Silber brauche ich als Versicherung?

In der Offenbarung des Johannes heißt es im sechsten Kapitel, Verse 5-6:

> "(..) Und ich sah, und siehe, ein schwarzes Pferd. Und der darauf saß, hatte eine Waage in seiner Hand. Und ich hörte eine Stimme mitten unter den vier Gestalten sagen: Ein Maß Weizen für einen Silbergroschen und drei Maß Gerste für einen Silbergroschen; aber dem Öl und Wein tu keinen Schaden!"

Der amerikanische Autor Hal Lindsey interpretierte bereits 1973 in seinem Buch "Die Feuerflut" (Orginaltitel: "There's a new world coming") diese Verse wie folgt:

> "Das Gericht, das der Reiter auf dem schwarzen Pferd darstellt, scheint eine weltumspannende Währungskatastrophe zu sein. Durch den Krieg im Nahen Osten, der sich über die ganze Welt ausbreitet, werden Nahrungsmittel, Öl und andere lebensnotwendige Gebrauchsgüter immer knapper. Je hungriger die Menschen, desto lüsterner sind sie.
> Die Waage deutet auf eine Lebensmittelknappheit hin, denn Nahrungsmittel werden dann so sorgfältig wie Gold aufgewogen werden. (..) Erschreckend ist, daß eine Tagesration Weizen einen Denar kosten wird (Anmerkung: Ein Silbergroschen oder Denar wog zu Anfang 4,55 Gramm; d. Verf.). Dafür muß ein Durchschnittsverdiener einen vollen Tag arbeiten. Oder er kann mit demselben Geld drei Maß Gerste kaufen (eine weniger wertvolle Getreideart). Mit anderen Worten, der Durchschnittsverdiener wird während der großen Trübsal seinen gesamten Verdienst für die Ernährung seiner Familie ausgeben müssen.
> Olivenöl und Wein waren zur Zeit des Johannes Luxusgüter. Der Reiter wurde angewiesen, sich nicht mit diesen Dingen abzugeben. Offensichtlich wird kein Mangel an Luxusgütern herrschen, doch der normale Bürger wird sie sich nicht leisten können. Nur die Reichen werden dann noch ein normales Leben führen können. Das Sprichwort, daß die Reichen immer reicher und die Armen immer ärmer werden, trifft für die große Trübsal besonders zu."

Und weiter:

"Wenn die Preise immer höher klettern und der Dollar ständig an Wert verliert, kann man sich leicht ausrechnen, wie die Welt in jenen Zustand der Armut verfallen kann, der in Offenbarung 6 so plastisch beschrieben ist." [6.6]

Ich weiß nicht, wie es ihnen beim Lesen dieser Zeilen aus dem Jahr 1973 geht. Als ich sie las, lief es mir kalt über den Rücken, was von diesen Auslegungen von Hal Lindsey heute bereits erfüllt ist, bzw. sich anschickt, vor unseren Augen erfüllt zu werden.

Die große Trübsal, die in der Offenbarung Kapitel 6 beschrieben wird, und an deren Ende Jesus Christus wieder auf die Erde zurückkommen wird, dauert sieben Jahre. Sieben Jahre sind rund 2500 Tage, d.h. um durch die Trübsal hindurch seine Lebensmittel sicherstellen zu können, bräuchte man

2500 Tage x 4,55 g (ein Denar) = 11,4 kg = 365 Unzen Silber

Anders ausgedrückt, pro Woche wird man eine Unze Silber aufwenden müssen, um die notwendigen Lebensmittel kaufen zu können:

52 Wochen x 7 Jahre = 364 Wochen

Als gläubiger Christ empfinde ich persönlich diese gefundene Faustformel als sehr einprägsam: Pro Woche eine Unze Silber. Daher mein persönlicher Rat, kaufen sie für sich und ihre Familie zuerst rund 350 bis 400 Silbermünzen zu einer Unze das Stück. Nach den heutigen Preisen ergibt dies eine Kaufsumme von ca. 4000,- Euro.
Diese Rechnung spiegelt auch sehr schön den künftigen Zugwinn des Silbers an Kaufkraft wieder. Heute könnten sie sich von einer Unze Silber (rund 10 Euro) ein Mittagessen kaufen. In Zukunft könnte diese Unze für eine Woche und dazu noch für eine ganze Familie reichen.
Auf der ersten Edelmetallmesse in München im November 2005 sprach ich mit einem Münzhändler aus Zürich über genau dieses Thema. Er meinte dazu, daß in der Vergangenheit nach 2 bis 2,5 Jahren das schlimmste immer vorbei war und man für eine 7,4g Goldmünze, Zitat: "drei Tage Futter", bekommen würde. Mit 200 Münzen sollte man also durch diese Zeit hindurch kommen. Ich persönlich kann nicht ganz glauben, daß sich die wirtschaftlichen Ungleichgewichte, die sich nunmehr über Jahrzehnte aufgebaut haben, in nur zwei oder drei Jahren ausgeglichen haben werden. Ich denke, daß eine längere Zeit der Trübsal über die alte Welt hereinbrechen wird, für die wir uns rüsten sollten. Treffend meinte der

Chefvolkswirt der Deutschen Bank, Norbert Walter, denn auch "die Alte Welt wird alt aussehen".

Sie bemerken bereits anhand dieser beiden Sichtweisen, daß der gute alte Spruch "Frage 5 Politiker und Du bekommst 8 Meinungen" auch hier zutreffend ist. Die Kernaussage jedoch bleibt: Das staatliche Papiergeld wird irgendwann nicht mehr als Zwischentauschmittel akzeptiert werden, genau wie es Stefan Zweig so bildhaft darzustellen vermochte. Stellen sie sich bereits heute auf diesen Zustand ein und sorgen sie vor, indem sie kleine handelbare Einheiten an Gold und Silber kaufen.

Stellt sich noch die Frage, welche Münzen sich für diesen Zweck am besten eigenen. Prof. Bocker gibt hierzu in seinem Gold-Dossier [6.7] folgende Ratschläge, die ich nachfolgend zusammenfassend widergeben möchte.

Die bekannteste Goldmünze ist der südafrikanische Krügerrand, der eine Unze Gold (= 31,1035 Gramm) enthält. Aufgrund seiner hohen Auflage ist sie die billigste Goldmünze, d.h. man bekommt "viel Gold für's Geld". Der Kostenvorteil von rund 1,3% (Stand: Ende 2005) gegenüber anderen Münzen wie dem kanadischen "Maple Leaf" oder der britischen "Britannia" hält sich jedoch in Grenzen.
Den größten so genannten Nennwert (= Wert, der auf der Münze steht) hat die britische "Britannia" Münze mit 100 britischen Pfund, was derzeit rund 146 Euro entspricht. Der Krügerrand hingegen hat lediglich einen Nennwert von einem Rand, was nur 0,13 Euro entspricht. Die nachfolgende Liste zeigt die Nennwerte anderer bekannter Goldmünzen:

Münze	Land	Nennwert	Aufgeld
Krügerrand	Südafrika	1 Rand = 0,13 Euro	3,0%
Maple Leaf	Kanada	50 CAN$ = 36 Euro	4,4%
Eagle	USA	50 US$ = 42 Euro	4,4%
Känguruh	Australien	100 AUS$ = 60 Euro	4,4%
Britannia	England	100 Pfund = 146 Euro	4,4%

Da die Goldmünzen im Prägeland fast immer legales Zahlungsmittel sind und zum aufgeprägten Nennwert gegen Papiergeld eingetauscht werden können, wäre also die Britannia-Münze empfehlenswert. Prof. Bocker schreibt hierzu:

> "Sollte das neue britische Pfund das alte in seiner Kaufkraft (nach Beispielsweise einer Hyperinflation, einem Krieg oder einer

Währungsreform) um vielleicht das Zwanzigfache (über-)steigen, erhielte der Tauschende den Gegenwert von 20 mal 330, also 6.600 DM (der Autor bezog sich auf den damaligen Wert einer Britannia-Münze von 330 DM; d. Verf.)."

Und weiter:

"Dieses Beispiel basiert nicht einmal auf purer Phantasie. Im Nachkriegsdeutschland passierte beim Übergang von der Reichsmark zur Deutschen Mark ganz genau dieses." [6.7]

Neben dem Krügerrand als billigste Münze, und der Britannia als Münze mit dem höchsten Nennwert, gelten die Schweizer Vreneli (Kosename für Verena) ebenfalls als sehr gute Wertanlage.

Abbildung 6.3.: Vreneli, Prägejahr 1926, Vorder- und Rückseite

Diese Münzen haben jeweils ein Feingewicht von nur 5,81 Gramm Gold, d.h. sind in Krisenzeiten für das tägliche Leben eine kleine handelbare Größe. Der Nennwert beträgt 20 Franken (12,8 Euro, hochgerechnet auf eine Unze Gold: 68,5 Euro) und das Aufgeld derzeit rund 8,5%. Dies bestätigt bereits eine Faustformel, die für alle physischen Einheiten, d.h. für Barren und Münzen gilt: Je kleiner die Einheit, desto größer das Aufgeld.

Der große Vorteil der Vrenelis ist deren historischer Ursprung. Vrenelis wurden zwischen 1897 und 1949 geprägt.
Da diese Münzen als halbantike Sammlermünzen gelten, waren sie beim amerikanischen Goldverbot, welches 1933 von Präsident Roosevelt verhängt wurde, ausdrücklich ausgenommen, d.h. deren Besitz war nach wie vor legal [6.8].

Als Münzhändler empfehle ich ihnen Pro Aurum in München (www.proaurum.de), das Frankfurter Münzkabinett (www.muenzkabinett-frankfurt.de) oder in der Schweiz die Edelmetalle & Münzen AG von Rainer Meier (www.zpmo.ch).

6.5. Stufe 2: Investment in physische Edelmetalle

Leider raten nur wenige Geschäftsbanken ihren Kunden zum Investment in physischem Edelmetall. Dies scheint ein klassisches Beispiel dafür zu sein, daß eine Bank zuerst ihren Aktionären und ihrer Kapitalrendite verpflichtet ist, und dann erst ihren Kunden. Generell sind meiner Ansicht nach Banker heutzutage eher Verkäufer als Berater. Ein Verkäufer kann jedoch nie ein objektiver Berater sein.
Im Gespräch mit Branchenkennern höre ich immer wieder, daß die heutige Bankergeneration die generellen Probleme unseres Finanzsystemes nicht kennt oder diese Kenntnisse beiseite schiebt. Strenge Umsatzvorgaben erfordern das Verkaufen der Papierprodukte des jeweiligen Hauses. Erst kürzlich erreichte mich die folgende E-Mail eines befreundeten Bankers:

> "Wenn du vor Jahren Gold gekauft hättest, wäre es gut gelaufen. Zukunft = ? Bringt halt keine Zinsen nur evtl. Kursgewinne ein."

Der physische Markt ist so klein, daß es für eine Bank nicht profitabel sein kann, Gold- und Silberbarren aktiv zu handeln und zu bewerben. Weiterhin bedeuten diese Geschäfte nur eine einmalige Provision (sieht man ggf. von den Mieteinnahmen für Schließfächer ab), während Papieranlagen einen fortwährenden warmen Regen an Gebühren bedeuten.
Es scheint, daß selbst private Vermögensberater ihren Mandanten nur ungerne Edelmetalle anbieten, sodaß alles in allem heute nur rund 1% der Anleger überhaupt physisches Edelmetall besitzen. So bezeichnete Folker Hellmeyer, Chefanalyst der Bremer Landesbank, die heutigen Goldinvestoren als die Elite, Zitat:

> "(..) weil sie in der Lage sind, sich mit der Thematik auseinander zu setzen und über die Fähigkeit verfügen, die Probleme, die in unserem Finanzsystem bestehen, auch so zu erkennen." [6.9]

Ted Butler, der große und langjährige Silberexperte, der bis vor kurzem eine wöchentliche Kolumne im Internet schrieb, sagte und sagt immer wieder:

> "Reelles, voll bezahltes Silber ist die beste Form des Silber-Investments." [6.10]

Die Vorteile liegen auf der Hand. Durch reell existierende Barren ist man nicht von den Versprechen anderer abhängig, die entstehen, wenn man so genanntes "Papiersilber" kauft, z.B. durch den Kauf von reinen Lieferansprüchen. Wer kann ihnen versichern, daß sie ihr Gold oder Silber auch wirklich bekommen, wenn sie ihren Anspruch geltend machen wollen? Zertifikate, Optionsscheine und andere Derivate unterliegen stets dem Bonitätsrisiko des Emmitenten, sprich dessen Solvenz.
Als reines Investment bieten sich, wie zuvor gesagt, Goldbarren ab einer Größe von 100 Gramm, sowie Silberbarren ab 1 kg an. Der Grund für diese Größen liegt im Aufpreis. Dieser schlägt um so höher zu Buche, je kleiner die Einheit ist. So verringert sich der Kaufpreis pro Gramm beim Gold um rund 16%, wenn man einen 5g Barren mit einem 100g Barren vergleicht.

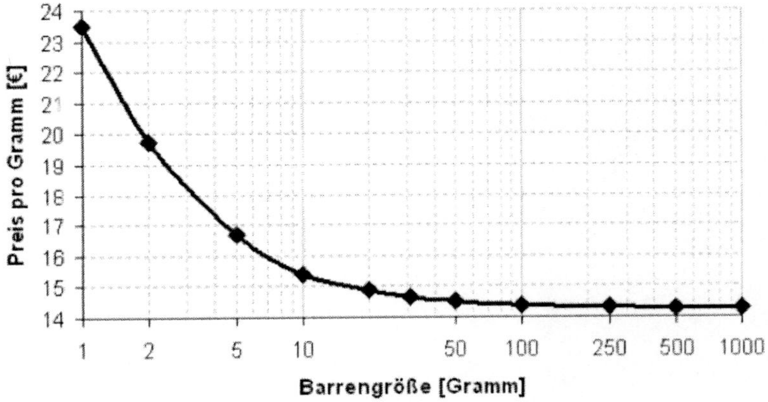

Abbildung 6.4.: Goldpreis pro Gramm in Abhängigkeit von der Größe des Barrens (Stand: Ende 2005)

Zum Zeitpunkt des Schreibens dieses Buches kostete ein 100g Goldbarren rund 1450,- Euro. Beim Silber sieht der Preisunterschied ähnlich aus:

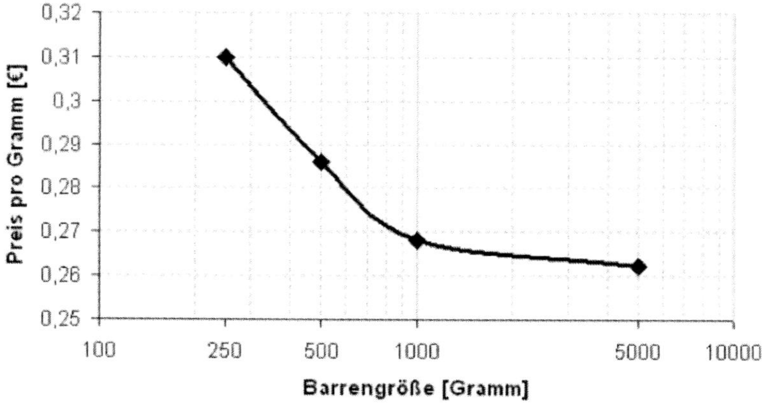

Abbildung 6.5.: Silberpreis pro Gramm in Abhängigkeit von der Größe des Barrens (Stand: Ende 2005)

Große Einheiten bieten sich auch deswegen an, weil beim Verkauf dieser Barren weniger Verlust zum eigentlichen Wert des Goldes bzw. Silbers anfällt.

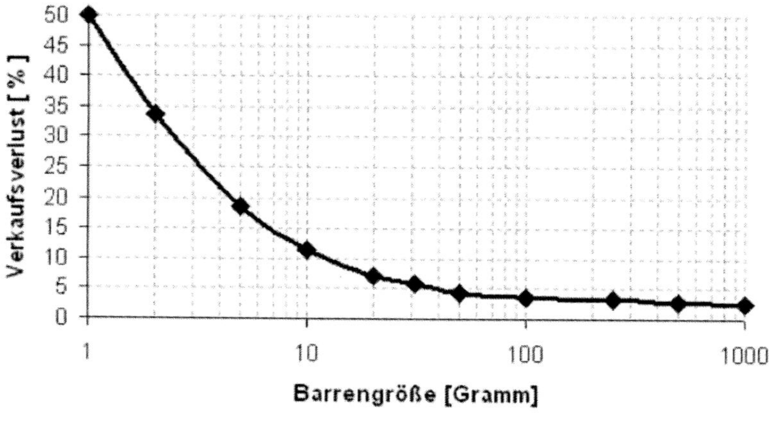

Abbildung 6.6.: Verkaufsverlust bei Goldbarren zum Materialwert in Abhängigkeit von der Größe des Barrens (Stand: Ende 2005)

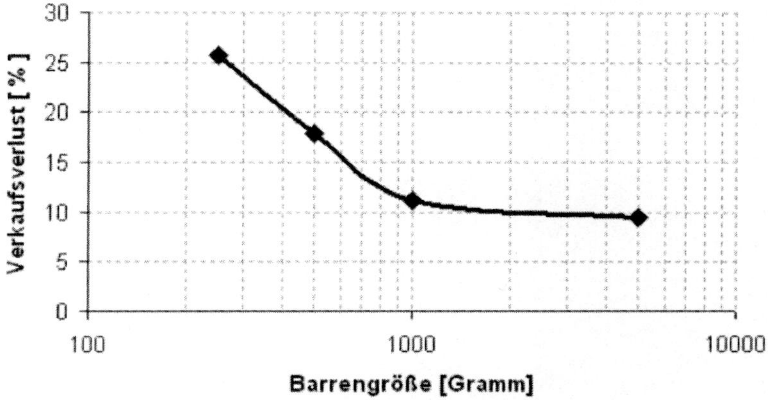

Abbildung 6.7.: Verkaufsverlust bei Silberbarren zum Materialwert in Abhängigkeit von der Größe des Barrens (Stand: Ende 2005)

Fragen sie bei ihrer Bank nach den Konditionen für den Kauf physischer Edelmetallbarren und vergleichen sie diese z.B. im Internet mit den Preisen der Münchner Firma Pro Aurum (www.proaurum.de/preise.php).

Bezüglich der Lagerung gab Bruno Bandulet im Juni 2004 in seinem Magazin Gold & Money Intelligence folgende Hinweise:

> "Schließlich zur Frage, wo man sein Gold aufbewahren soll: am besten einen Teil zu Hause, einen Teil in einem Schließfach in der Schweiz oder Liechtenstein und (sofern sie in Deutschland wohnen) einen Teil auch in einem deutschen Schließfach am Wohnort. Die Schweiz als Lagerort sollte deswegen nicht fehlen, weil Gold dort nie verboten wurde (im Gegensatz zu Deutschland und den USA) und selbst während des Weltkrieges mit Einschränkungen gehandelt werden konnte. In der Schweiz hat man immer noch mehr Respekt vor dem Privateigentum als in der EU! Die Kosten für ein Schließfach sind unerheblich, nur setzt es voraus, daß man bei der betreffenden Bank ein Konto hat. Völlig ungeeignet als Lagerort ist New York. Ganz abgesehen von der Gefahr eines neuen terroristischen Anschlages haben die USA eine lange Tradition der Mißachtung fremden Eigentums, die bis auf den Ersten Weltkrieg zurückgeht." [6.11]

Die Schweiz empfiehlt sich auch deswegen als Lagerort für Gold, weil eine Änderung der Besitzrechte eine Volksabstimmung voraussetzen würde. Da diese natürlich nicht von Heute auf Morgen durchgeführt werden kann, bliebe im Falle des Falles immer noch eine gewisse Reaktionszeit.

Grundsätzlich stellt also ein Investment in den Edelmetallen Gold und Silber einen Schutz vor Vermögensverlust in der kommenden Finanzkrise dar. Das Investment grenzt sich von der Versicherung insofern ab, als daß das Edelmetall natürlich sicher, jedoch nicht im unmittelbaren Zugriff gelagert sein muß. Im Falle von Gold empfiehlt es sich sogar, dieses in einem Staat zu lagern, der in seiner Geschichte bewiesen hat, das Eigentum der Bürger zu respektieren.

Falls sie diesbezüglich weitere Fragen haben, freue ich mich von ihnen eine E-Mail an juergen.mueller@goldsilber.org zu erhalten.

Auf die Spitze der Pyramide, namentlich die Spekulation in Aktien und Derivate, möchte ich im Rahmen dieses Buches nicht eingehen. Im Sinne einer gesicherten Altersvorsorge und dem Aufbau eines Vermögensschutzes, sollten sie sowieso keine große Rolle spielen. Investieren sie bitte nur soviel Kapital in Aktien und Derivaten, wie sie auch bereit wären, zu verlieren.
Ein aktuelles Beispiel hierfür ist die australische Sons of Gwalia Ltd. mit Sitz in Perth. Einst als größte Goldminengesellschaft Westaustraliens bekannt und gehandelt, brach das Unternehmen kürzlich unter einem Schuldenberg von rund einer Milliarde AUS$ zusammen. Es hatte sich herausgestellt, daß die angegebenen Goldreserven leider nur auf dem Papier existierten, worauf der Aktienkurs auf Talfahrt ging.

6.6. Zusammenfassung des sechsten Kapitels

Immer wieder wurden in der Geschichte Vermögen durch Inflation oder Währungsreformen vernichtet und lösten sich in Rauch auf, wenn keine entsprechende Vorsorge getroffen wurde.

Seit Kondratieff wissen wir, daß sich die Weltwirtschaft in Zyklen bewegt, d.h. wiederkehrenden Auf- und Abschwüngen unterworfen ist. Da die letzten Basisinnovationen Computer und Telekommunikation ihre Kraft für ein weiteres Wirtschaftswachstum verloren haben, und neue bahnbrechende Erfindungen nicht in Sicht sind, steht uns ein wirtschaftlicher Herbst bzw. Winter bevor, in dem der Staat immer weiter in monetäre Probleme geraten wird (steigende Arbeitslosigkeit, ausufernde Sozialsysteme, negative demographische Effekte, mögliche Börsenzusammenbrüche etc.).

Wie in der Vergangenheit werden auch in der aktuellen Lage die Edelmetalle Gold und Silber eine Sicherung ihres derzeitigen Vermögens darstellen. Ich empfehle ihnen daher, 1/3 ihres Vermögens, z.B. aus überteuerten Aktien, in Gold und Silber zu tauschen.

Dabei besteht der Drittelmix ihres Edelmetall-Portfolies in der Basis aus einer *Versicherung* in kleinen Gold- und Silbermünzen. Als Goldmünzen empfehle ich Ihnen den Krügerrand, die Britannia und das Schweizer Vreneli. Als Silbermünzen können sie den American Eagle oder den kanadischen Maple Leaf zu je einer Unze kaufen. Lagern sie diese "Versicherungs-Münzen" in ihrem Zugriffsbereich.

Die nächste Stufe der Pyramide ist das *Investment* in Edelmetalle. Hierzu eignen sich Goldbarren ab 100 Gramm und Silberbarren ab 1 kg. Lagern sie diese langfristig nicht zu 100% in einem Schließfach in einer deutschen Bank, sondern partiell in der Schweiz oder in Liechtenstein.

Die Einkaufsgemeinschaft für Gold und Silber GbR (www.goldsilber.org) stellt für diesen Bereich des *Investments* eine mögliche Alternative dar. Durch ihre Struktur und die Größe der Ankäufe erhalten die Gesellschafter möglichst viele Unze für möglichst wenig Geld. Das Lagerkonzept der Barren schließt die bereits besprochenen Aspekte ein.
Weitere Möglichkeiten zum Investment in Gold bieten z.B. die Sparkasse Pforzheim ("Goldkonto") oder der DWS Fonds Gold Plus (WKN: 973246), wobei dieser nur partiell in reales Gold investiert.

Nachwort

Zuerst möchte ich Ihnen danken, daß sie es bis hierher geschafft haben, und alle Thesen dieses Buches aufgenommen haben. Ich hoffe sehr, daß es mir gelingen konnte, ihnen neue Gedanken und Wege zu zeigen.
Dieses Buch soll keine Untergangsstimmung verbreiten, im Gegenteil: Nach einer Finsternis kam immer wieder Sonnenschein hervor, und die Menschen blickten wieder mit Zuversicht in die Zukunft. Auch nach der kommenden Krise wird dies so sein. Die Frage ist nur, von welchem Startplatz aus sie dann erneut ins Rennen gehen werden.
In meinen persönlichen Studien haben mich speziell die simplen Fakten des Kapitels 2.3. "Exponentielle Schulden, lineare Wirtschaft" überzeugt. Durch den exponentiellen Zinseszinseffekt muß es einfach irgendwann wieder zu einer Nullung des gesamten monetären Systems kommen. Die Geldmengen bzw. die Schulden können nicht auf ewig wie eine Saturnrakete in den Mond schießen. Schon heute verbrauchen wir mehr als 100% der Neuschulden für die Bedienung der Zinsen für bestehende Schulden. Wie lange wird dieses Spiel noch gut gehen und wie lange können die Bürger noch mit neuen und höheren Steuern ausgepresst werden?
Beginnt man weiter in der Natur des Geldes zu forschen und erkennt z.B.,

- daß die Warenkorb-Definition der Inflation lediglich zum Verschleiern der Geldmengenausweitung der Zentralbanken dient,
- daß nicht hohe Ölpreise schuld an der Inflation sind, sondern die Zentral- und Geschäftsbanken mit ihrer Geldschöpfung
- oder daß Geld heute nichts anderes als elektronische Nullen oder bunt bedruckte Scheine (im wahrsten Sinne des Wortes: der Schein eines Geldes) sind,

so beginnt man zu ahnen, daß es besser sein könnte, seinen eigenen, persönlichen Goldstandard aufzubauen.
Oft werde ich gefragt, ob der Preisanstieg der Edelmetalle in den vergangenen Jahren in der Zukunft genauso weitergehen wird. Meine Antwort: Wir stehen erst am Beginn der wahren Preis-Rally. Im historischen Kontext sind Edelmetalle nach wie vor billig.
Es gibt so viele Probleme in der heutigen politischen und wirtschaftlichen Welt auf die kein Banker, geschweige denn ein Politiker eine Antwort hätte: Ausufernde Staatsschulden, exponentielle Geldmengenausweitungen, Überalterung der Bevölkerungen, unbezahlbare Sozialsysteme, erdrückende

Zinslasten, bankrotte Firmen wie GM oder Ford, Umweltverschmutzung, Artensterben, Kriege um Ressourcen ...
Unter diesem Gesichtspunkt erscheinen Aktionen wie "Du bist Deutschland" (im Internet: www.du-bist-deutschland.de) geradezu wie Hohn und als beginnende Durchhalteparolen.
Ich möchte sie daher zu eigenen Studien ermuntern, ihrer eigenen und der Zukunft ihrer Familien willen. Was bedeutet Geld heute? Warum ist das Geld heute nicht mehr durch Gold hinterlegt? Was sind die Auswirkungen? Was lehrt uns die Wirtschaftsgeschichte? Ist es so unwahrscheinlich, daß sie sich wiederholt? Wir unterliegen immer wieder der falschen Vorstellung, daß die Fehler der Geschichte heute nicht mehr vorkommen können. Testen sie sich selber: Glauben sie, daß eine Hyperinflation à la 1923 wieder kommen könnte? Bereits 250 v.Chr sagte der Prediger Salomo:

> "Geschieht etwas, von dem man sagen könnte: Sieh, das ist neu? Es ist längst vorher auch geschehen in den Zeiten, die vor uns gewesen sind. Man gedenkt derer nicht, die früher gewesen sind, und derer, die hernach kommen." (Prediger Salomo, Kapitel 1, Verse 10,11)

Die folgende schematische Darstellung soll das Argument der wiederkehrenden Geschichte nochmals verdeutlichen.

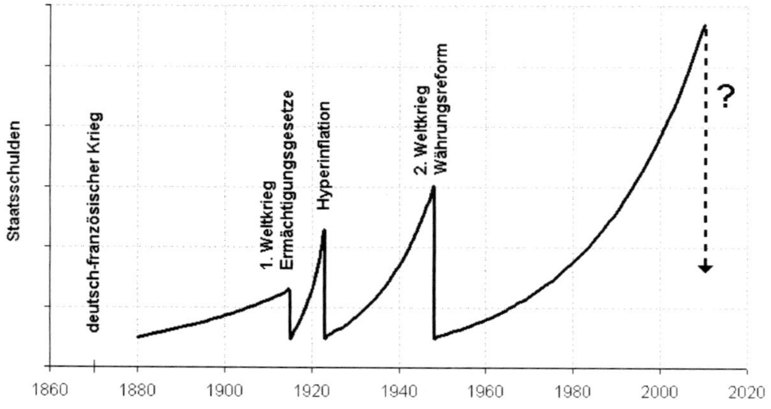

Wer nicht gewillt ist, aus der Geschichte zu lernen, ist leider gezwungen, sie zu wiederholen. Bauen sie ihre Dämme, bevor die Flut da ist.

Anhang: "Gold und wirtschaftliche Freiheit"

Artikel von Alan Greenspan aus dem Jahr 1966.
Quelle: www.gold-eagle.com/analysis/0003.html (Vronsky und Westerman)

Eine geradezu hysterische Feindschaft gegen den Goldstandard verbindet Staatsinterventionisten aller Art. Sie spüren offenbar klarer und sensibler als viele Befürworter der freien Marktwirtschaft, daß Gold und wirtschaftliche Freiheit untrennbar sind, daß der Goldstandard ein Instrument freier Marktwirtschaft ist und sich beide wechselseitig bedingen. Um den Grund ihrer Feindschaft zu verstehen, muß man zunächst die Rolle des Goldes in einer freien Gesellschaft verstehen.

Geld ist der gemeinsame Maßstab aller wirtschaftlichen Transaktionen. Es ist der Rohstoff, der als Tauschmittel dient, der von allen Teilnehmern einer Tauschgesellschaft als Bezahlung ihrer Güter und Dienstleistungen akzeptiert wird und der von daher als Bewertungsmaßstab und zur Wertaufbewahrung für das Sparen dient. Die Existenz eines solchen Rohstoffes ist Voraussetzung für eine arbeitsteilige Wirtschaft. Wenn die Menschen keinen objektiv bewertbaren Rohstoff hätten, der allgemein als Geld akzeptiert werden kann, so wären sie auf primitiven Naturaltausch angewiesen oder gezwungen, autark auf Bauernhöfen zu leben und auf die unschätzbaren Vorteile der Arbeitsteilung zu verzichten. Wenn die Menschen kein Mittel zur Wertaufbewahrung, d.h. zum Sparen hätten, wären weder eine langfristige Planung, noch ein Austausch möglich.

Welches Tauschmittel von allen Wirtschaftsteilnehmern akzeptiert wird, kann nicht willkürlich bestimmt werden. Zunächst sollte das Tauschmittel dauerhaft sein. In einer primitiven Gesellschaft mit geringem Wohlstand könnte Weizen ausreichend „dauerhaft" sein, um als Tauschmittel zu dienen, da alle Tauschvorgänge nur während der Ernte oder unmittelbar danach stattfinden würden, ohne daß große Werte gelagert werden müßten. Aber sobald Wertaufbewahrung bedeutsam wird, wie in zivilisierten und reicheren Gesellschaften, muß das Tauschmittel ein dauerhafter Rohstoff sein, üblicherweise ein Metall.

Ein Metall wird üblicherweise deshalb gewählt, weil es gleichartig und teilbar ist. Jede Einheit ist die gleiche wie jede andere und es kann in beliebiger Menge verformt und vermischt werden. Wertvolle Edelsteine z.B. sind weder gleichartig noch teilbar. Noch wichtiger ist: der als Tauschmittel gewählte Rohstoff muß ein Luxusgegenstand sein. Das menschliche Bedürfnis nach Luxus ist unbegrenzt und deswegen werden Luxusgüter immer nachgefragt und auch immer akzeptiert. Weizen ist ein Luxusgut in einer unterernährten Gesellschaft, aber nicht in einer Wohlstandsgesellschaft. Zigaretten würden normalerweise nicht als Geld dienen, aber nach dem 2. Weltkrieg wurden sie in Europa als Luxusgut betrachtet. Der Begriff Luxusgut beinhaltet Knappheit und hohen Wert pro Einheit. Da es einen hohen Wert pro Einheit besitzt, läßt sich solch ein Gut leicht transportieren. Eine Unze Gold z.B. hat den Wert von 1/2 Tonne Eizenerz.

Auf den ersten Stufen einer sich entwickelnden Geldgesellschaft mögen mehrere Tauschmittel benutzt werden, da zahlreiche Rohstoffe die jeweiligen Anforderungen erfüllen können. Mit der Zeit wird jedoch ein Rohstoff alle anderen verdrängen, weil er größere Akzeptanz findet. Die Vorliebe für das, was der Wertaufbewahrung dienen soll, wird sich auf den am meisten verbreiteten Rohstoff konzentrieren, was diesen wiederum noch mehr Akzeptanz finden läßt. Diese Entwicklung wird sich verstärken, bis dieser Rohstoff zum einzigen Tauschmittel wird. Der Gebrauch eines einzigen Tauschmittels hat große Vorteile, und zwar aus den gleichen Gründen wegen deren eine Geldwirtschaft einer Naturaltauschwirtschaft überlegen ist. Es ermöglicht einen Austausch in ungleich größerem Umfang. Ob dieses eine Medium nun Gold ist, Silber, Muscheln, Vieh, oder Tabak, ist beliebig und abhängig von dem Umfeld und der Entwicklung der jeweiligen Gesellschaft. In der Tat wurde dies alles zu verschiedenen Zeiten als Tauschmittel verwendet. Sogar in unserem Jahrhundert wurden zwei bedeutende Rohstoffe, nämlich Gold und Silber, als internationales Tauschmittel benutzt, wobei Gold das beherrschende wurde. Gold, das sowohl künstlerischen als auch funktionalen Gebrauch findet und relativ knapp ist, wurde immer als Luxusgut betrachtet. Es ist dauerhaft, leicht zu transportieren, gleichartig, teilbar und hat deshalb bedeutende Vorteile gegenüber allen anderen Tauschmittel. Seit Beginn des 1. Weltkrieges ist es praktisch der einzige internationale Tauschstandard.

Wenn alle Güter und Dienste in Gold bezahlt werden müßten, wären große Zahlungen schwierig zu bewerkstelligen und dies wiederum würde bis zu einem gewissen Grade den Umfang der Arbeitsteilung und Spezialisierung einer Gesellschaft begrenzen. Die logische Fortsetzung der Entwicklung eines Tauschmediums ist es daher, ein Banksystem und Kreditinstrument (Banknoten und Einlagen) zu entwickeln, die als Stellvertreter funktionieren, aber in Gold umtauschbar sind. Ein freies, auf Gold gegründetes Banksystem ist in der Lage, Kredit zu gewähren und so Banknoten (Währung) und Guthaben zu schöpfen, entsprechend der Produktionserfordernisse der Wirtschaft. Individuelle Goldbesitzer werden durch Zinszahlungen dazu gebracht, ihr Gold in einer Bank einzulegen, worauf sie Schecks ziehen können. Und da in den seltensten Fällen alle Einleger ihr Gold zur gleichen Zeit abziehen wollen, muß der Bankier nur einen Teil der gesamten Einlage in Gold als Reserve vorhalten. Dies ermöglicht es dem Banker, mehr als seine Goldanlagen auszuleihen (d.h., er hält Forderungen auf Gold statt wirkliches Gold als Sicherheit für seine Einlagen). Aber der Umfang der Ausleihung, die er vornehmen kann, ist nicht willkürlich. Er muß es in ein Gleichgewicht zu seinen Reserven und dem aktuellen Stand seiner Investionen bringen.

Wenn Banken Geld ausleihen, um produktive und profitable Unternehmen zu finanzieren, werden die Ausleihungen rasch zurückgezahlt und Bankkredit ist weiterhin allgemein verfügbar. Aber, wenn die mit Bankkredit finanzierten Geschäfte weniger profitabel sind und nur langsam zurückgezahlt werden, spüren die Banker schnell, dass ihre ausstehenden Darlehen zu hoch sind im Verhältnis zu ihren Goldreserven und sie fangen an, mit neuen Ausleihungen zurückhaltender zu sein, üblicherweise, indem sie höhere Zinsen berechnen. Dies begrenzt die Finanzierung neuer Unternehmungen und erfordert von den bestehenden Schuldnern, daß sie ihre Gewinnsituation verbessern, bevor sie Kredite für weitere Expansionen bekommen können. Daher wirkt unter dem Goldstandard ein freies Banksystem als Hüter von ökonomischer Stabilität und ausgeglichenem Wachstum.

Wenn Gold von den meisten oder gar allen Nationen als Tauschmittel akzeptiert wird, so begünstigt und fördert ein ungehinderter freier Goldstandard weltweit die Arbeitsteilung und einen umfangreichen internationalen Handel. Obwohl die Tauscheinheiten (Dollar, Pfund, Franc etc.) von Land zu Land uneinheitlich sind, so funktionieren die Wirtschaften der einzelnen Länder doch wie eine einheitliche Wirtschaft, wenn die Einheiten alle in Gold definiert sind und sofern es keine Behinderungen für Handel und freie Kapitalbewegungen gibt. Kredite, Zinsen und Preise reagieren dann nach gleichartigen Mustern in allen Ländern. Wenn zum Beispiel die Banken in einem Land zu großzügig Kredit gewähren, gibt es in diesem Land eine Tendenz zu fallenden Zinsen, was die Goldbesitzer veranlasst, ihr Gold zu Banken in anderen Ländern zu verlagern, wo es höhere Zinsen bringt. Dies wird unmittelbar zu einer Knappheit an Bankreserven in dem Land mit den lockeren Kreditbedingungen führen, was wieder zu strengeren Kreditbedingungen und zu einer Rückkehr zu wettbewerbsgerechten höheren Zinsen führt.

Ein vollkommen freies Banksystem und ein damit übereinstimmender Goldstandard wurde bisher noch nie verwirklicht. Aber vor dem 1. Weltkrieg war das Banksystem in den Vereinigen Staaten (und dem größten Teil der Welt) auf Gold gegründet, und obwohl die Regierungen zuweilen intervenierten, war das Bankgeschäft doch überwiegend frei und unkontrolliert. Gelegentlich hatten sich die Banken, aufgrund zu schneller Kreditexpansion, bis an die Beleihungsgrenzen ihrer Goldreserven exponiert, worauf die Zinssätze scharf anzogen, neue Kredite nicht gewährt wurden und die Wirtschaft in eine scharfe, aber kurze Rezession fiel (im Vergleich zu den Depressionen von 1920 und 1932 waren die Konjunkturabschwünge vor dem 1. Weltkrieg in der Tat milde). Es waren die begrenzten Goldreserven, die eine ungleichgewichtigte Expansion der Geschäftstätigkeit stoppten, bevor sie sich zum Desaster entwickeln konnte, wie es nach dem ersten Weltkrieg geschah. Die Korrekturphasen waren kurz und die Wirtschaft fand schnell wieder eine gesunde Basis für weitere Expansion.

Aber der Heilungsprozess wurde als Krankheit fehlinterpretiert. Wenn der Mangel an Bankreserven einen Konjunkturabschwung bewirkte - so argumentierten die Wirtschaftsinterventionisten - warum finden wir dann nicht einen Weg, um den Banken zusätzliche Reserven zur Verfügung zu stellen, so daß sie nie knapp werden müssen. Wenn die Banken unbegrenzt fortfahren können, Geld zu verleihen - so wurde behauptet - muß es keine Konjunkturrückschläge mehr geben. Und so wurde 1913 das Federal Reserve System organisiert. Es bestand aus 12 regionalen Federal Reserve Banken, die nominal zwar privaten Bankern gehörten, die aber in Wirklichkeit vom Staat gefördert, kontrolliert und unterstützt wurden. Von diesen Banken geschöpfter Kredit wird praktisch (nicht gesetzlich) von der Steuerkraft der Bundesregierung unterlegt. Technisch blieben wir beim Goldstandard; Privatpersonen war es noch erlaubt, Gold zu besitzen und Gold wurde auch noch als Bankreserve benutzt. Aber jetzt konnte zusätzlich zum Gold auch noch von den Federal Reserve Banken geschöpfter Kredit (Papiergeldreserven) als legales Zahlungsmittel dienen, um die Einleger zu befriedigen.

Als die Konjunktur in den Vereinigten Staaten 1927 einen leichten Rückschlag erlitt, schöpften die Federal Reserve Banken zusätzliche Papiergeldreserven in der Hoffnung, damit jeder Knappheit von Bankreserven zuvorzukommen.

Katastrophaler jedoch war der Versuch der Federal Reserve, Großbritannien zu helfen, welches Gold an uns verloren hatte, weil die Bank von England sich weigerte, die Zinsen steigen zu lassen, wie es der Markt erfordert hätte (dies war politisch unerwünscht). Die Argumentationslinie der beteiligten Instanzen war wie folgt: Wenn die Federal Reserve massiv Papiergeldreserven in die amerikanischen Banken pumpt, würden die Zinsen in den Vereinigten Staaten auf ein Niveau fallen, das mit dem in Großbritannien vergleichbar ist. Dies würde dazu führen, daß die englischen Goldabfluesse gestoppt würden und politische Unannehmlichkeiten, die mit einer Zinsanhebung verbunden sind, so vermieden würden. Die „Fed" hatte Erfolg: Sie stoppte die Goldverluste, aber gleichzeitig zerstörte sie fast die

Weltwirtschaft. Der übertriebene Kredit, den die Fed. in die Wirtschaft pumpte, floß in den Aktienmarkt - und löste einen fantastischen spekulativen Aktienboom aus. Verspätet versuchten die Federal Reserve Beamten die Überschußreserven abzusaugen und es gelang ihnen schließlich, den Boom zu brechen. Aber es war zu spät: 1929 war das spekulative Ungleichgewicht so überwältigend, daß dieser Versuch einen scharfen Rückgang noch beschleunigte mit einem daraus folgenden Zusammenbruch des Geschäftsvertrauens. Im Ergebnis brach die amerikanische Wirtschaft ein.

Großbritannien ging es noch schlechter und statt die vollen Konsequenzen der vorherigen Fehlentscheidungen zu akzeptieren, verließ es 1931 den Goldstandard komplett und zeriss so völlig das Netz von Vertrauen, das noch geblieben war, was zu einer weltweiten Serie von Bankzusammenbrüchen führte. Die Weltwirtschaft verfiel in die große Depression der 30er Jahre.

Mit der gleichen Logik, der sich auch die vorangehende Generation bediente, argumentierten die Interventionisten, daß in erster Linie der Goldstandard verantwortlich war für das Debakel, das zur großen Depression führte. Wenn der Goldstandard nicht existiert hätte, so argumentierten sie, hätte Englands Abgehen von Goldzahlungen in 1931 nicht die Bankzusammenbrüche in der ganzen Welt verursacht. (Die Ironie dabei war, daß wir seit 1913 keinen Goldstandard mehr hatten, sondern so etwas wie einen „gemischten Goldstandard", gleichwohl wurde die Schuld aufs Gold geschoben).

Aber die Gegnerschaft gegen den Goldstandard in jeder Form - durch eine wachsende Zahl von Wohlfahrtsstaat-Befürwortern - wurde von einer viel subtileren Erkenntnis gespeist - nämlich der Erkenntnis, daß der Goldstandard unvereinbar ist mit chronischen Haushaltsdefiziten (dem Wahrzeichen der Wohlfahrtsstaaten). Wenn man den akademischen Sprachschleier einmal wegzieht, erkennt man, daß der Wohlfahrtsstaat lediglich ein Mechanismus ist, mit welchem die Regierungen Vermögen der produktiven Mitglieder einer Gesellschaft konfiszieren, um zahlreiche Wohlfahrtsprojekte zu finanzieren (unterstützen). Ein großer Teil der Vermögenskonfiskation erfolgt durch Steuereinziehung. Aber die Wohlfahrtsbürokraten haben schnell erkannt, daß die Steuerlast begrenzt werden mußte, wenn sie an der Macht bleiben wollten und daß sie auf massives deficit spending ausweichen müssen, d.h. sie müssen Geld borgen, indem sie Staatsanleihen auflegen, um im großen Stil Wohlfahrtsausgaben zu finanzieren.

Unter einem Goldstandard wird der Kreditumfang, den eine Wirtschaft verkraften kann, von den realen Sachwerten der Wirtschaft begrenzt, weil jedes Kreditverhältnis letztlich ein Anspruch auf einen realen Sachwert ist. Aber Staatsanleihen sind nicht durch reale Sachwerte unterlegt, sondern nur durch das Regierungsversprechen, aus künftigen Steuereinnahmen zu bezahlen. Sie können daher nicht ohne weiteres von den Finanzmärkten aufgenommen werden. Eine große Menge neuer Staatsanleihen kann der Öffentlichkeit nur zu ständig steigenden Zinssätzen verkauft werden. Deshalb ist staatliche Schuldenfinanzierung unter einem Goldstandard eng begrenzt. Die Abschaffung des Goldstandards ermöglichte es den Verfechtern des Wohlfahrtsstaates, das Banksystem für eine unbegrenzte Kreditexpansion zu mißbrauchen. In Form von Staatsanleihen haben sie Papiervermögen erzeugt, welches die Banken, nach einer komplexen Folge von Schritten, wie Realvermögen als Sicherheit akzeptieren, gleichsam als Ersatz für das was früher eine Einlage in Gold war. Der Inhaber einer Staatsanleihe oder eines auf Papiergeld gegründeten Bankguthabens glaubt, er hat einen gültigen Anspruch auf Realwerte. In Wirklichkeit sind aber mehr Ansprüche auf Realwerte im Umlauf, als Realwerte vorhanden sind.

Das Gesetz von Angebot und Nachfrage läßt sich nicht aufheben. Wenn das Angebot an Geld (Ansprüchen) im Verhältnis zum Angebot von realen Gütern in der Wirtschaft steigt, müssen die Preise unweigerlich steigen. Das heißt, Erträge, die von den produktiven Teilen der Gesellschaft erspart wurden, verlieren in Gütern ausgedrückt an Wert. Unter dem Strich der Bilanz ergibt sich dann, daß dieser Verlust genau den Gütern entspricht, die von der Regierung zu Wohlfahrts- und anderen Zwecken erworben wurden mit dem Geld aus Staatsanleihen, die über Kreditexpansion der Banken finanziert wurden.

Ohne Goldstandard gibt es keine Möglichkeit, Ersparnisse vor der Enteignung durch Inflation zu schützen. Es gibt dann kein sicheres Wertaufbewahrungsmittel mehr. Wenn es das gäbe, müßte die Regierung seinen Besitz für illegal erklären, wie es ja im Falle von Gold auch gemacht wurde (Goldbesitz war in Amerika bis 1976 für Privatleute verboten, Anm. d. Ü.). Wenn z. B. jedermann sich entscheiden würde, all seine Bankguthaben in Silber, Kupfer oder ein anderes Gut zu tauschen und sich danach weigern würde, Schecks als Zahlung für Güter zu akzeptieren, würden Bankguthaben ihre Kaufkraft verlieren und Regierungsschulden würden kein Anspruch auf Güter mehr darstellen. Die Finanzpolitik des Wohlfahrtsstaates macht es erforderlich, daß es für Vermögensbesitzer keine Möglichkeit gibt, sich zu schützen. Dies ist das schäbige Geheimnis, daß hinter der Verteufelung des Goldes durch die Vertreter des Wohlfahrtsstaates steht. Staatsverschuldung ist einfach ein Mechanismus für die "versteckte" Enteignung von Vermögen. Gold verhindert diesen heimtückischen Prozess. Es beschützt Eigentumsrechte. Wenn man das einmal verstanden hat, ist es nicht mehr schwer zu verstehen, warum die Befürworter des Wohlfahrtsstaates gegen den Goldstandard sind.

Dieser Artikel erschien zuerst 1966 in einem Informationsbrief mit dem Namen „The Objetivist". Er wurde dann wieder abgedruckt in dem Buch „Capitalism the Unknown Ideal" von Ayn Rand, zusammen mit weiteren Artikeln von Alan Greenspan und Robert Hessen. Verlag Signet Books 1967, Seiten 96ff.

Larry Parks, Vorsitzender der "Foundation for the advancement of monetary education" (Stiftung zur Förderung monetärer Bildung, im Internet zu finden unter www.fame.org) zu diesem Artikel:

Am 19.April 1993 fragte ich Zentralbankpräsident Alan Greenspan, im Anschluß an eine Rede vor dem Wirtschaftsclub von New York, ob er heute noch zu den Argumenten und Schlußfolgerungen dieses Artikels stünde. Er antwortete - absolut - und fügte hinzu, daß er den Artikel gerade kürzlich wieder gelesen habe. Ich fragte ihn, warum er das nicht öffentlich sage und er antwortete: „Einige meiner Kollegen in der Institution, die ich repräsentiere stimmen da nicht mit mir überein". Ich sagte daraufhin "aber sie wissen, wohin das alles führt". Er drehte die Augen nach oben und ging weiter. Diese Bestätigung des Präsidenten der FED ist ein wichtiger Schlüssel für das Verständnis seiner mündlichen und schriftlichen Aussagen in den letzten Jahren.

Buchempfehlungen:

Roland Leuschel, Claus Vogt: "Das Greenspan-Dossier", Finanzbuchverlag 2004, ISBN 3-89879-045-2

Helmut Creutz: "Das Geld-Syndrom", Taschenbuch 5. Auflage 2003, Bezug über www.inwo.de, ISBN 3-928493-46-9

Roland Baader: "Geld, Gold und Gottspieler", Resch Verlag 2004, ISBN 3-935197-30-6

Ferdinand Lips: "Die Gold-Verschwörung", Kopp Verlag 2003, ISBN 3-930219-54-9

William Bonner, Addison Wiggin: "Tage der Abrechnung", Finanzbuchverlag 2005, ISBN 3-89879-067-3

Roland und Andrea Tichy: "Die Pyramdie steht Kopf", Piper Verlag 2003, ISBN 3-492-23783-5

Weitere Buchempfehlungen online unter www.goldsilber.org/buecher.html oder www.goldseiten.de/shop/

Link-Tips:

www.goldseiten.de
Tagesaktuelle Informationen zu Gold und Silber, sowie deren Minengesellschaften. Die von mir publizierten Artikel finden sie unter der Adresse http://juergenmueller.goldseiten.de

www.proaurum.de
Täglich aktueller Marktkommentar

www.geldreform.de
Materialien und Informationen zur Geld-, Zins- und Schuldenproblematik

www.zeitenwende.ch
Hintergrundwissen, Fakten und Informationen zum Thema Finanz und Wirtschaft

www.zeit-fragen.ch
Wochenzeitung für freie Meinungsbildung, Ethik und Verantwortung

www.systemfehler.de
Texte zu den Fehlentwicklungen in Wirtschaft und Gesellschaft. Offenes Diskussionsforum

www.humanwirtschaft.de
Zeitschrift für eine menschliche Wirtschaft. Mit aktuellen Links und Beiträgen

Englisch-sprachige Seiten:
www.gold.org
www.silverinstitute.org
www.butlerresearch.com/archive_free.html
www.321gold.com
www.gold-eagle.com/editorials.html
www.financialsense.com/fsu/students/main.htm

Quellen 1. Kapitel:

[1.1] www.bundesfinanzministerium.de/cln_04/nn_3792/DE/1858.html
[1.2] www.steuerzahler.de, Startseite oben
[1.3] Statistisches Bundesamt, www.destatis.de
[1.4] Bundesfinanzministerium, www.bundesfinanzministerium.de
[1.5] www.destatis.de/indicators/d/lrarb01ad.htm
[1.6] Helmut Creutz: "Das Geldsyndrom", zu beziehen über www.inwo.de oder als PDF www.uni-koblenz.de/~vwadawi/Data/gs-econ.pdf
[1.7] "Die deutsche Wirtschafts- und Finanzpolitik im Spannungsfeld zwischen EU und Globalisierung". Im Internet unter www.wiwi.hu-berlin.de/wwg/news/ Festvortrag_Friedrich%20Merz.pdf
[1.8] www.destatis.de/indicators/d/lrerw01ad.htm
[1.9] www.bku.de/content.php?site=1&choice=4&cat=3&id=67
[1.10] www.bundesversicherungsamt.de/Fachinformationen/ Rentenversicherung/Bundeszuschuesse.pdf
[1.11] www.manager-magazin.de/geld/artikel/0,2828,381471,00.html
[1.12] www.bundesversicherungsamt.de/Fachinformationen/ Rentenversicherung/Liquidit%e4t.pdf
[1.13] www.bpb.de/files/BTT3DZ.pdf
[1.14] www.bmwi.de/Redaktion/Inhalte/Pdf/A/alterung-und-familienpolitik,property=pdf,bereich=,sprache=de,rwb=true.pdf
[1.15] www.destatis.de/presse/deutsch/pk/2003/Bevoelkerung_2050.pdf
[1.16] Roland und Andrea Tichy: "Die Pyramide steht Kopf", Piper Verlag 2003
[1.17] www.destatis.de/indicators/d/lrver03ad.htm
[1.18] www.destatis.de/indicators/d/lrver05ad.htm
[1.19] Hans-Werner Sinn: "Ist Deutschland noch zu retten?". Ullstein Taschenbuch 2004.
[1.20] www.bmwi.de/Redaktion/Inhalte/Pdf/P-R/Rentenbrief-dezember-2000,property=pdf,bereich=,sprache=de,rwb=true.pdf
[1.21] www.berlinonline.de/berliner-zeitung/archiv/.bin/dump.fcgi/ 2003/0809/wirtschaft/0005/
[1.22] www.sozialbeirat.de/dokumente/Sozb0038Gutachten2004.pdf
[1.23] www.die-gesundheitsreform.de/presse/pressemitteilung/dokumente/ 2005_1/pm_2005-03-16-47.html
[1.24] www.destatis.de/basis/d/gesu/gesugra3.php
[1.25] www.welt.de/data/2005/03/17/611956.html

[1.26] Bundesministerium für Gesundheit und Soziale Sicherung www.bmgs.bund.de/download/statistiken/stat2005/Stb1_26.xls
[1.27] www.politikforum.de/forum/showthread.php?threadid=29491

Quellen 2. Kapitel:

[2.1] Alan Greenspan: "Gold und wirtschaftliche Freiheit". Im Internet unter www.gold-eagle.com/analysis/0003.html, siehe Anhang.
[2.2] www.destatis.de/indicators/d/lrfin03ad.htm
[2.3] Ministeraufsatz 2004, Hans Eichel: "Im Fluss - Privatisierungspolitik der Bundesregierung". Veröffentlicht im Unternehmermagazin 06/2004
[2.4] www.welt.de/data/2005/09/15/775448.html
[2.4] Bundesrechnungshof: "Bemerkungen 2004", Seite 13. Im Internet www.bundesrechnungshof.de/download/bemerkungen_2004.pdf
[2.6] Helmut Creutz: "Das Geld-Syndrom", Seite 253.
[2.7] Bernd Senf: "Der Nebel um das Geld", Seite 87.
[2.8] www.destatis.de/indicators/d/lrvgr04ad.htm
[2.9] Helmut Creutz: "Das Geld-Syndrom", Seite 426.
[2.10] Ferdinand Lips: "Die Gold-Verschwörung", Kopp-Verlag 2003, Seite 49.
[2.11] Ferdinand Lips: "Die Gold-Verschwörung", Seite 56.
[2.12] Melchior Palyi: "The Twilight of Gold", Seite 7.
[2.13] www.gold.org/deliver.php?file=/value/stats/research/pdf/RS-22.PDF (Anmeldung mit E-Mail Adresse und Passwort erforderlich)
[2.14] Ferdinand Lips: "Die Gold-Verschwörung", Seite 59.
[2.15] www.mises.de/texte/mises/artikel/inflation_geldknappheit.html
[2.16] http://de.wikipedia.org/wiki/Ezechiel
[2.17] http://userpage.fu-berlin.de/~roehrigw/geitmann/
[2.18] Bernd Senf: "Der Nebel um das Geld", Verlag für Sozialökonomie 2004, Seite 81.
[2.19] Helmut Creutz: "Das Geld-Syndrom", Seite 113.
[2.20] www.manager-magazin.de/unternehmen/artikel/ 0,2828,357956,00.html

Quellen 3. Kapitel:

[3.1] Helmut Creutz: "Läßt sich der Geldumlauf durch eine dosierte Inflation sichern?". Zeitschrift für Sozialökonomie, 104. Folge.
[3.2] Neue Freie Presse Wien vom 11. März 1922, im Internet www.mises.de/texte/mises/artikel/inflation_geldknappheit.html
[3.3] www.bundesbank.de/bildung/bildung_glossar_i.php
[3.4] www.goldseiten.de/content/kolumnen/artikel.php?storyid=181
[3.5] www.daserste.de/plusminus/beitrag_archiv.asp?aid=324
[3.6] Helmut Creutz: "Das Geld Syndrom", Seite 189.
[3.7] www.goldseiten.de/content/diverses/artikel.php?storyid=1018
[3.8] www.bundesbank.de/bildung/bildung_glossar_i.php
[3.9] www.ecb.int/press/pr/date/2003/html/pr030508_2.de.html
[3.10] www.bundesbank.de/download/bildung/geld_sec2/geld2_08.pdf
[3.11] www.destatis.de/indicators/d/lrleb02ad.htm
[3.12] www.destatis.de/presse/deutsch/pk/2003/vpi_2000.pdf, Seite 8 und Seite 37.
[3.13] David Marsh: "Die Bundesbank", Bertelsmann-Verlag 1992, Seite 341.
[3.14] www.destatis.de/presse/deutsch/pm2002/p2450051.htm
[3.15] www.bundesbank.de/download/volkswirtschaft/monatsberichte/2000/200008mb.pdf, Seite 8.
[3.16] www.pimco.com/LeftNav/Late+Breaking+Commentary/IO/2004/IO_Oct_2004.htm
[3.17] www.golddrivers.com/gold&Inflation.htm
[3.18] www.goldseiten.de/content/diverses/artikel.php?storyid=1849
[3.19] Claus Vogt, Effektenbank Berlin. Co-Autor von "Das Greenspan-Dossier", Finanzbuchverlag 2004.
[3.20] www.utm.edu/research/iep/h/humeessa.htm
[3.21] www.minneapolisfed.org/research/QR/QR1931.pdf
[3.22] Oussama Himani, Andreas Höfert, Achim Peijan: "Inflation: Eine Studie zu deren Ursachen, zum globalen Inflationsausblick und den Implikationen für Anleger". Im Internet: www.e-fundresearch.com/tmp/UBS+Research+Focus+INLFATION.pdf
[3.23] Bernd Senf: "Der Nebel um das Geld", Seite 26 ff.
[3.24] www.federalreserve.gov/Releases/H6/hist/h6hist1.txt
[3.25] www.federalreserve.gov/releases/h6/discm3.htm
[3.26] www.goldseiten.de/content/diverses/artikel.php?storyid=1918
[3.27] www.federalreserve.gov/boarddocs/speeches/2002/20021121
[3.28] www.goldseiten.de/content/diverses/artikel.php?storyid=933
[3.29] www.ecb.int/pub/mb/html/index.en.html

[3.30] www.bundesbank.de/volkswirtschaft/vo_monatsbericht.php
[3.31] aus David Marsh: "Die Bundesbank", Bertelsmann-Verlag 1992, Seite 340.
[3.32] Reinhard Deutsch "Die Geldfalle: Warum der Silberpreis explodieren wird", Eigenverlag, zu beziehen über www.goldseiten.de/shop/buch.php?SID&b_id=72
[3.33] de.wikipedia.org/wiki/Fiat_money
[3.34] John Exter: Gesprächsnotiz mit Ferdinand Lips Juni 1975, siehe auch Ferdinand Lips: "Die Gold-Verschwörung", Seite 348.
[3.35] Financial Times Deutschland, Ausgabe 12.April 2005
[3.36] John Exter in "Die Goldverschwörung" v. Ferdinand Lips S. 62.
[3.37] Berechnung des Preisindexes z.B. über www.minneapolisfed.org/Research/data/us/calc/index.cfm
[3.38] Ferdinand Lips, Rede im August 2005 in Dawson City, Kanada. www.goldseiten.de/content/kolumnen/artikel.php?storyid=1532
[3.39] Ferdinand Lips: "Die Gold-Verschwörung", Seite 174.
[3.40] Roland Leuschel und Claus Vogt: "Das Greenspan-Dossier", Finanzbuchverlag 2004, Seite 41.
[3.41] Ferdinand Lips: "Die Gold-Verschwörung", Seite 203.
[3.42] David Ricardo: "Complete Works", Cambridge University Press, 1966.
[3.43] www.zeit-fragen.ch/ARCHIV/ZF_96d/T02.HTM
[3.44] Erik Händeler: "Die Geschichte der Zukunft", Brendow Verlag, Seite 187.

Quellen 4. Kapitel:

[4.1] Alan Greenspan in Reden vor dem 'House Banking Committee' am 24.7.98 und vor dem 'Senate Agriculture Committee' am 30.7.98
[4.2] Aussage Edward A.J. George, Gouverneur Bank von England und Direktor der Bank für Internationalen Zahlungsausgleich (BIZ) gegenüber Nicholas Morrell, dem Chef des Londoner Platinproduzenten Lonmin. Quelle: Klage des amerikanischen Anwaltes Reginald Howe gegen die BIZ, Alan Greenspan, J.P. Morgan, Deutsche Bank et.al., Paragraph 55. Im Internet z.B. unter www.zealllc.com/files/HOWEvBIS.pdf
[4.3] Bernd Senf: "Der Nebel um das Geld", Seite 179 und 181.
[4.4] ebenda, Seite 182.

[4.5] Ferdinand Lips: "Die Gold-Verschwörung", Seite 292.
[4.6] Roland Leuschel, Claus Vogt: "Das Greenspan-Dossier", Seite 234.
[4.7] Ferdinand Lips: "Die Gold-Verschwörung", Seite 302.
[4.8] www.gold-eagle.com/editorials_01/judge052101.html
[4.9] www.investorwords.com/2204/Gold_Pool.html
[4.10] www.gold-eagle.com/editorials_01/judge052101.html
[4.11] www.kitco.com/weekly/paulvaneeden/feb272004.html
[4.12] www.bundesbank.de/download/ezb/monatsberichte/2005/200508ezb_mb_gesamt.pdf
[4.13] Deutsche Bundesbank Monatsbericht Januar 2003: "Währungsreserven: Entwicklung und Bedeutung in der Währungsunion", www.bundesbank.de/download/volkswirtschaft/mba/2003/200301mba_waehrungsreserven.pdf
[4.14] www.hamburg.emb-japan.go.jp/kultur/jaeb/dinfo693.pdf
[4.15] www.handelsblatt.com/pshb/fn/relhbi/sfn/buildhbi/cn/GoArt!200012,200039,965953/SH/0/depot/0/
[4.16] Ferdinand Lips: "Die Gold-Verschwörung", Seite 124.
[4.17] Löhr, Andreas (1986): Gold und Goldfutures: Stabilisiert oder destabilisiert der Futuresmarkt den Spotmarktpreis?, Duncker & Humblot: Berlin, 1986
[4.18] World Gold Council, Anthony/Neuberger, London School of Business (2001): Gold Derivatives the Market Impact, World Gold Council: London, www.gold.org/pub_archive/pdf/Gold%20Derivatives%20The%20market%20impact.pdf
[4.19] Michael Bolser: Anomalous Selling in COMEX Gold, 1985 to March 2002, www.goldensextant.com/commentaryBA.htm
[4.20] Stephan Bogner: "Der Einfluss des Gold-Futures-Marktes auf die Preisbildung", www.goldseiten.de/content/kolumnen/artikel.php?storyid=81
[4.21] James F. Feller: "Daily Trading Volume related to Gold Price", http://employees.csbsju.edu/jmakepeace/Perspectives99/f25Feller.html
[4.22] Dimitri Speck: "Goldpreis-Manipulationen: Intradycharts", www.goldseiten.de/content/kolumnen/artikel.php?storyid=22
[4.23] Dimitri Speck: "Die Goldpreismanipulation", www.goldseiten.de/content/kolumnen/artikel.php?storyid=140
[4.24] Ferdinand Lips: "Die Gold-Verschwörung", Seite 169,170.
[4.25] www.thestreet.com/pf/comment/taskmaster/789110.html
[4.26] www.goldensextant.com/campaign2000.html
[4.27] Ferdinand Lips: "Die Gold-Verschwörung", Seite 207.

[4.28] Kommerzielle Trader müssen in den USA ihre Future-Kontrakte an eine Aufsichtsbehörde melden, die diese drei Tage zeitversetzt im Internet publiziert (im sog. Commitment of Traders Report", abgekürzt CoT).
[4.29] www.goldseiten.de/content/kolumnen/artikel.php?storyid=140
[4.30] Ferdinand Lips: "Die Gold-Verschwörung", Seite 213.
[4.31] Rede von Bill Murphy, www.gata.org/GR21MurphySpeech.html
[4.32] www.goldseiten.de/content/kolumnen/artikel.php?storyid=181
[4.33] www.bundesbank.de/download/presse/pressenotizen/2004/20040308_erklaerung_gold.pdf
[4.34] http://dip.bundestag.de/btd/14/099/1409914.pdf
[4.35] www.bandulet.de/Text-Seiten/GoldMinen.html
[4.36] David Marsh: "Die Bundesbank", Bertelsmann-Verlag 1992, Seite 82.
[4.37] www.gata.org/GR21PowellSpeech.html
[4.38] www.zealllc.com/commentary/gcarry.htm
[4.39] Ed Wener, GATA: "A look at central bank gold reserves", www.gata.org/Wener.html
[4.40] www.gold.org/pr_archive/pdf/GDTQ305PressreleaseFINAL.pdf
[4.41] Ferdinand Lips: "Die Gold-Verschwörung", Seite 178.
[4.42] www.gold-eagle.com/editorials_05/sanders070605.html
[4.43] http://minerals.usgs.gov/minerals/pubs/of01-006/gold.xls
[4.44] Prof. Utter im Interview mit Ralf Flierl vom Investmentmagazin "Smart Investor", www.smartinvestor.de, Ausgabe 8/2003, S. 11/12
[4.45] http://minerals.usgs.gov/minerals/pubs/commodity/gold/gold_mcs05.pdf
[4.46] Jürgen Müller: "Goldreserven zu hoch bewertet?" www.goldseiten.de/content/diverses/artikel.php?storyid=1217
[4.47] http://minerals.usgs.gov/minerals/pubs/commodity/indium/, sowie www.goldseiten.de/content/diverses/artikel.php?storyid=1308
[4.48] www.goldseiten.de/content/wissen/info-gold.php
[4.49] www.welt.de/data/2005/07/14/745458.html
[4.50] www.goldseiten.de/content/diverses/artikel.php?storyid=1753
[4.51] www.goldseiten.de/content/kolumnen/artikel.php?storyid=185
[4.52] Stephen Harmston: "Gold as a store of value", www.gold.org/deliver.php?file=/value/stats/research/pdf/RS-22.PDF (Registrierung notwendig)
[4.53] www.goldseiten.de/content/kolumnen/artikel.php?storyid=697
[4.54] www.federalreserve.gov/releases/h6/hist/h6hist1.txt
[4.55] www.paulvaneeden.com/Library/200304%20Gold.php

[4.56] www.paulvaneeden.com/displayArticle.php?articleId=130
[4.57] http://boerse.ard.de/content.jsp?key=dokument_32016
[4.58] www.occ.treas.gov/ftp/deriv/dq305.pdf

Quellen 5. Kapitel:

[5.1] www.berkshirehathaway.com/news/feb03981.html
[5.2] Hans Jörg Müllenmeister: "Fakten zu Fe & Ag, die heißbegehrten Industrie-Rohstoffe". In "Sicheres Geld", Ausgabe Oktober 2005 Seite 14-16.
[5.3] www.butlerresearch.com/archive_free.html
[5.4] www.investmentrarities.com/07-12-05.html, in der freien Übersetzung des Autors
[5.5] www.investmentrarities.com/12-21-04.html
[5.6] www.gold-eagle.com/editorials_05/mcdougal011905.html
[5.7] Dietmar Siebholz: "Die aktuelle Lage am Silbermarkt", 25.1.2005. www.goldseiten.de/content/diverses/artikel.php?storyid=750
[5.8] www.handelsblatt.com/pshb?fn=tt&sfn=go&id=1028986
[5.9] www.nymex.com/sil_fut_wareho.aspx
[5.10] www.zeitenwende.ch/page/index.cfm?SelNavID=1264
[5.11] Hubert Ross: "Big Silver" Börsenmedien AG Kulmbach, S. 1
[5.12] www.sueddeutsche.de/,wirl5/wirtschaft/artikel/963/56907/
[5.13] www.goldseiten.de/content/kolumnen/artikel.php?storyid=601; CPM Silver Survey 2003
[5.14] www.goldseiten.de/content/kolumnen/artikel.php?storyid=251
[5.15] www.cftc.gov/cftc/cftccotreports.htm
[5.16] www.investmentrarities.com/06-24-03.html
[5.17] www.cftc.gov/cftc/cftcabout.htm
[5.18] www.investmentrarities.com/10-19-04.html
[5.19] Häufigkeit in der Erdkruste nach www.periodensystem.info
[5.20] http://minerals.usgs.gov/minerals/pubs/commodity/
[5.21] www.investmentrarities.com/08-30-05.html
[5.22] www.silverinstitute.org/supply/index.php#demand
[5.23] http://de.wikipedia.org/wiki/Elektrische_Leitf%C3%A4higkeit
[5.24] http://europa.eu.int/comm/research/rtdinfo/pdf/rtd36_de.pdf
[5.25] www.heise.de/tp/r4/artikel/9/9824/1.html
[5.26] www.silverinstitute.org/news/1q05.pdf
[5.27] www.goldseiten.de/content/diverses/artikel.php?storyid=1591
[5.28] www.supratrans.de/index_dt.html

[5.29] www.weltderphysik.de/de/1437.php
[5.30] www.silverinstitute.org/uses.php#electrical
[5.31] http://esa.un.org/unpp/
[5.32] http://de.wikipedia.org/wiki/Reflexion_%28Physik%29
[5.33] www.linos-katalog.de/pdf/de05/07_165-165_d05.pdf
[5.34] www.deinwohnen.at/clanek_tisk.asp?i=121
[5.35] www.silverinstitute.org/uses.php#mirrors
[5.36] http://archiv.tu-chemnitz.de/pub/2003/0022/data/dissjk.pdf
[5.37] www.energy.ca.gov/renewables/marketing/2000-05_SOLAR_THERMAL_FACTS.PDF
[5.38] http://global.mitsubishielectric.com/bu/solar/products/pdf/pv_mf165eb3.pdf
[5.39] www.silverinstitute.org/uses.php#photography
[5.40] www.silverinstitute.org/supply/index.php#supply
[5.41] www.financialsense.com/fsu/editorials/2003/0822.htm
[5.42] www.enveda.de/Magazin/mag_357.cfm
[5.43] www.zuendstoff-antibiotika-resistenz.de/frame.html
[5.44] www.brita.net/fileadmin/downloads/DE/Brosch_re_BHD.pdf
[5.45] www.3sat.de/delta/68914/index.html
[5.46] www.wwf.de/eventticker/event_01288.html
[5.47] www.bosch.de/start/content/language1/html/734_2559.htm
[5.48] www.agion-tech.de/applications.html
[5.49] http://hausgeraete.samsung.de/press_meldung.asp?id=1232
[5.50] http://hausgeraete.samsung.de/silver_nano_health.asp
[5.51] www.samsung.com/he/presscenter/pressrelease/pressrelease_20050329_0000109066.asp
[5.52] www.zensah.com/zensahtech.html
[5.53] http://de.wikipedia.org/wiki/Rfid
[5.54] www.design-report.de/sixcms/detail.php?id=161165&template_id=3131
[5.55] www.heise.de/newsticker/meldung/37063
[5.56] www.silverinstitute.org/uses.php
[5.57] www.silverinstitute.org/news/pr11jan05.html
[5.58] www.goldseiten.de/content/kolumnen/download/bwb-267_silber.pdf
[5.59] http://minerals.usgs.gov/minerals/pubs/commodity/silver/
[5.60] www.goldseiten.de/content/diverses/artikel.php?storyid=885
[5.61] www.silverinstitute.org/supply/production.php
[5.62] www.goldseiten.de/content/kolumnen/artikel.php?storyid=601
[5.63] Reinhard Deutsch "Die Geldfalle: Warum der Silberpreis explodieren wird", zu beziehen über www.goldseiten.de/shop/buch.php?SID&b_id=72, Zitat auf Seite 157

[5.64] http://goldinfo.net/silver600.html
[5.65] www.zealllc.com/2005/sor.htm
[5.66] www.bw-bank.de/ADMIN/ASSETS/files/Silberstudie_Juni2004.pdf
[5.67] www.investmentrarities.com/06-14-04.html
[5.68] www.sec.gov/Archives/edgar/data/1330568/000119312505127244/ds1.htm
[5.69] www.silverusersassociation.org/pubpol/050711_eft.shtml
[5.70] Im Orginal: www.butlerresearch.com/10-10-05.html, Übersetzung auf www.goldseiten.de/content/diverses/artikel.php?storyid=1738

Quellen 6. Kapitel:

[6.1] Roland und Andrea Tichy: "Die Pyramide steht Kopf", Seite 9
[6.2] David Marsh: "Die Bundesbank: Geschäfte mit der Macht". Bertelsmann 1992, Seite 205.
[6.3] www.goldseiten.de/content/diverses/artikel.php?storyid=1851
[6.4] Erik Händeler: "Geschichte der Zukunft", Brendow-Verlag Moers
[6.5] Stefan Zweig: "Die Welt von Gestern", Fischer Taschenbuch Verlag 34. Auflage 2003, Seite 331.
[6.6] Hal Lindsey: "Die Feuerflut, Geburtswehen einer neuen Welt", Verlag Schulte+Gerth 3. Auflage 1991, S. 109 und 110.
[6.7] Prof. Hans J. Bocker: "Gold-Dossier", Polarfilm Medien GmbH 2000, zu beziehen über www.goldseiten.de/shop/buch.php?SID&b_id=3
[6.8] www.the-privateer.com/1933-gold-confiscation.html, in Englisch
[6.9] www.goldseiten.de/content/diverses/artikel.php?storyid=1900
[6.10] www.investmentrarities.com/05-17-05.html
[6.11] www.bandulet.de/Text-Seiten/GoldMinen.html